清玩书系

文房杂项
雅室清赏

邹涛 著

上海书画出版社

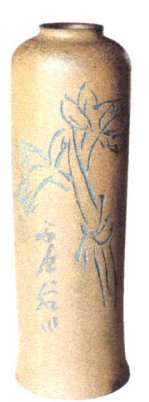

图书在版编目(CIP)数据

雅室清赏：文房杂项 / 邹涛著. -- 上海：上海书画出版社，2016.3
（清玩书系）
ISBN 978-7-5479-1197-6

Ⅰ. ①雅… Ⅱ. ①邹… Ⅲ. ①文化用品-介绍-中国 Ⅳ. ①K875.4

中国版本图书馆CIP数据核字(2016)第038581号

雅室清赏——文房杂项

邹 涛 著

责任编辑	朱艳萍
审　　读	
责任校对	
特约编辑	杨少峰
封面设计	品悦文化
技术编辑	包赛明
出版发行	上海书画出版社
	中国图书进出口上海公司
版次	2016年3月第1版　2016年3月第1次印刷
书号	ISBN 978-7-5479-1197-6

谈邹涛的文玩研究

——兼谈该领域研究进程（代序）

西岛慎一[1]

邹涛从 2009 年 1 月开始在日本东京的书法杂志《书海》连载"中国书画篆刻漫笔"至今已八年有余，连载亦达六十期。得知他欲将漫笔的部分内容汇集成《书斋雅物——笔墨纸砚》与《雅室清赏——文房杂项》两书出版，作为文房爱好者，也是邹涛多年深交之友人，谨以此序文为祝。

文房至宝首属笔墨纸砚，邹涛对此领域的研究极深，比如墨一项，从介绍出土的历代墨、年号墨至近代名家墨，进而延伸至濡翰，堪为美谈。四宝之外，他对与之相关的各种文玩研究也广泛而深入。诸如水注、笔筒、砚屏、臂搁、墨床、笔床、笔格、书镇、印泥、印盒、香炉、茶道具、古琴、奇石等等，不止于浅显解说，文中运用大量历史文献及考古出土来考察沿革及用途，引人入胜。

---

[1] 西岛慎一，日本二玄社原总编，著名书法文化研究家。

关于石印材、玺印，以其作为篆刻家的经验为基础进行了极为详细的记述。其中对新石巴林石的介绍，恐怕是迄今为止最详细的。

邹涛介绍文房四宝时与书画名家的相关论述颇为精彩，对邓石如、赵之谦的论述独到，而尤为精彩的是论及吴昌硕的各篇，内容丰富并提出了诸多问题。

前些年，日本公开了私人收藏的吴昌硕致其友人沈石友的尺牍188页，据此内容，邹涛发表了吴昌硕《西泠印社记》是否为沈石友代作的文章，而且从该尺牍判断出吴昌硕的诗文也有沈石友的代笔等事实。

这些问题的提出皆源于邹涛实事求是的学术精神。因此，我认为他对古玩的研究绝非兴趣上的玩物丧志，而是以科学的态度讲解并升华之，实在可喜可贺。

余负责二玄社书画出版时，参与过《古名砚》（五册）的编撰。1974年至1976年间，从中国流传到日本的大量古砚中选择了347方，按原大尺寸采用了正面彩色、背面和侧面黑白方式印刷，无论在日本还是中国，这种综合性古砚图录在当时尚属首次。当时最令人伤脑筋的是如何断定古砚的年代。比如端砚，标明为宋坑、老坑水岩、大西洞、水归洞等等，这些都是材质的问题，与年代并无关联。当时日本对砚的研究水准颇有局限性。

《文物》杂志辟出"砚史资料"专栏连载古砚图版24期（1964-1965），由王冶秋编写，开篇有"刊登砚史资料说明"，之后每期介绍刊载两至四方古砚，合计刊约八十方。其中有关陶砚刊出有"虢州法造闰金砚子"铭文的砚背，对虢州澄泥砚有了直观的认识。

王冶秋对古砚时代的断定是基于考古发掘，我当时预感到对于古砚的时代断定必将使用这种方法。此后，中国陆续出版了古砚的相关图录，《天津市艺术博物馆藏砚》（1979年，文物出版社），《紫石凝英·历代端砚艺术》（1991年，香港中文大学文物馆），《首都博物馆馆藏名砚》（1997年，北京工艺美术出版社），《中华古砚》（1998年，江苏古籍出版社），《中国古砚·上海博物馆藏品研究大系》（2012年，上海人民美术出版社）等皆为我书斋插架。其中的《中华古砚》为各地博物馆古砚集大成图录，所刊载砚的时代比对都明示了"尊重提供单位及撰稿人的意见"等编辑方针。这表明关于古砚的研究方法在中国尚无令人信服的统一标准。比如，首都博物馆的纪昀旧藏绿石砚，在《首都博物馆馆藏名砚》和《中华古砚》中均有刊载，纪昀分别刻铭称"端溪绿石上品"并"审定宋砚"。该砚1970年为康生所藏，康生推翻纪昀鉴定，刻铭改为"洮河绿石"。从印刷图版可见该砚的石质呈现出洮河绿石的特征，但康生并未阐明定其为洮河绿石的理由。将宋砚改定为明砚，或许是因其雕琢特征吧。

《中国古砚》是上海博物馆研究员华慈祥从馆内所藏数百方古砚中挑选出来的研究性图录，它将汉晋到宋代出土的大量古砚与传世砚相对照，以此界定时代，华慈祥提出了比王冶秋的研究更进一步的客观性评定方法。针对元明清的传世砚，也从材质、雕琢、砚铭等方面综合性判断时代。这与邹涛的古砚研究手法相近，我认为这是迄今为止最稳妥的研究。

台北林伯寿的《兰千山馆砚谱》为林熊光（朗庵）所编，林熊光在该砚谱序文中提到砚的"三美"，即砚石之美、雕琢之美、先贤铭刻之美——古砚鉴赏三要素。他主张古砚鉴赏应遵循这三要素。《西清砚谱》、纪晓岚《阅微草堂砚谱》、高西园《砚史》、沈石友《沈氏砚林》、邹适庐《广仓砚录》等都是以砚的"三美"为基准编辑的。林熊光列举这些先例进而说明自己于《兰千山馆砚谱》也基于此"三美"。

"三美"中的砚石之美和雕琢之美是所有砚台必须具有的，唯先贤铭刻之美却为绝大部分砚台所无。《兰千山馆砚谱》不选编无砚铭者，也可看出其审美意识之坚决。

无论华慈祥的方法论还是林熊光的鉴赏态度，依然存在诸多不确定因素，因此，今后的古砚鉴赏和研究还有许多难以逾越的鸿沟。

对于印材的鉴赏进行系统性论述恐怕难于古砚，砚的"三美"基准并不完全适用于印材。印材本身的材质美容易成为鉴赏的标准，与宝石审美相近。若想避免这类矿物标本性质的鉴赏，仍需采用重视时代和人为因素的鉴赏方法。希望端溪的宋坑、老坑、大西洞等有材质特色的时代感判断法也可以运用到印材鉴赏上。

与砚、印材相比，笔、墨属于消耗品，对于鉴赏史来说实属遗憾。但是在书体的发展以及书风的展开上，笔、墨、纸却发挥着不可缺少的重要作用。苏易简《文房四谱》独树一帜，将此文墨四宝整理归纳，做了系统性论述。明代曹昭的《格古要论》当为此方面最严谨的著作，曹昭对这些文房雅玩不拘泥于爱好，而是作为书画制作的用材进行整理，进而系统性论述。文房雅玩在此拥有了积极意义，将生活提升到涵养的世界中。

畏友邹涛研究中国古玩并开始著述已二十载有余，他不把笔、墨、纸、砚、印材以及其他文玩作为一个个独立存在看待，而是作为文墨世界、文玩爱好来综合性把握、研究之，因为他把这些文玩雅品与书画创作紧紧地结合到了一起。我从他这里感觉到了与苏易简、曹昭同样的态度，拥有学术视点，并以学理的方法为基准。就砚而言，他是王冶秋砚史资料研究方法的忠实继承者。

与书画创作相关的文房雅玩，经邹涛重新整合，必将成为书画爱好者的必备文献。通过本书的发行，该领域的鉴赏将获得新的发展。期待它作为当今该领域的第一手资料而受到读者的欢迎。

目　录

谈邹涛的文玩研究——兼谈该领域研究进程（代序）　西岛慎一　　1

文房四宝以外别有清玩　　1

水注、水丞　　4

笔洗、笔砚　　15

砚　屏　　24

笔　筒　　30

臂　搁　　42

墨床和笔床　　50

笔格、笔架、笔山、笔插　　58

镇　纸　　67

印　石　　75

印泥、印盒	91
香	97
香　炉	103
其他香具	119
茶和茶道具	127
文房其他必备杂件	149
古琴、琴台	159
奇石（文房供石）	166
古青铜器、玺印	175
陶瓷器	186
文房的书画悬挂与赏玩	198
古籍与碑帖	207
金铜造像	222
附　录　九松园提供藏品目录	232
后　记	237

文房四宝以外别有清玩

　　文房作为文人读书、雅玩清赏之室，是文房主人工作之余的心灵归所，或养心、或消散、或读古书、或待雅客，甚至品茗、辞赋、弄琴等等，属于主人在家里的"自留地"。房中陈设高雅考究如何，可考量出主人的传统文化素养和雅好。而房中陈设、收藏的一应物品，被称之为"文房雅玩"。雅玩的概念非常广泛，首先是文房四宝——笔墨纸砚。

　　从实际赏玩、收藏角度来说，砚确实是重中之重。其一，砚台承载的文化、艺术含量极重，大多佳砚（往往包括砚盒）选材考究、制作精良，部分历经名人藏弄，刻有铭识，书画艺术之外，别具艺术魅力，兼艺术、文化、工艺于一身。其二，砚台以端、歙等名石为主，历劫不磨，因而砚台能传之久远，正因为它的坚实，易于保存，传世量极大，也易于系统收藏，尽管有部分陶（含澄泥）、瓷等易碎砚台，终归占比极小。也正因为此，历代文人皆爱好佳砚。笔、墨作为实用消耗品，随用随减，随用随弃，因此传世、保存皆难于砚台。明以前的笔，多半属于工艺品类。实际传世毛笔情况看，只有很少的一部分清代笔还有使用价值外，绝大多数笔毫或已损毁或遭虫蛀，仅留工艺品属性的笔杆。墨的命运略好于笔，明代程君房、方于鲁开制墨家《墨谱》之先，清四家继之，墨谱的传世，弥补了墨作为消费品而被磨失的不足。历代藏墨家无数，更有不少成系统的收藏，也有不少专门研究的著述。不过，实用角度看，基本上局限于明清，而更早的墨多为出土品，不具有实用性。纸的属性非常特殊，纸与墨一样，都通过书画、印刷而转化为历史文献、历代书画作品，它承载着我国的历史、文化、艺术，是人类进步的象征——"四大发明"之一！因此，纸张的存世量极大，但它已经不是文房四宝中作为原材料的墨和纸了。作为材料属性，纸张极难传世。除了敦煌、西域出土的古纸外，很少能见到有未曾使用过的古纸。通常能见到明代、清代的旧纸已经不错了。因此，纸张本身少见有专门的收藏。宋代苏易简在《文房四谱》中就特别强调说："四宝砚为首，笔墨兼纸，皆可随时取索。可终身与俱者，唯砚而已"。古人有评："论文房四宝者，必云笔纸墨砚……惟笔不能耐久，所谓老不中书，纸置久则酥脆，难于使用，墨陈失去胶性，而易于散碎，均难久蓄。惟砚性质坚固，传万世而不朽，历劫而如常，故砚之为留千古而永存者。"笔者撰写了《书斋雅玩——笔墨纸砚》一册，与本册为姊妹篇。

　　文徵明曾孙文震亨（1585—1645）在《长物志》一书中列出了众多的"四宝"以外的文房用具，其中有：水中丞、水注、笔格、笔床、笔屏、笔筒、笔船、笔洗、笔掭、糊斗、蜡斗、镇纸、压尺、秘阁、贝光、裁刀、剪刀、书灯、印章、香炉、袖炉、手炉、香筒、如意、钟磬、数珠、扇坠、镜、钩、钵、琴、灵璧石、昆山石、太湖石、粉本、宋刻丝、画匣、书桌、屏、架、几、沉香、茶炉、茶盏等。这可看出明时文人的雅玩与闲情。

　　四宝之外，有品类众多的相关衍生品，比如，与砚台相关的水注、水丞、砚屏等；与笔有关的笔筒、笔搁、笔洗、笔舔等；与墨相关的墨床等；与纸相关的镇纸、压尺、裁刀等等。还有四宝之外的文房摆件，品茗、抚琴、焚香道具，文人藏书乃至书画阁帖。凡此等等，才构成完整的"文房"。

　　笔者曾据此撰文描绘理想中的文房：清静优雅的一室之内，布置有紫檀、黄花梨书桌，桌上摆有佳砚，砚旁明代翡翠或和田白玉墨床上放着明清佳墨。汉铜鎏金文镇（席镇）、宋元明清白玉、墨玉神兽镇压着明清笺纸，白玉笔架、乾隆掐丝珐琅缠枝花卉笔山上搁着乾隆斑竹管紫毫笔，案头朱三松、吴之璠、周芝岩等名手刻竹笔筒插着大小湘妃竹管佳笔，边上配以宋汝窑或乾隆仿汝窑、官窑笔洗，紫檀博古架上供有先秦钟鼎彝器；宣德炉中燃着越南奇楠香；墙边紫檀书架，黄花梨多宝阁，陈列唐宋拓本，明代轴台上盛着宋元书画名品，或者文徵明、徐渭、董其昌、王铎、八大山人书画手卷、册页，窗前花台上的元明花盆养有"素心"兰花一丛，墙角配以灵璧石、太湖石、英石摆件，窗外修竹数丛，随风摇曳，或隐或显。主人端坐其中，品佳茗、读古书、赏名画，眉批、题跋，与先贤对话，其乐无穷。虽说，这种文房雅玩，是文人的无限向往，但却是中国传统文人们雅玩的"中国梦"。在漫长的人生中，若能不断地点滴积累，实现之是大有可能的。

其实，近些年国内外相关拍卖会上，都少不了各种文房雅玩，不少博物馆级的珍品也在拍卖中，为艺术家、文人们，提供了收集历代文房珍品的难得机会。当然，这首先需要有足够的知识和眼力以及真心喜爱作为保障。

文房雅玩品种繁多且量大，容笔者细细道来。

水注、水丞

文房用具中"笔、墨、纸、砚"四宝是核心部分。四宝以外,还有围绕四宝的运用,以及书画创作相关联的种种文房雅玩,比如与笔有关的"笔架""笔筒""笔洗""笔舔""笔匣""笔格""笔挂",与墨有关的"墨床""墨匣""墨盒",与纸有关的"纸筒""镇纸""纸刀",与砚有关的"砚屏""砚滴(水注、水丞)""砚山""砚匣",与书写有关的"臂搁""毡垫",与落款有关的"印石""印泥",与临帖有关的"帖架",与画画有关的"调色盘",还有文人喜好的香炉、香薰,文房摆件如雅石(太湖石、灵璧石、英石)、山子、如意、花插等等,文房硬件,还有书案、书橱、书架、座椅、茶几、花台、百宝格等等。

先介绍研墨用盛水器。

研墨所用的盛水器属于"注水具"类,有"水注"与"水丞"等等之分,通称"砚滴",有别于洗涤毛笔的"笔洗"。这样的局限,区别了一些器具,但范围依旧非常广,名称尚无统一标准,现以通常称谓行文。

《释名》曰:"砚,研也,可研墨,使和濡也。"[1]也就是说,使用砚台把墨锭研磨

---

(1)见《文房四谱》,中华书局2011年版,P135。

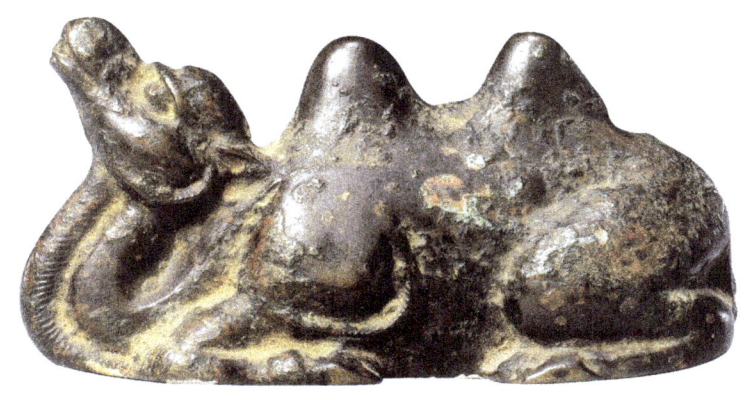

图一　故宫博物院藏汉铜驼形水注

成墨汁。自古以来，一直到近代"墨汁"面世为止，墨是以"墨块""墨锭"的形式出现的，因此在研墨时都需要水，也就需要盛水的容器，这种容器，在历史的变迁过程中逐渐定型，成为文房雅玩不可或缺的组成部分。

盛水器最早出现于何时，尚不能确断，但应当不晚于秦汉。从历史记载以及出土文物看，汉代已经有了这类的器物。〔图一〕《西京杂记》卷六〔汉刘歆（约前50—23），一说葛洪（284—364）〕记载："晋灵公冢甚瑰壮。四角皆以石为獾犬，捧烛石人男女四十余皆立侍。棺器无复形兆。尸犹不坏。孔窍中皆有金玉。其余器物皆朽烂不可别。唯玉蟾蜍一枚，大如拳，腹空容五合水，光润如新。王取以盛书滴。"这个记载中所谈及的，就是汉代的玉质蟾蜍水滴。宋赵希鹄在《洞天清录集·水滴辨》中称："今所见铜犀牛、天禄、蟾蜍之属，（行外缶内）衔小盂者，皆古人以之贮油点灯。今误以为水滴耳，正堪作几案玩具。"台北故宫博物院藏有"汉—六朝铜蟾蜍砚滴"，虽不能明确具体的时代，但可能到汉代，也是比较早期的盛水器。

一般来说，有把有嘴的壶形盛水器，称之为"水注"，通称"水滴"等。宋周必大（1126—1204）《玉堂杂记》卷下："御前列金器，如砚匣、压尺、笔格、糊板、水滴之属，几二百两。既书除目，随以赐之。隆兴初（1163—1164）犹用此例，乾道（1165—1173）以后，止设常笔砚而已。"宋赵希鹄《洞天清录集·水滴辨》云："余尝见长沙故官家有小铜器,形如桶,可容一合,号右军研水盂,其底内有永和字,此必晋人贮水以添砚池者也。古人无水滴,晨起则磨墨汁盈砚池,以供一日用,墨尽复磨,故有水盂。"元明人陶宗仪(1321—约1412)《辍耕录》(卷十九·神人狮子)载:"松江之横云山,古冢累累然,世传以为多晋陆氏所藏。山人封其业盗冢。至正甲辰春,发一冢,冢砖上有'太元二年造'五字。按:太元,东晋武帝时也。逆数而上,计九百一十余年矣。或者谓冢有志石,恐事泄,秘弗示人。冢中得古铜罍、勺、壶、洗、尊、鼎、杂器物二百余件。内一水滴,作狮子昂首轩尾走跃状。……诚奇物也。"从实际传世藏品看,水滴式样非常多,有动物形、鱼介形、花型、壶形以及仿古代青铜器形等等,个别的也有茶壶酒器等转用者。

敞口的,以小勺或匙汲水的砚滴容器,称为"水丞",宋时称为"水中丞",泛称"水盂"。这类的小水丞,在历史上出现很早,至少在王羲之生活的那个年代,已经非常盛行了。北京故宫藏有汉代的鎏金青铜"水丞",晋越窑水丞^(图二),则是目前公认较早的"水丞"器。宋代水丞非常流行,其中有的小型敞口可盛水的青铜器、瓷器等等,也被转为"水丞"之用。

水注、水丞都是文人书桌上必备的研墨用具,形式多样,材质广泛。常见的有:青铜器、陶瓷、玉器、竹木牙雕、料器(玻璃制品)等等,细分的话,陶瓷类,几

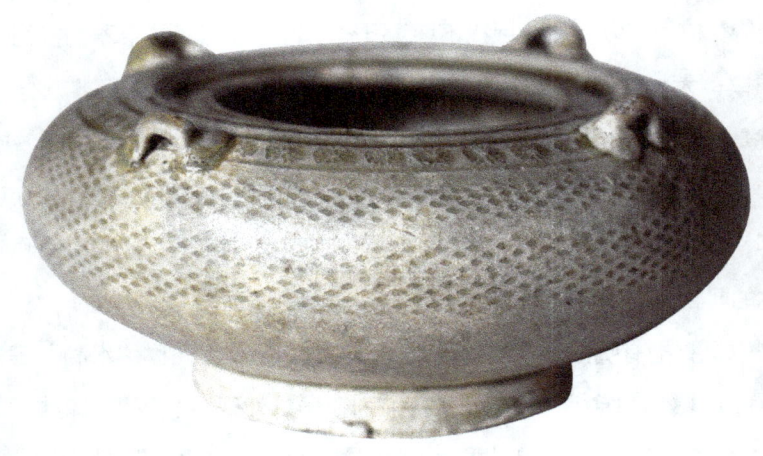

图二　西晋越窑水丞

乎各个时期，各个窑口都有烧制。宋以前，越窑青瓷多见(图三、图四)，古陶器、原始瓷、唐三彩(图五)、磁州窑系、长沙窑(图六)的也有传世，宋代定窑、汝窑、钧窑、官窑、哥窑、耀州窑、龙泉窑(图七)、湖田窑(图八)等，元以后，青花、粉彩、各类单色釉(图九)都有，明代、清代，特别是"康、雍、乾"三代更是乐此不疲，创制了不少瓷器精品。青花(图十)之外，还有雍正粉彩、乾隆仿石墨彩珐琅彩(图十一)等等。玉器类，无论是白玉、青玉(图十二)、碧玉、黄玉以及玛瑙(图十三)、水晶都有实例，由于玉类制作难度较大，非皇家、

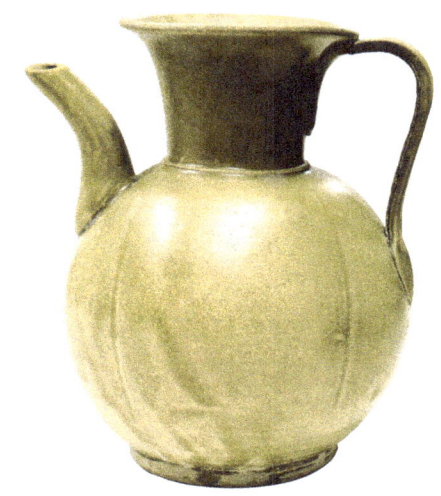

图三　唐越窑青瓷水注

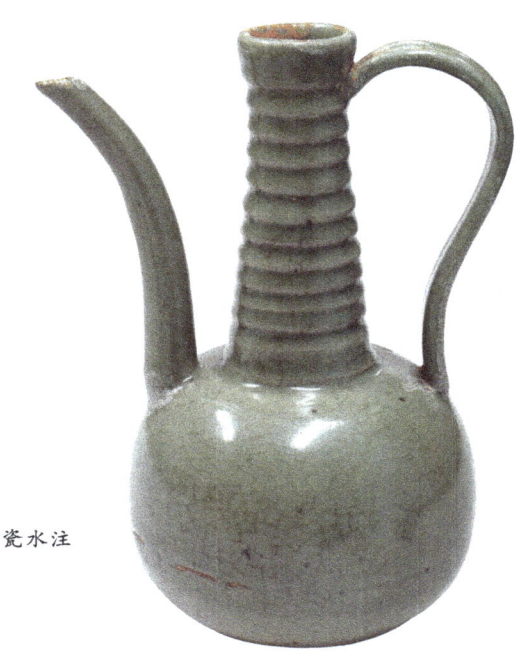

图四　唐至五代间越窑青瓷水注

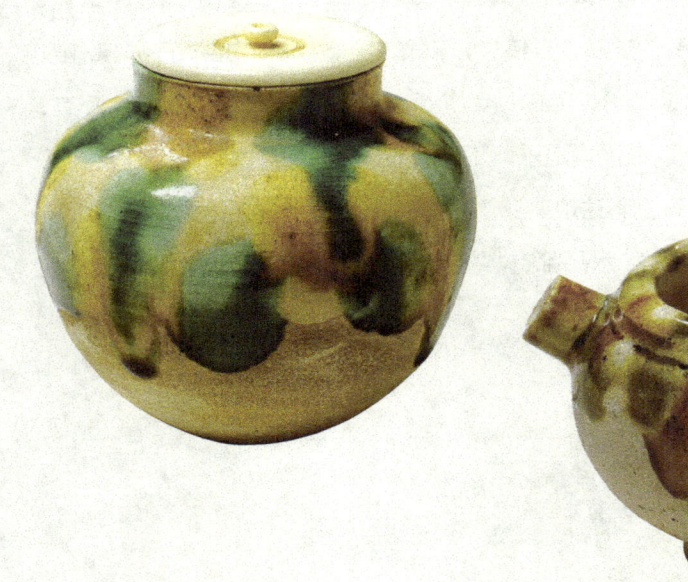
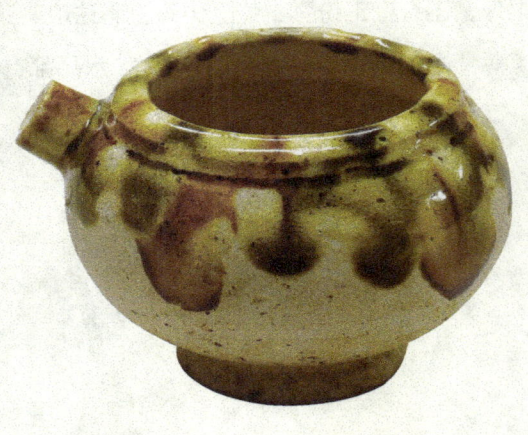
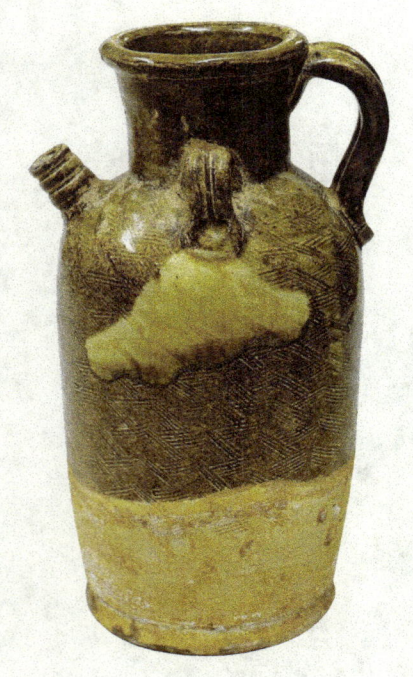
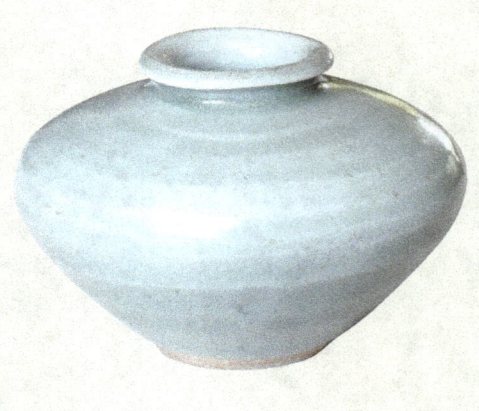

图五 唐三彩水注、水丞（附象牙盖）
图六 唐黄釉水注　图七 宋龙泉窑水丞

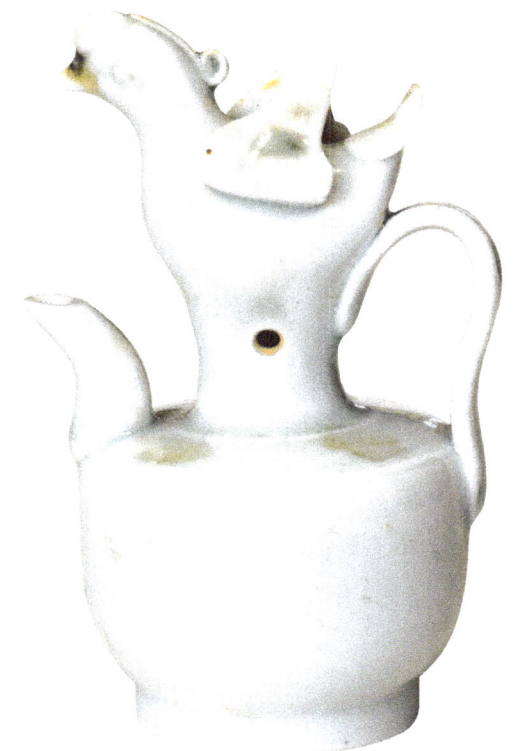

图八　南宋湖田窑青白瓷鸟钮水注

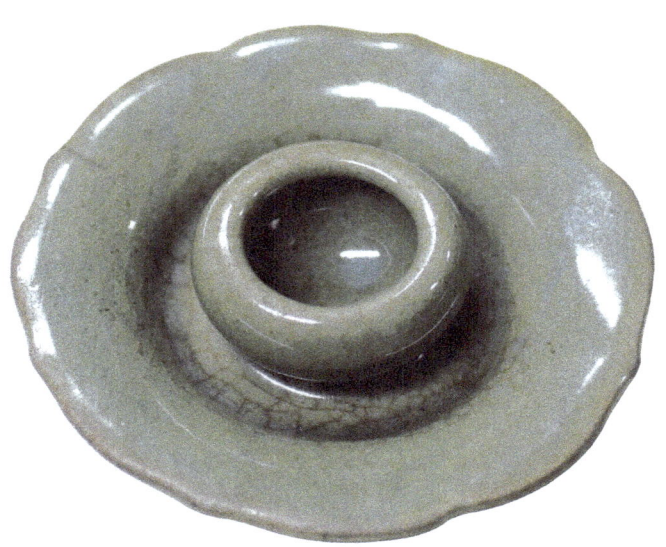

图九　元龙泉窑青瓷茶托盖转用水丞

官宦之力不能成,而皇家、官宦又偏爱、崇尚,因此,流传下来的精品也极为丰富。铜器则有出土高古可供盛水的器物转用品,如汉代鎏金"水丞"、汉至六朝间的铜蟾蜍水注等。宋以后,尤其明代,则多为仿古之作。竹雕,特别是竹根雕^(图十四),在明清时期极为时兴。木雕则以紫檀、黄杨木等硬度高、易雕琢的木材为主。料器中的五彩原色与套色玻璃,在清中期很受文人喜爱。直至今日,这类的料器制品也都被称之为"乾隆料器"^(图十五)。可以说,明清两代,在传统的基础上多有出新,发明了很多新的品种,都是前无古人的。

　　明代屠隆在《考槃余事》中,将水中丞和水注分两类记载。"水中丞"条下:"玉者,有陆子冈制,其碾兽面锦地,与古尊罍同,亦佳器也。有古玉如中丞,半受血侵元口瓮,腹下有三足,大如一拳,精美特甚,乃殉葬之物,古人不知何用,今作中丞,极佳。铜者,有宣铜雨雪沙金,制法古铜瓿者,样式甚美;有古铜小尊罍,敞口、圆腹、细足,高三寸许,以作中丞,特佳。陶者,有官、哥瓷肚圆元式;有钵盂小口式者;有仪稜肚者;

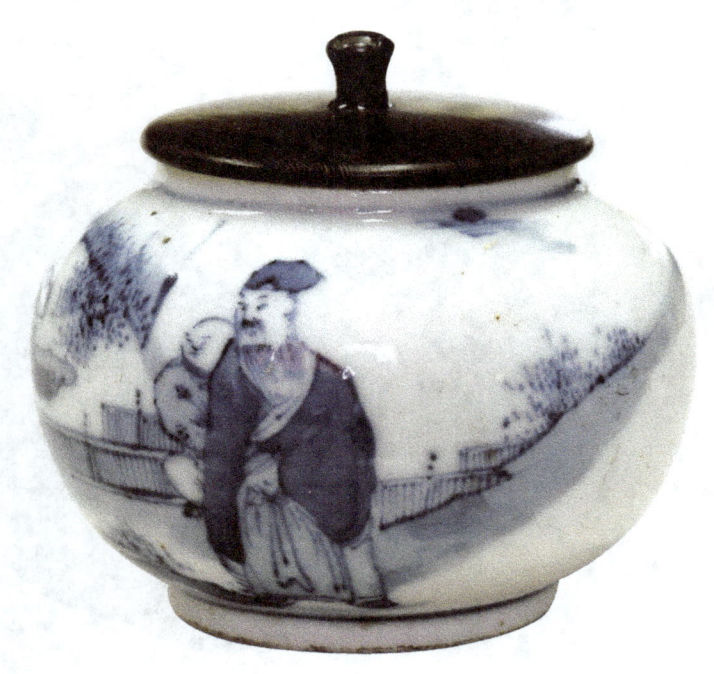

图十　明青花水丞

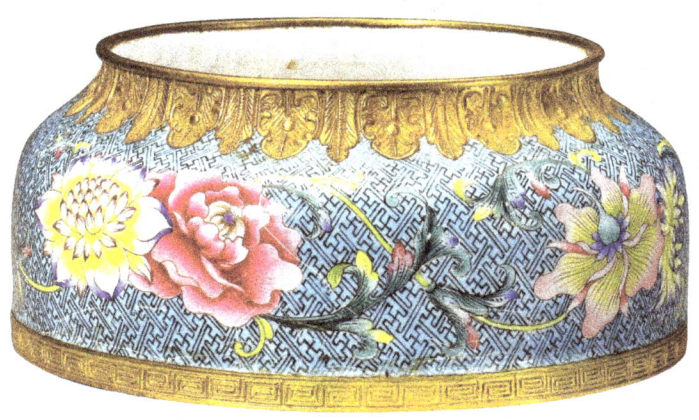

图十一　故宫博物院藏画珐琅锦地花卉纹水丞

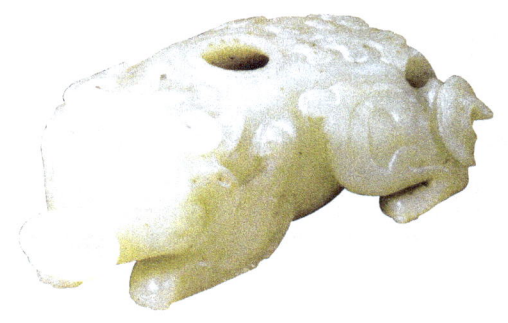

图十二　故宫博物院藏明青玉异兽水注

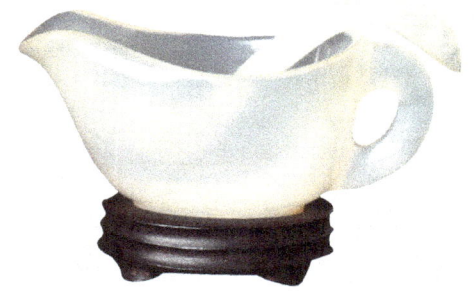

图十三　清玛瑙水丞

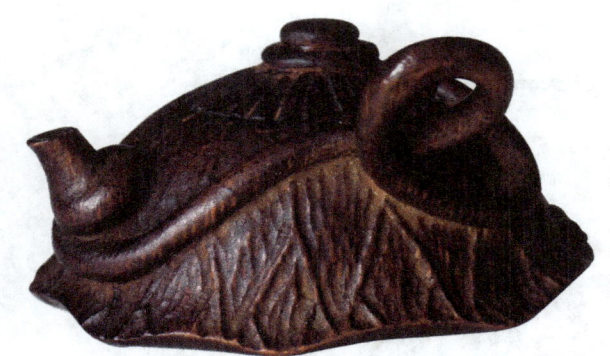

图十四　清竹根雕荷叶水注

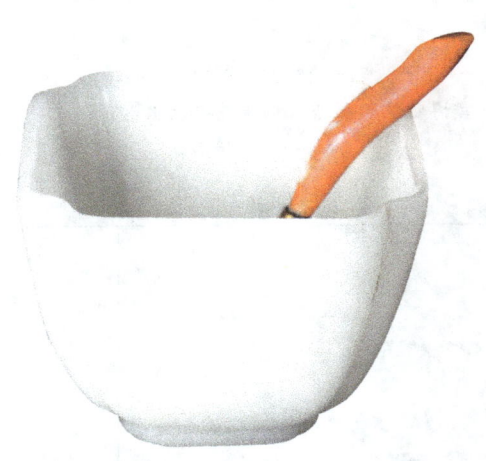

图十五　清乾隆料器仿白玉丞

有青东磁菊瓣瓮肚圆元足者；有定窑印花长样如瓶，但口敞可以贮水者；有圆肚、束口、三足者；有龙泉瓮肚，周身细花纹者。近用新烧钧窑，俱法此式，奈不堪用。"在"水注"条记载："玉者，有元壶、方壶。有陆子冈制白玉辟邪，中空贮水，上嵌青绿石片，法古蕉形，滑熟可爱。有蟾蜍注，拟宝晋斋旧式，亦佳。铜者，有古青绿天鸡壶，有金银片嵌天鹿，妙甚。有半身鸬鹚杓，有錾金雁壶，有江铸眠牛，以牧童骑跨作注管者，亦佳。但铜性猛烈，贮水久则有毒，多脆笔毫，又滴上有孔受尘，水所以不清。今所见犀牛、天鹿之类，口衔小盂者，皆古人注油点灯，非水滴也。陶者，有官、哥方圆壶，有立瓜、卧瓜壶，有双桃注，有双莲房注，有牧童卧牛者，有方者，有笔格内贮水用者,有定窑枝叶缠绕瓜壶,有蒂叶茄壶,有驼壶,可格笔,有蟾注,有青东磁天鸡壶,底有一窍者,有宣窑五彩桃注、石榴注、双瓜注。彩色类生有双鸳注,工致精极,俱可入格。"陆子冈为明代琢玉高人,传世作品甚稀,其所作水注、水丞,皆为后世藏家所珍爱。

其他,如明高濂《遵生八笺》、文震亨《长物志》等也有相似记载。

观历代水注、水丞的式样,有圆的、方的、长方、六角、八菱,还有鼎式、匜式〔图十六〕、花果形、鸟兽形〔图十七〕等等,修饰的纹饰有:人物、龙凤、蟠螭、云蝠、花果、松树、四君子、题诗铭等等。从中可窥出文人嗜好。

随着中国收藏热的兴起,各类相关书籍也不断面世,特别是故宫博物院旧藏水注、水丞,不乏珍贵精致之物,大家倘若有兴趣,也不妨购读。水注、水丞之类虽属小玩意,但其中蕴含了文人情趣以及能工巧匠的精心构思,极大地丰富了文房的概念,为"文房雅玩"得文人雅趣增添了光彩。

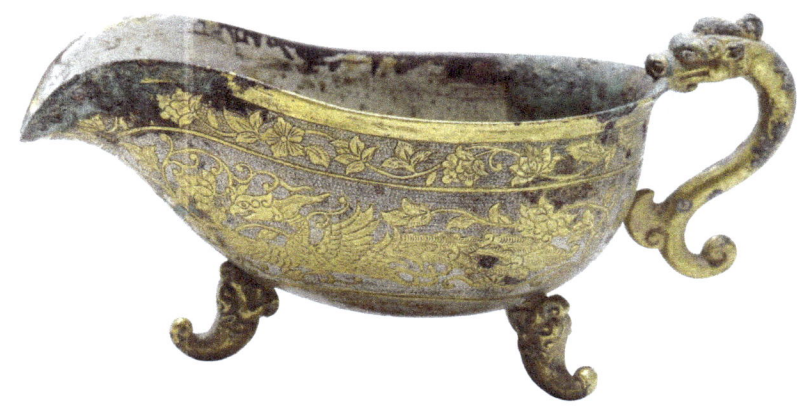

图十六　唐鎏金银刻花匜

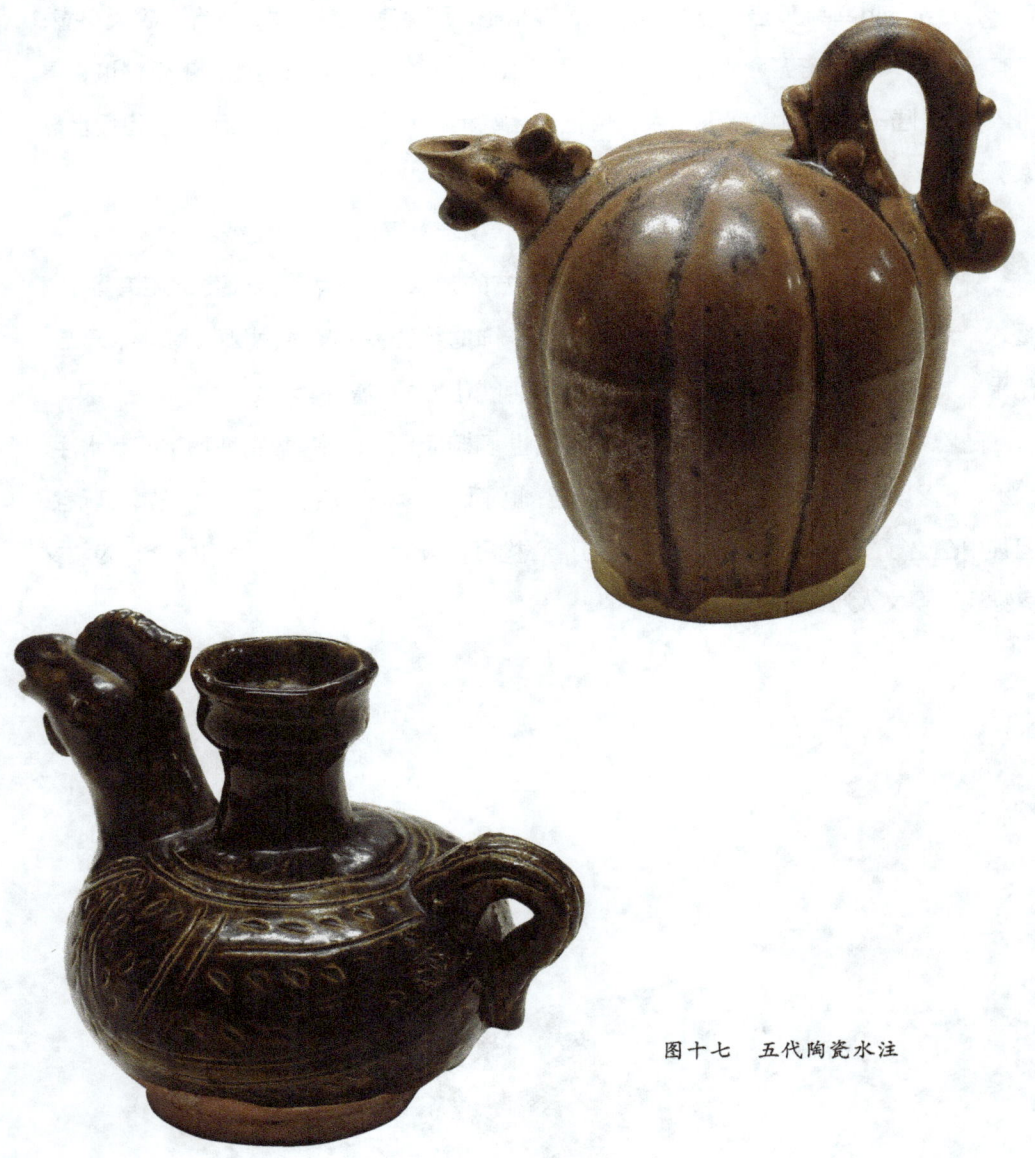

图十七　五代陶瓷水注

笔洗、笔觇

笔洗与水丞相近，往往不能区别。小型笔洗往往被视为"水丞"，大型水丞也往往被认为是笔洗，中间有一定的交叉。与笔洗相近的，还有笔觇，中间也有些许交叉。

笔洗是笔使用后用以濯洗余墨之具。从这个意义上讲，笔洗的产生应该比较早。但没有文献记载，也没有足够的证据证明某件古代青铜制品就是当年的笔洗。汉代有"双鱼洗（宜子孙）"等，类似于我们现在的脸盆，可能是大家一致公认的洗类用具，但在当时是不是专用于洗笔，目前还不能定论。后世借之用于洗笔，成为文房雅玩之一。故宫博物院藏有一件被定为汉代的岫岩玉蟠螭玉洗，既定位"汉代"，则自然成为目前所能见得到的最早的一件笔洗了。﹝图一﹞

北京故宫博物院的郑珉中先生在《故宫博物院藏文物珍品大系·文玩》卷的导言中分析："北宋时的几、案、椅、凳摒弃了五代以前不分高低的做法，有了案高于椅的变化。由于家具出现了高低之分的变化，有了固定的书案，文具陈设种类逐渐增多，专用的笔洗自然应运而生了。"[1]从传世陶瓷器、玉器等器具看，比较明确的专用"笔

（1）见《故宫博物院藏文物珍品大系·文玩》，上海科学技术出版社，2009年版，P20。

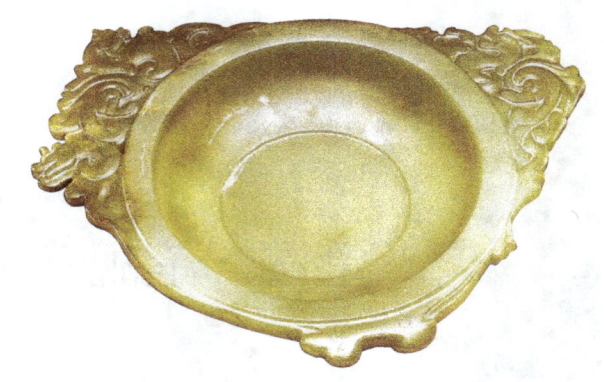

图一　故宫博物院藏汉代玉洗

洗"，当是宋代的汝窑^{图二}、钧窑^{图三}、官窑^{图四}、哥窑、龙泉窑^{图五}以及玉器类等，因此可以说，宋代是有诸多"笔洗"实物传世的。台北故宫博物院藏有一件宋代玉质"荷叶洗"^{图六}，雕工精湛，造型别致，可知，宋代笔洗的制作，除陶瓷外，玉等其他材料也被很好地运用。

元代的文房用具大体继承了宋代的文化传统与习惯，但制作工艺水准上远逊于宋代，这与当时的政治环境有绝对关系。封建中国的官本位思想左右着文化的发展进程。宋代最为重要的汝窑、官窑、钧窑、定窑、哥窑等有的绝迹，有的式微，代之以景德镇的青花，中国瓷器的方向性被改变了。不过，龙泉窑虽不及宋代的精致，但种类充实，并且广为外输。元代青瓷洗在当今的日本就偶尔能够看得到。^{图七}

明代屠隆《考槃余事》记载："笔洗：玉者，有钵盂洗、长方洗、玉环洗，或素或花，工巧拟古。铜者，有古镂金小洗，有青绿小盂，有小釜、小卮、匜，此五物原非笔洗，今用作洗，最佳。陶者，有官、哥元洗、葵花洗、磬口元肚洗、四卷荷叶洗、卷口蔗段洗、绦环洗、长方洗，但以粉青纹片朗者为贵。有龙泉双鱼洗^{图八}、菊花瓣洗、钵盂洗、百折洗；有定窑三箍元洗、梅花洗、绦环洗、方池洗、柳斗元洗、元口仪棱洗；有中盏作洗，边盘作笔觇者；有宣窑鱼藻洗、葵瓣洗、磬口洗、鼓样青剔白螭洗。近日新作甚多，制亦可观，似未入格。"[2]"笔觇：有以玉碾片叶为之者，古有水晶浅碟。

（2）见《长物志·考槃余事》，（明）文震亨、屠隆著，浙江人民美术出版社2011年版，P283-284。

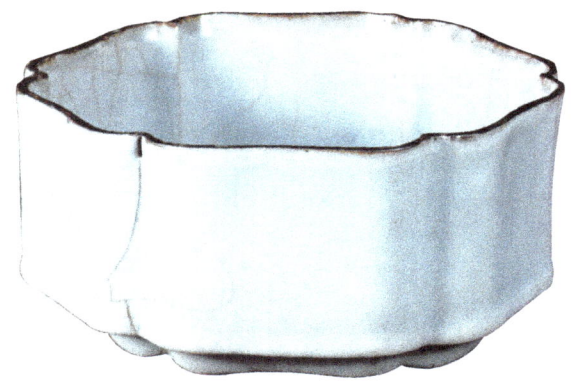

图二　台北故宫博物院藏宋汝窑洗

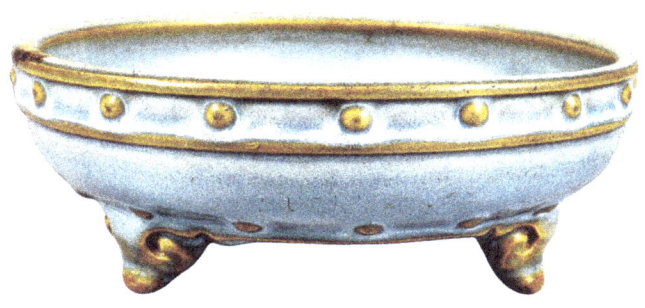

图三　南京博物院藏宋钧窑鼓式洗

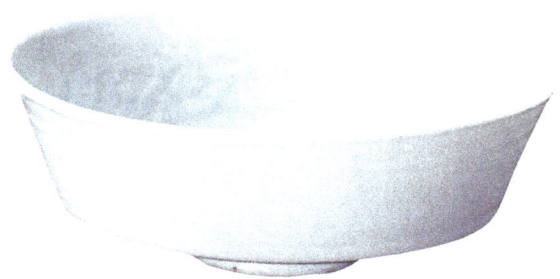

图四　台北故宫博物院藏宋官窑洗

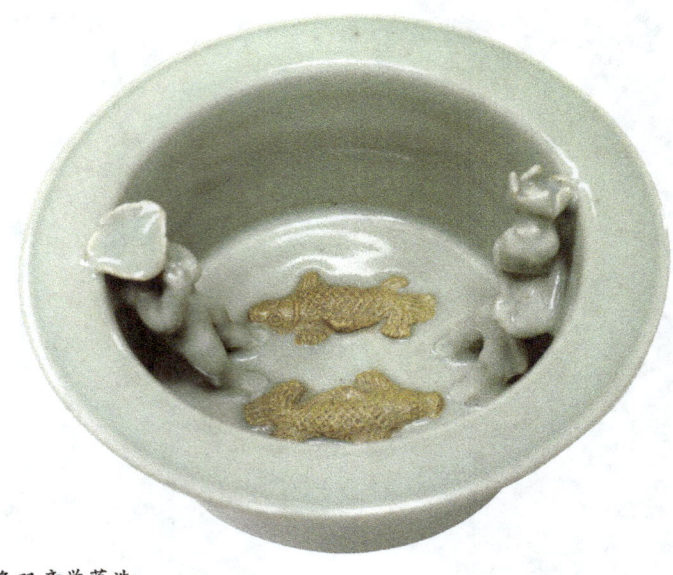

图五　南宋龙泉窑青瓷双鱼双童举莲洗

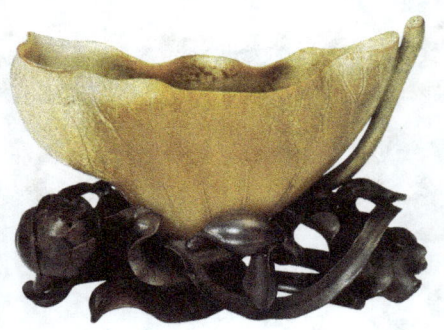

图六　台北故宫博物院藏宋玉质荷叶洗

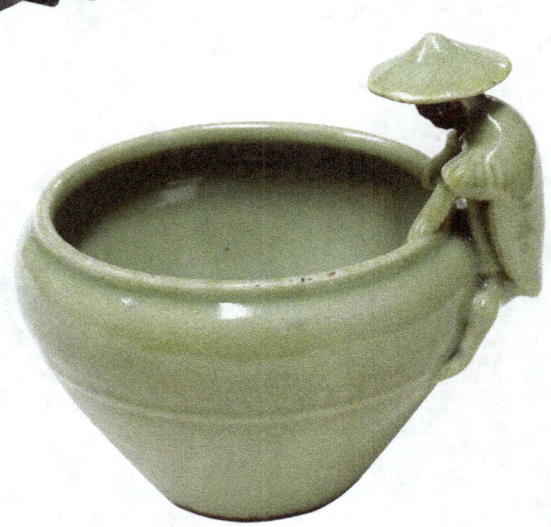

图七　元龙泉窑青瓷渔夫观蟹洗

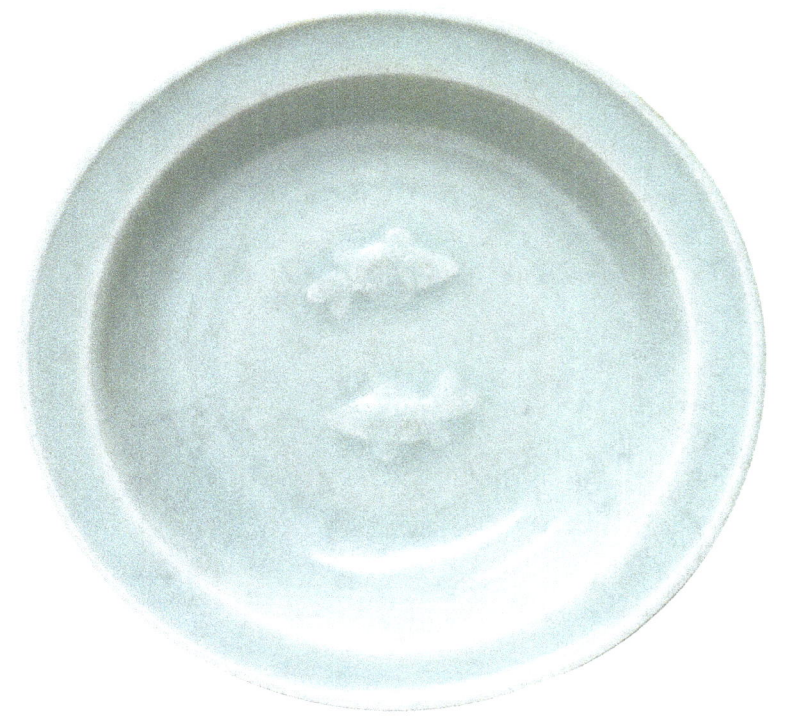

图八　南宋龙泉窑粉青双鱼洗

有定窑匾坦小碟最多,俱可作笔砚,更有奇者。"(3) 文中所述各式,多为宋代之物。明高濂《遵生八笺》、文震亨的《长物志》则同中有异,比如《长物志》说,"忌绦环及青白相间诸式。又有中盏作洗,边盘坐笔觇者,此不可用"(4)云云。于笔觇,亦说"定窑、龙泉小浅碟俱佳,水晶、琉璃诸式,俱不雅,有玉碾片叶为之者,尤俗"(5),可见爱好之不同。不过,也可见,当时笔洗、笔觇之流行。

明代颇有点"文化复兴"的味道。在元代断裂了近百年之后,许多有识之士开始致力于宋文化乃至传统文化命脉的探求,不断复古、创新。反映到文房用具类,则是继承传统中有所发扬,虽取向已殊,但种类、数量都超过了宋人。材料上,瓷为主,玉次之(图九),此外,还有玛瑙、象牙、犀角(图十)、竹根雕、铜、石等等,制作精致,或仿宋,或仿高古,形制多样,古拙中寓乖巧,深受文人雅士的青睐,也被后人效法。

---

(3)见《长物志·考槃余事》,(明)文震亨、屠隆著,浙江人民美术出版社 2011 年版,P284。
(4)同上,P102。
(5)同上,P102。

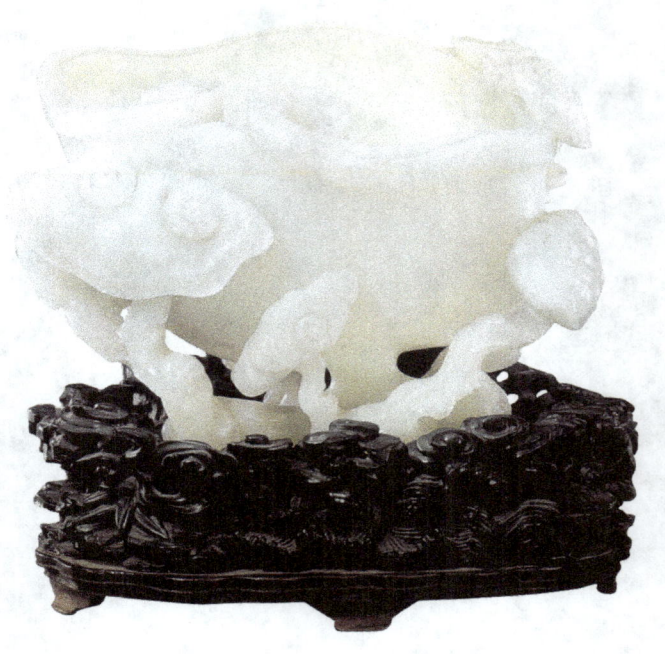

图九　故宫博物院藏青玉灵芝式笔洗

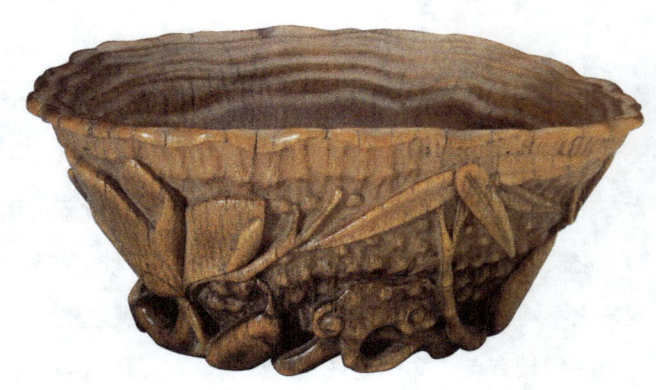

图十　台北故宫博物院藏明至清间犀牛角花果雕洗

清代文房具的制作，不局限于笔洗，整体上种类更加丰富多彩，工艺趋于复杂化。特别是宫廷制作，皇恩浩荡，不计成本，造办处集中了全国各地的工匠才俊，集思广益，更加上文人参与，因此，清宫文房用具的奢华，是前无古人的。制作手法上，清代发明了粉彩、珐琅彩等等，丰富了色彩瓷的品种。（图十一）但，奢华的器具与文人之

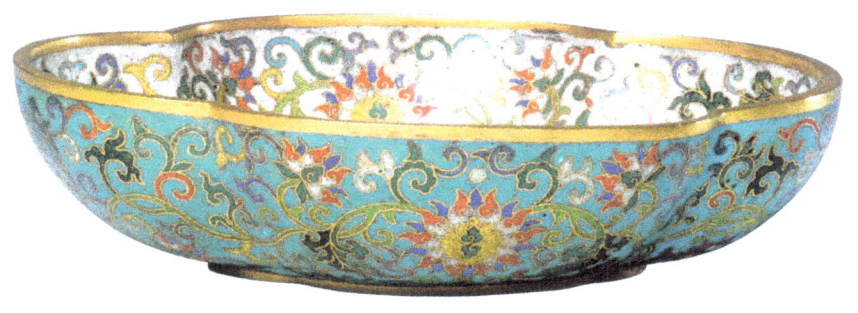

图十一　故宫博物院藏掐丝珐琅彩海棠式洗

淡泊颇有抵触，因此，从文人趣味论，略有些过分。当然，民间用具，则远不及清宫官造。不过，在宫廷奢华的带动下，权贵们追随皇权文化，因此，也有不少珍贵品类传世。清代距离我们现在去时不远，流传下来的各类文物最多，现在所能见到的各类笔洗，也基本上都是清代的制作。从所见实物看得出来，普通笔洗用具，多受明人及清宫影响，分为两大类，一类仿明的，多素雅质朴；一类仿官，比较华丽，但工艺水准不够精美。晚清以后，流于平俗，且多以制作仿品、伪品为多。

　　从传世笔洗观之，瓷器数量最多，青瓷、白瓷、青花、天蓝釉、宝石红釉、冬青釉、粉彩等等，不一而数。瓷器外，玉器类也占大宗。玉笔洗的最大特征是一洗一模样，没有雷同。由于传统琢玉技术相当成熟，玉工们的艺术修养也很高，雕琢得生动活泼，玲珑有加，艺术性远远超过实用性。不过，由于制作难度大，且材料昂贵，因此玉笔洗大多是小型件。其他如犀角、象牙和玛瑙、竹根、玻璃等笔洗大多是明中晚期以后的器物，这很明显与附庸明清朝廷的奢靡风气有关。特别是犀角，这种大多由印度等国进口的名贵材料，用作笔洗实在太过奢侈。竹根雕笔洗，虽然用料普通，制作往往出自名家之手，因此有些名品并不比他类逊色。

　　与笔洗相关的，还有笔舐，又称"笔舔""笔掭""笔填""笔砚"等，用于验墨浓淡或理顺笔毫，书画创作时常常使用。远古时当无笔舐之设，一般都是在砚台、画碟上掭笔。这类器具始于何时不明，但和笔洗一样，不迟于宋代^{（图十二）}，至明代，颇为时兴。前述明代高濂、屠隆、文震亨等相关记述可以参阅。传世笔舐可知，与笔洗相近似而器形较小。材料上看，也与笔洗差不多，以各种瓷器为主，玉器次之，还有

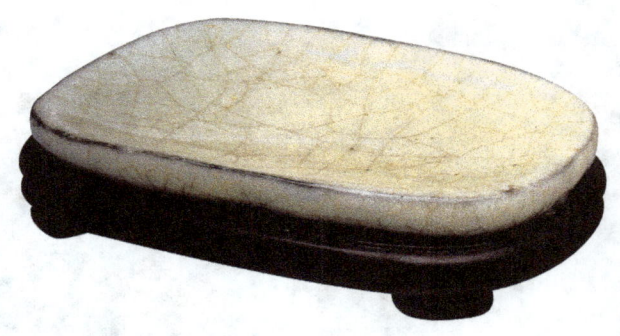

图十二　台北故宫博物院藏宋哥窑笔砚

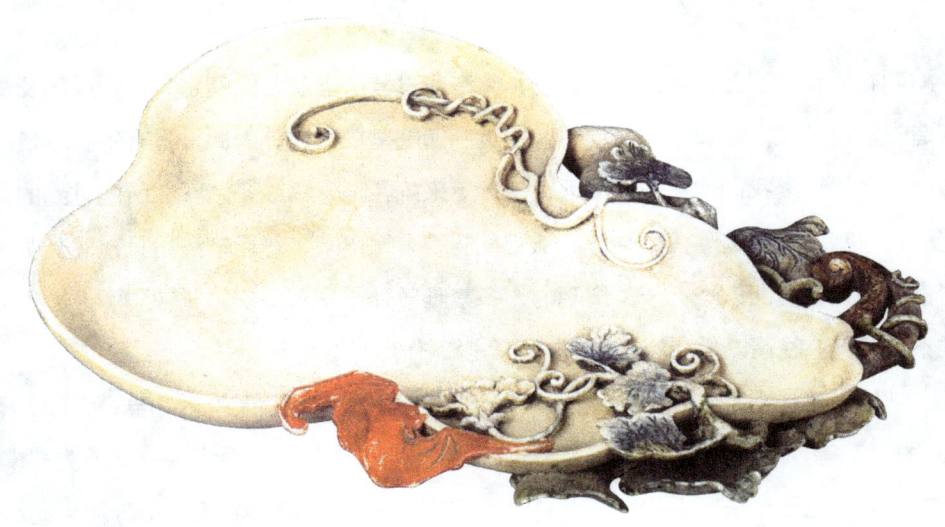

图十三　故宫博物院藏明代象牙染色荷叶形笔砚

砚石、水晶、铜、象牙（图十三）、竹根等等，一般以为以白色系制作笔舔较好，以便能够看得清墨色、颜料色彩的轻重。形制一般较小，一掌可握，但也不可太小。由于制作的形式接近于小型笔洗，对于那些玉质的小洗和玉制笔舔，有时很难分清（图十四）。

笔舔不属于必备品，而是笔洗、砚台、调色盘等之间的器物，可有可无，画碟以及普通生活中食用陶瓷器的小碟也往往作为笔舔之用，因此，传世笔舔并不算多。制作上，因其需求量少而特殊，往往是求制者特别要求的制作品，属于对文房比较偏好或者说特殊嗜好者，故而应制者较为用心，传世品大多工艺精美，意取吉祥。

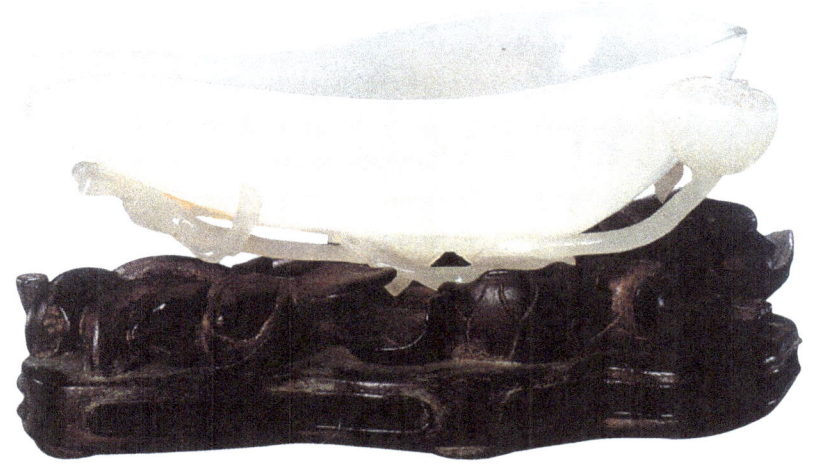

图十四　故宫博物院藏白玉荷叶式笔洗

笔洗、笔砚

砚 屏

砚屏，笔者认为源于古代的屏风。

屏风自古有之，《礼记》《史记》等都有相关记载。屏风的用途，顾名思义，最初是为了遮风用的。《说文》："屏，蔽也，从尸，并声。"屏风乃蔽障之物。除了遮风之外，又有挡视线、设屏障的功效。

1983年，广州汉南越王墓发掘出土过一件西汉漆木双面彩绘屏风实物，高约1.8米，通宽3米。系用五扇板障拼合，正中一扇较大，还特辟一小门，左右两扇门扉可以开闭。主人出入，不必绕两侧走动。设计精巧，颇具匠心。这大概是我们现在所能见到的最早的屏风实物了。

唐诗中，提及屏风的诗歌多见，杜牧（803—约852）的《屏风绝句》："屏风周昉画纤腰，岁久丹青色半销。斜倚玉窗鸾发女，拂尘犹自妒娇娆。"[1] 韩偓（844—约923）的《草书屏风》："何处一屏风？分明怀素踪。虽多尘色染，犹见墨痕浓。怪石

（1）见《全唐诗简编》，上海古籍出版社1993年版，P1332。

奔秋涧，寒藤挂古松。若教临水畔，字字恐成龙。"（2）从这两首诗可知，当时的屏风常作书、作画。后世的屏风是这种古风的继承。

不过，我们并不是要研究屏风，而是小小的砚屏。

砚屏常见的都是元明清以及民国时期之物。形制与独扇式座屏相同，但形体较小，通常置于几案之上，砚台之前，用作陈列、摆设，属于观赏性小型屏风，故江南又称台屏。砚屏有三大类，一类是某种材质独立直接制作，如瓷器、漆器等；第二类有座架，屏板插入，如玉石类，底座多木制，也有部分石质；第三类是有框架包裹再插入底座。笔者所见，以后者居多。这类有框架的，框内多镶嵌有各种屏心，而外框则有漆、木、竹等，木制者以黄花梨、紫檀、红木为佳。

传砚屏始于苏东坡、黄庭坚二人，因日光或烛光投射墨汁之余光甚伤目，故制砚屏以挡之。宋代文人赵希鹄在《洞天清录集·砚屏辨》记载："古有砚屏，或铭砚多镌于砚之底与侧。自东坡、山谷始作砚屏，既勒铭于砚，又刻于屏以表而出之。山谷有乌石砚石屏，今在婺州义乌一士夫家。南康军乌石，盖乌石坚耐，它石不可用也。"砚屏是不是苏东坡、黄庭坚的发明，其实并不重要，重要的是，至少砚屏在北宋时期已经有了。宋时文人雅士吟诵砚屏的诗歌不在少数，亦可佐证。梅尧臣（1002—1060）有《广陵欧阳永叔赠寒林石砚屏》："磷磷石岸上，浓淡树林分。隔水见寒岛，暗枝藏宿云。贤哉吾益友，持以赠离群。琥珀不须问，中心多化蚊。"洪咨夔（1176—1236）《朝南以诗送巴石研屏香几用韵（研屏）》："天上何有修月斧，巧将余刃斫巴山。玉蜍清浸婆娑影，正在微雪点缀间。"凡此等等，不一而足。明屠隆的《考槃余事》有"笔屏"一项云："有宋内制方圆玉花板，用以镶屏、插笔最宜。有大理旧石，方不盈尺，俨状山高月小者；东山月上者，万山春霭者，皆是天生，初非扭捏。以此为毛中书屏翰，似亦所得。蜀中有石，解开有小松形，松止高二寸，或三五十株，行列成径，描画所不及者，亦堪作屏。取极小名画，或古人墨迹镶之，亦奇绝。"（3）这里说的"笔屏"就是前述砚屏。高濂《遵生八笺》中也有相近记述。

砚屏之用途，被认为是为了遮蔽光线。这也许是起始的初衷，但时代发展，其用已不仅限于此了。前面已经说到"屏风"的作用，在于遮风、遮"丑"，临时躲避，

（2）见《全唐诗简编》，上海古籍出版社1993年版，P682。
（3）见《长物志·考槃余事》，（明）文震亨、屠隆著，浙江人民美术出版社2011年版，P282-283。

甚至是皇家的威严象征等等，而这样的用途同样适用于"砚屏"。试想，古时书桌多设于窗前，或南或北，文人面窗而坐，从窗外往内观看，也常常是一览无余。文人墨客，平时总有些许书写文字，一旦有他人往内观看，或进入书房，则并不愿意全部暴露于人眼前，需要些许遮挡，这时，砚屏便起了临时遮蔽的作用。再说，桌上的杂乱无章，有时也需要一些遮挡。总之，遮风、遮光、遮丑、遮挡视线，应是砚屏的实际用途。砚屏往往没有插笔孔，一孔或多孔，可用于插笔，故砚屏明代往往称之为"笔屏"。插笔亦是用途之一。由于其实用性毕竟有一定的局限，随着时间的推移，砚屏的功效性逐渐退化，成为一种文人雅士书桌上的摆设。

当砚屏以摆设为主要功效之后，砚屏的纹饰开始逐渐繁复。部分砚屏形制又开始被放大，介之于砚屏与单式屏风之间，不再置于砚台前，而是直接置于条案类桌子之上，供人欣赏。渐渐的，很少有文人再使用砚屏了。砚屏，成了文房古玩类被藏家们赏玩、珍藏。明末文震亨的《长物志》于"笔屏"条说道："镶以插笔，亦不雅观，有宋内制方圆玉花板，有大理旧石方不盈尺者。置几案间，亦为可厌，竟废此式，可也。"[4] 入清以后，虽然此式未废，但实用者渐稀，民国以后基本废去。当今书画家见而知之者已甚少，完全归入收藏行列。

在日本，砚屏有时被茶道家们用于茶室的摆设，因此，在日本常常能见到元明时期的砚屏。而以龙泉窑砚屏为最多见。（图一、图二）各大博物馆所藏，则以清宫造办处的制作最为精美奢华。（图三）

从传世的砚屏实物观之，砚屏的材质有纯陶瓷类：如龙泉窑青瓷、青花、粉彩、紫砂等，也有镶嵌瓷板、瓷片者，如镶宋元钧窑瓷片、青花瓷板、粉彩瓷板等。有竹（竹雕、竹镶嵌等）、木（黄花梨、紫檀、沉香木、红木、黄杨木等雕刻）、牙雕（图四）、玉（白玉、青玉、黄玉、碧玉以及其他玉石类）（图五）、翡翠、玛瑙、砚石（端石、歙石、松花石、黎溪石等），或天然石品，或雕刻图案文字，大理石（图六）、雅石（青金石、孔雀石等，还包括寿山石、昌化鸡血石、青田石雕等）、漆（包括剔红、雕漆、镶嵌螺钿等）、掐丝珐琅彩等，还有内装名人书画者，甚至利用古代造像而制成的砚屏（图七），凡此等等，种类多样且多彩。可以说，砚屏在文玩世界中别具天地，独放异彩。

（4）见《长物志·考槃余事》，（明）文震亨、屠隆著，浙江人民美术出版社2011年版，P101。

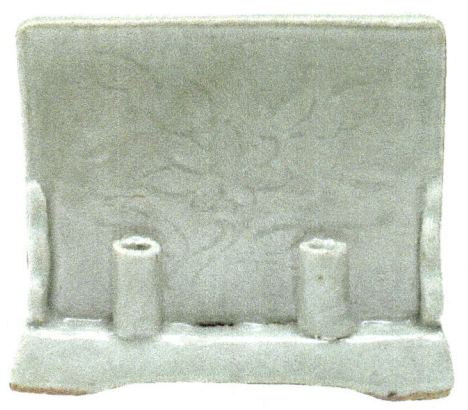 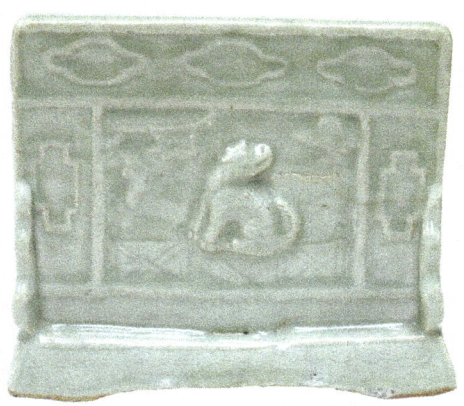

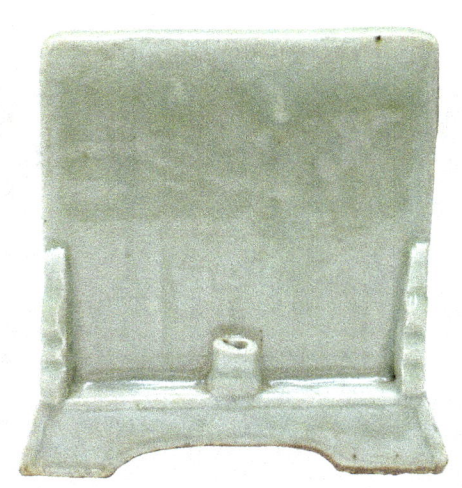 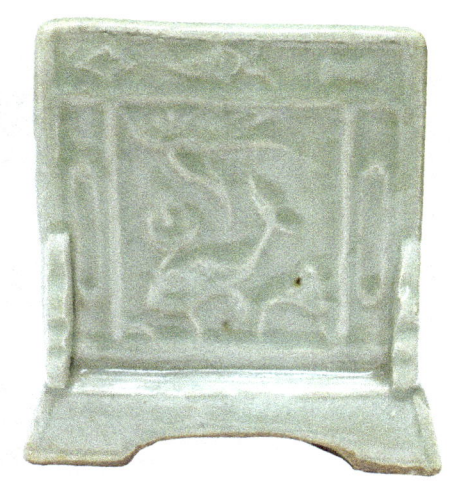

图一　明龙泉窑青瓷麒麟砚屏（双插）

图二　明龙泉窑青瓷双鹭砚屏（单插）

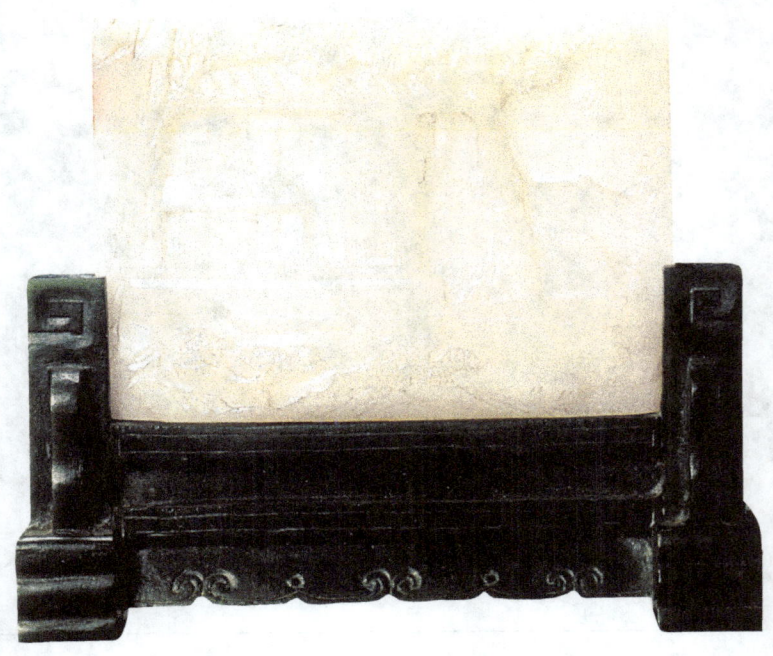

图三　故宫博物院藏碧玉座青玉"灯右观书"砚屏

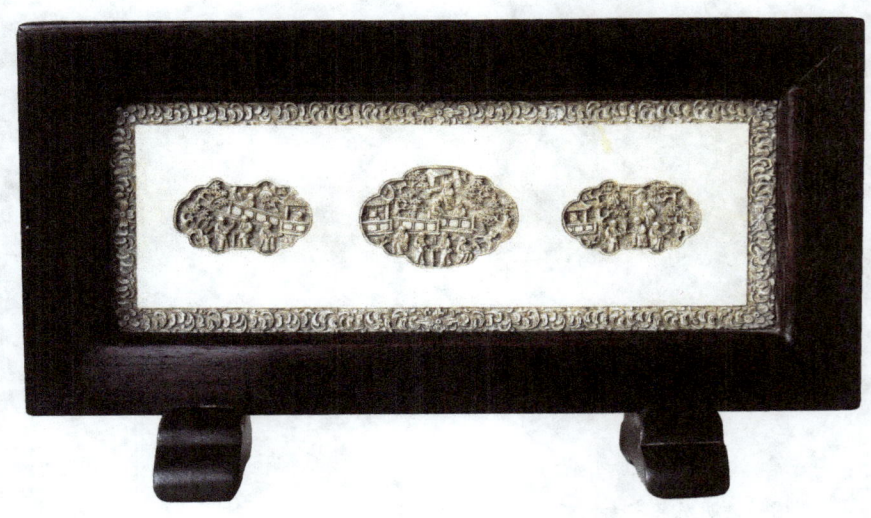

图四　清代象牙雕砚屏

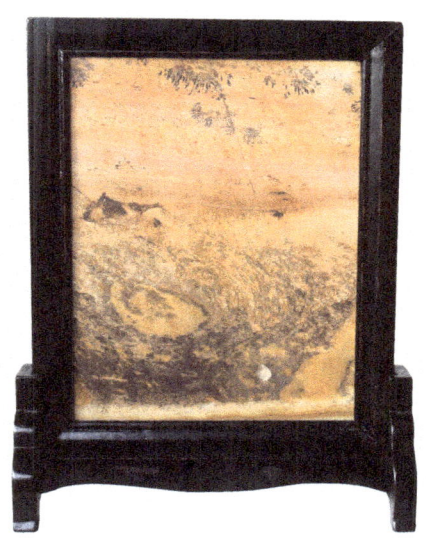

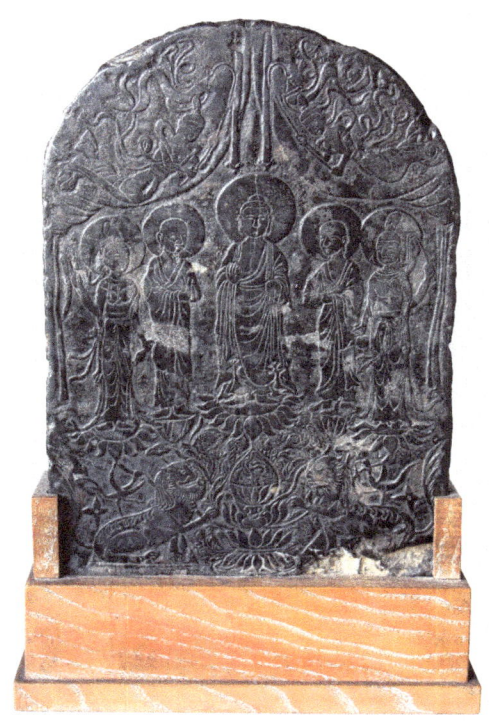
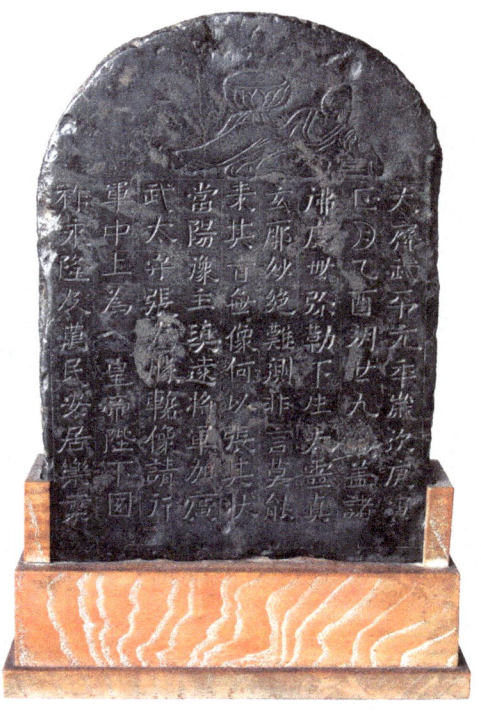

图五　清中期天然"金包银"玉石砚屏　　图六　清代天然大理石砚屏

图七　大齐武平元年造像砚屏

笔　筒

前文说过，与笔有关的有"笔筒""笔洗""笔舔""笔架""笔匣""笔格""笔挂"等等。这其中，"笔筒"尤为文人青睐、收藏家珍重。

笔筒是文房用具之一，为筒状盛笔的道具，一般是把毛笔的笔毛朝上，放进筒内，置于书桌之上，以便随时取笔写字。通常我们所见的笔筒，或圆或方，或变形的筒状，但大致样式相近。笔筒产生的年代已不可考，三国吴陆玑《毛诗草木鸟兽虫鱼疏》卷下"螟蛉有子"条载："取桑虫负之于木空中，或书简、笔筒中，七日而化为其子。"其所说"笔筒"，恐怕就是今日之笔筒。宋无名氏《致虚杂俎》："羲之有巧石笔架，名'扈'；献之有斑竹笔筒，名'裘钟'，皆世无其匹。"羲、献所用笔架、笔筒，当是传说，并无正规历史记载。一般认为，笔筒始见于宋。台北故宫藏有南宋官窑青瓷笔筒（图一），四川宋瓷博物馆藏南宋景德镇窑笔墨插，应该是比较早的笔筒（图二）。考古报告中有湖北江陵凤凰山168号汉墓和山东临沂金雀山周氏汉墓出土的笔筒，与现在意义上的笔筒稍有别，属于初期样式。

明屠隆《考槃余事》笔筒条云："湘竹为之，以紫檀、乌木，棱口镶坐为雅，余

图一　台北故宫博物院藏南宋官窑青瓷笔筒

不入品。"[1] 明文震亨《长物志》记载:"笔筒:湘竹,栟榈者佳,毛竹以古铜镶者为雅,紫檀、乌木、花梨亦间可用,忌八棱菱花式。陶者有古白定竹节者,最贵,然难得大者。青冬磁钿花及宣窑者,俱可用。又有鼓样,中有孔插笔及墨者,虽旧物,亦不雅观。"[2] 这里所说的"鼓样,中有孔插笔及墨者",正是图一样式。

自从有毛笔,附带制作笔筒当是非常合情合理的事。从目前传世品、出土情况看,多为明代中晚期之物,宋元少见。

以所能见得到的明清笔筒考察,材质多样,有木、竹、象牙、瓷、玉、砚石、铜、漆器、水晶等,还有不少古代青铜器物等转用作笔筒者。而尤以竹[图三]、黄花梨、紫檀、黄杨木[图四]、沉香木[图五]、瓷、象牙等笔筒深受文人喜爱。

明清笔筒以竹刻、瓷器最多见,也最为人喜爱。竹刻笔筒中,尤以名家刻竹为珍。瓷器笔筒以清宫制作以及唐英所制笔筒为佳。笔者曾见清宫御窑督陶官唐英设计令官匠制作的笔筒,或粉彩或墨彩,皆极其精美。清宫制作的官窑瓷器外,白玉、青玉、碧玉[图六]、黄玉等玉器,象牙、竹雕等制作的笔筒,皆精美绝伦。

---

(1) 见《长物志·考槃余事》,(明)文震亨、屠隆著,浙江人民美术出版社 2011 年版,P283。
(2) 同上,P101。

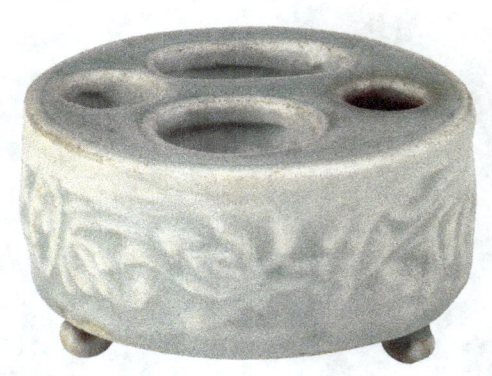

图二　四川宋瓷博物馆藏遂宁市金鱼村出土南宋景德镇窑缠枝荷纹笔墨插

由于笔筒的形制有一定局限,因此很多工匠在材质、装饰方面下功夫。比如竹刻、木刻、象牙、玉、瓷等材料的刻、镂、雕、绘等,瓷器又有青花、五彩、粉彩、三彩、颜色釉等釉与彩的变化,可以说笔筒为文玩中器型变化较少,但种类装饰方法非常丰富的品种。

竹笔筒,明代中期以前传世的器物甚少,一方面刻竹工艺尚未兴盛,缺少知名刻工,二则竹制品本身不易保存,很难见到出土之物,故即便有宋元竹刻传世,也很难断定具体年代。明代正德、嘉靖年间,嘉定朱鹤(字子明,号松邻)以刻竹成名,经过其子朱缨(小松)、孙朱三松(稚征)三代的努力,以浮雕和圆雕的深刻法创竹刻"嘉定派"。人称"嘉定三朱"或"朱氏三松"。之外,还有"金陵派"和"浙派"。前者,以浅刻或略施刀凿即可成器的刻法,代表人物为濮仲谦;后者以留青作阳文花纹的刻法,代表人物为张希黄。竹刻器物由实用型开始向实用和欣赏二者兼备的类型转变,竹刻笔筒也在此际应运而生。从此,嘉定等地竹刻名家辈出,清代刻竹高手有吴之璠、周颢(芝岩)、潘西凤、顾珏、邓渭等等名家,把竹刻艺术推向了极致。

今择主要刻竹高人介绍于下。

朱稚征,号三松,以号行世。生卒年不详,活跃于明末。嘉定人,出身竹刻世家。祖父朱松邻,工书善画,长于高浮雕、圆雕、竹刻,创嘉定派竹刻。刻有笔筒、香筒等。父朱缨,亦善书画,刻竹构思巧妙,刻技精湛,有刘阮入天台香筒等传世。三松刻竹

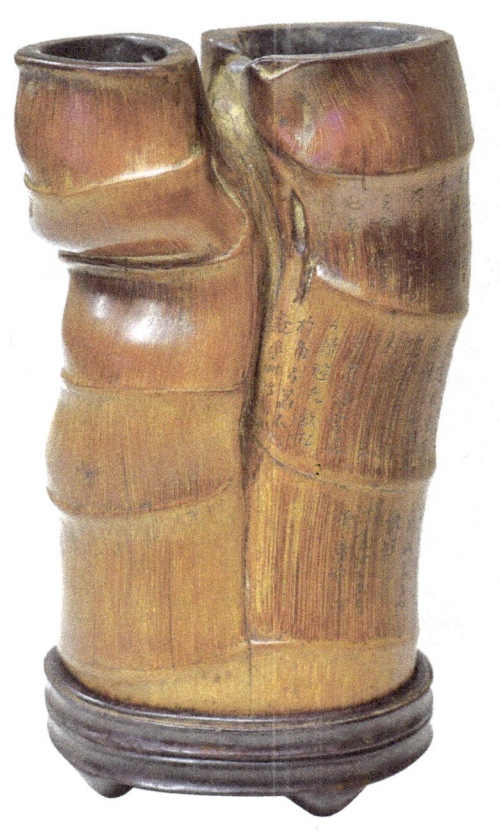

图三 连理竹笔筒

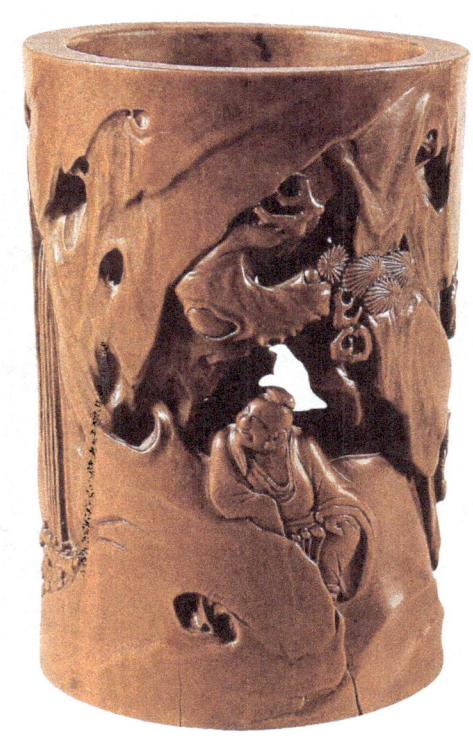

图四 北京市文物公司藏明黄杨木笔筒

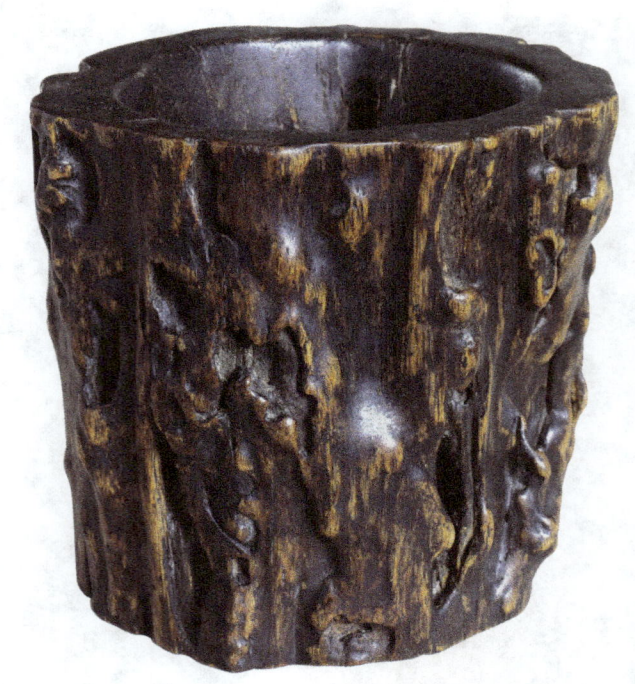

图五　明沉香木制笔筒

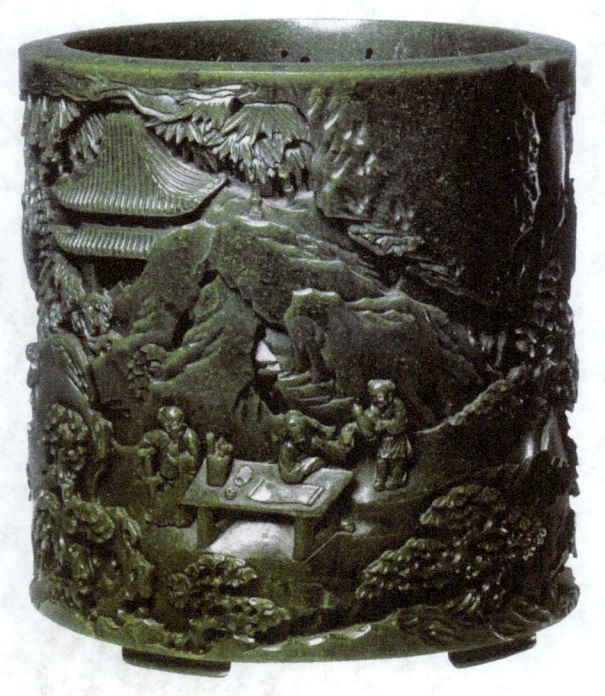

图六　故宫博物院藏碧玉山水"竹溪六逸图"笔筒

秉承家学，多以文学作品为题，所刻物象，神完情足，造诣颇深，影响深远。

濮仲谦，生于明万历十年（1582），清初尚健在。是明清时期的雕刻家，也善作竹笔筒。张岱（1597—1679）《陶庵梦忆》卷一"濮仲谦雕刻"载："南京濮仲谦，古貌古心，粥粥若无能者，然其技艺之巧，夺天工焉。其竹器，一帚、一刷，竹寸耳，勾勒数刀，价以两计。然其所以自喜者，又必用竹之盘根错节，以不事刀斧为奇，则是经其手略刮磨之，而遂得重价。真不可解也。仲谦名噪甚，得其款，物辄腾贵。三山街润泽于仲谦之手者数十人焉，而仲谦赤贫自如也。"

张希黄，生卒籍贯不详，当是清初人，发明留青阳文（一名皮雕，以竹青作花，去皮作底）刻竹法，在青筠上作浅浮雕纹饰，借青筠的多留、少留或不留为表现浓淡深浅的手法，工细精致，曲尽画理。山水楼阁似李昭道，偶作小景，又似赵令穰，点缀人物并生动有致。题句书法则类赵孟頫。传世的张希黄真品并不多见，多刻有"张宗略印"和"希黄"，赝作泛滥。

吴之璠，字鲁珍，号东海道人，嘉定人，活跃于康熙年间。所制笔筒从技法上可分为两类：一类是继承明代三朱雕镂法，用深刻作高浮雕，深浅多层。二是模仿龙门等石刻的浮雕法，创制出"薄地阳文"即去地浮雕法，金元钰《竹人录》云：吴之璠"所制薄地阳文，最为工绝"。由于吴之璠深明画理，故能在薄地阳文有限的高度上，表现出画面的远近、层次和透视感。（图七）

周颢（1685—1773），字晋瞻，号芷岩，又号雪樵、尧峰山人、芷道人，晚号髯痴，嘉定人，为清雍乾时期的竹刻大家，被誉为朱三松后第一人。周颢既擅刻竹，又善书画，是典型的文人雕刻家。一生勤于读书，而不试仕，有《芷岩诗抄》二卷传世。周颢所制笔筒常以山水、竹石为题材，并且以阴刻为主要技法，刀法纯熟，能以一刀表现纹理的宽窄、长短、深浅，极具画意。笔筒画面的布局有两种形式。一是通景，多为山水题材；二是一边景物，一边文字布局。（图八）金元钰在《竹人录》中以诗派论比嘉定竹人时，将周颢比作杜甫，鹤立鸡群。又说他"天分极高，以画法施之刻竹，合南北宗为一体，无意不搜，无奇不有，朱、沈一灯，隐隐相继，而又神明变通乎其间。二百余年首屈一指矣"！(3) 推崇备至。

潘西凤，字桐冈，号老桐，浙江新昌人，寓居扬州，书法师从王澍，与扬州八怪

（3）见《明清竹刻艺术》，嵇若所著，台北故宫丛刊甲种之四一，P77。

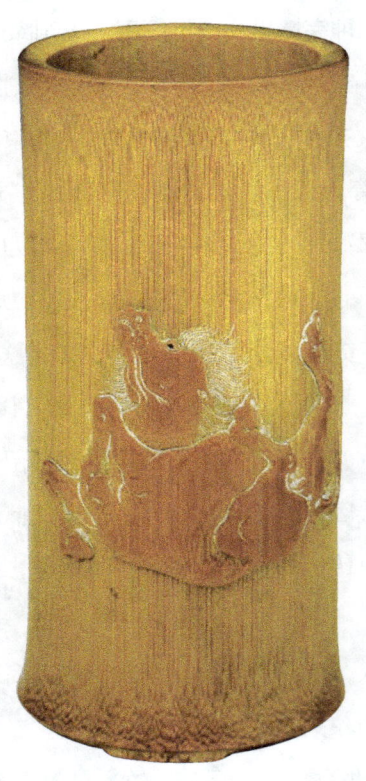

图七　台北故宫博物院藏吴之璠刻竹笔筒

李鱓等相善，雍乾年间刻竹大家，有金陵派濮仲谦之后第一人之称。潘西凤善以各种技法雕镂笔筒，浅刻、深刻及留青皆佳，所制留青笔筒晕褪变化，如墨分五色，精妙绝伦。又能作竹根笔筒，以竹根数节琢制，保留竹根的天然外形，盘根错节，虫蛀斑痕，极尽自然之妙。

顾珏，字宗玉，嘉定人，康熙年间雕刻名家。精于刻竹，雕刻精巧，细入毫发，并且创作严谨，往往一两年才有一件作品完成，所以流传至今非常罕见。

邓渭，字德璜，亦作得璜，号云樵山人，嘉定人，活跃于清乾嘉时期。邓氏一门三杰，父邓孚嘉、叔邓士杰皆擅长刻竹。邓渭善镂花卉、人物，更长于刻字，浅刻行楷，书迹秀劲，工整雅致。

上述数位为明清最著名的刻竹高人，其他还有金陵的李文甫、嘉定的封氏一门，还有施天章、李希乔等等。嘉定刻竹名手，金元钰的《竹人录》有详细记载，可参考。

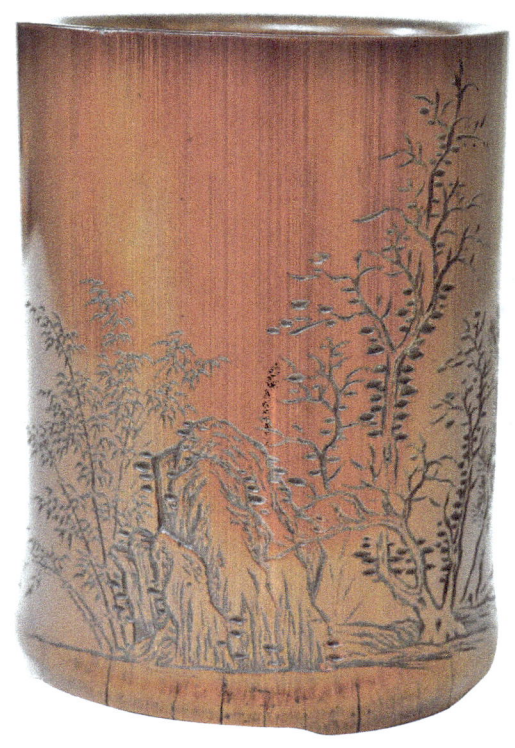
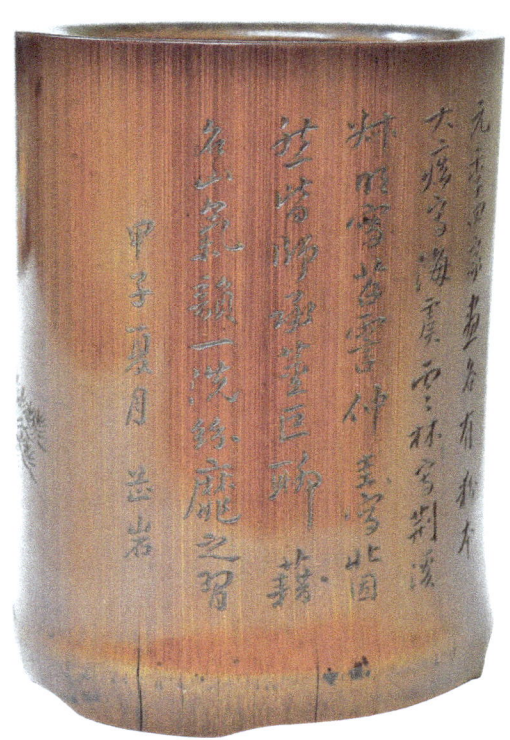

图八　清周颢作笔筒

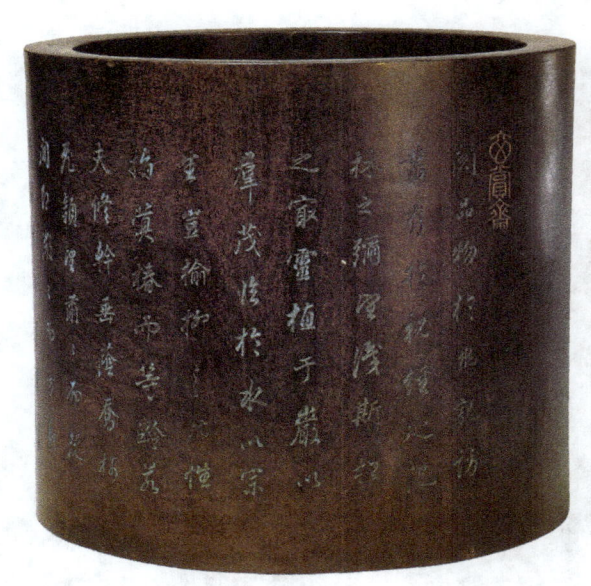

图九　故宫博物院藏紫檀木雕董其昌墨迹笔筒

刻竹高人，多兼治笔筒。

明清刻竹名家，往往也刻木，木笔筒以紫檀^{图九}、沉香木、黄杨木、鸡翅木等等较为常见，纹饰以花卉、山水居多。紫檀笔筒很少采用较为繁复的镂雕工艺，而是利用其本身的色泽、纹理或棕眼加以表现，故显得大方稳重，古朴典雅。

从风格上看，明代多以刀代笔，构图清新，传世山水人物，简明洁净，高古传神。清代则以镂雕为主，纹饰立体感较强。人物传神，颇有中国古代白描画的韵味。

瓷制笔筒始于何时不明，但传世的瓷笔筒中见有台北故宫博物院藏南宋官窑的笔筒（见图一），《长物志》记载的"古白定竹节者"，笔者未曾见过。而平常所见，明代嘉靖、万历年间者属于较早的瓷笔筒。天启、崇祯时的瓷笔筒生产量较大，以青花为主，纹饰有植物、动物、人物等。其基本形制为直口，平底，腰微束。如青花人物故事笔筒，直口，平底无釉。筒壁绘有青花人物，直花呈色淡雅，绘工精细。器口器足处有暗刻纹饰为崇祯瓷笔筒的典型特征。清顺治瓷笔筒传世品略少，但器型品种较多，有直口直壁式、束腰式等。一般来讲，前者瘦高，后者粗壮，以青花为主。康熙时瓷笔筒的生产达到鼎盛时期，品种极为丰富，有青花、五彩、斗彩、

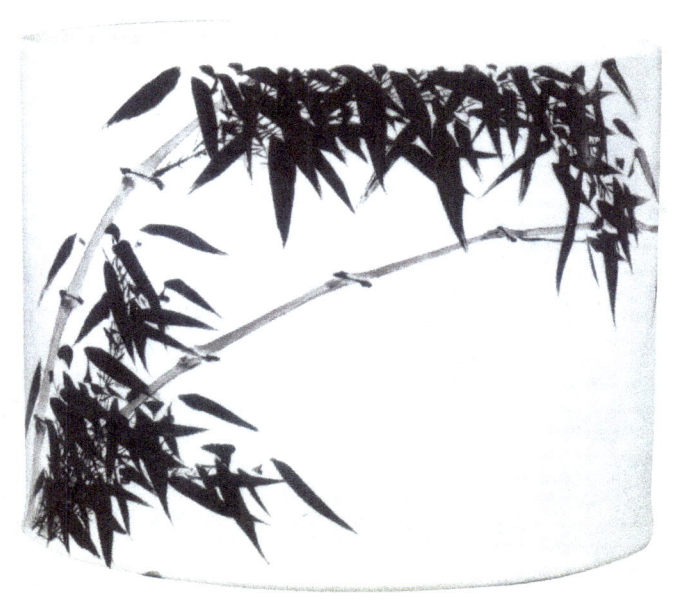

图十　故宫博物院藏墨彩"竹枝图"笔筒

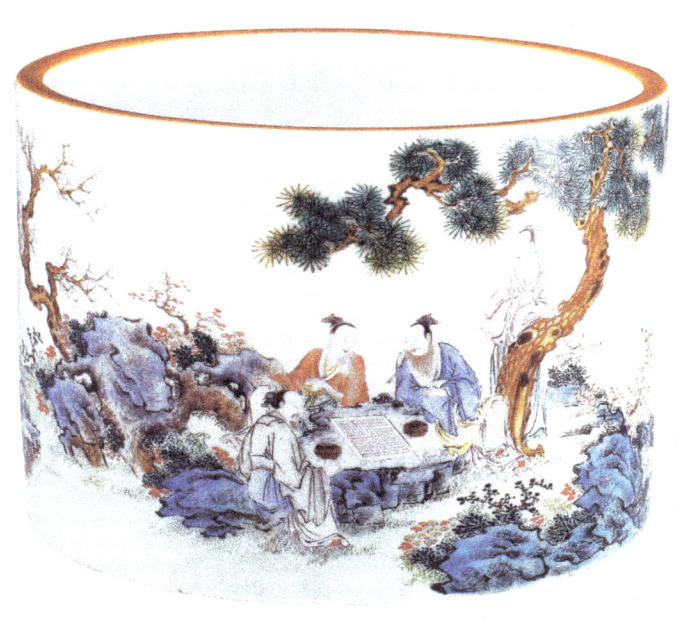

图十一　上海博物馆藏乾隆粉彩人物笔筒

釉里三彩及各种颜色釉。纹饰内容广泛，有人物、动物、山水、花鸟(图十)、博古还有书法等。器型有束腰形、直口直壁形、竹节形、方形等。其典型特征是胎釉结合紧密，胎质细腻。无款者居多，少量有堂名款，器壁上亦见有干支款。胎壁适中，底中央有一小圈下凹，涂白釉，凹圈外平坦，向外施一圈白釉，向内边的一圈则无釉。这种底形看上去似一玉璧形，所以，人们称之为"璧足"。雍正、乾隆时期是清代瓷笔筒生产的第二阶段，传世品较清初少，但制作精巧，特别是出现了一些新颖的器型，如六方形、扁方形、双联形等，装饰味道较清初浓郁。这一时期瓷笔筒的品种有青花、青花釉里红、粉彩(图十一)、各种颜色釉地粉彩及单色釉。雍正瓷笔筒的特征是清新典雅，乾隆则富贵华丽，官窑器物多有纪年款，民窑则为干支款或堂名款。雍乾时期的瓷笔筒胎壁相比康熙时期略薄，其底也由"平底""璧足"改为"圈足"。

嘉庆、道光时是清代瓷笔筒生产的第三阶段，仍以粉彩为主要品种，器型以细高为主。纹饰以人物等居多，较为侧重观赏性。此时的另一特点是雕瓷笔筒开始出现，多模仿竹雕器物，以黄釉雕瓷笔筒最为出色(图十二)。如黄釉雕瓷笔筒，以剔地手法刻出松、石，口沿及底绘成竹节断面痕迹。官窑多有纪年款识，民窑有堂名款或刻工名号。雕瓷的著名工匠有陈国治、王炳荣、汤源和等人。晚清瓷笔筒仍较盛行，但质量下降。

此外还有玉笔筒、雕漆笔筒、象牙笔筒(图十三)、铜笔筒(图十四)以及定型葫芦等等，这些笔筒大多通景，以深雕、镂空和阴刻技法琢制山水人物等纹样，人物与景色相配，纹饰精致，层次丰富，布局繁密，立体感强。

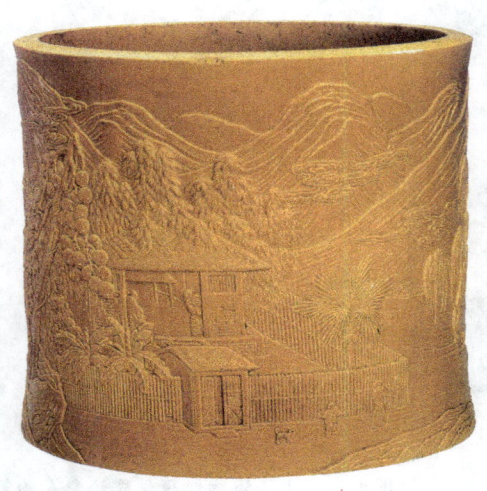

图十二　故宫博物院藏黄釉仿竹雕笔筒

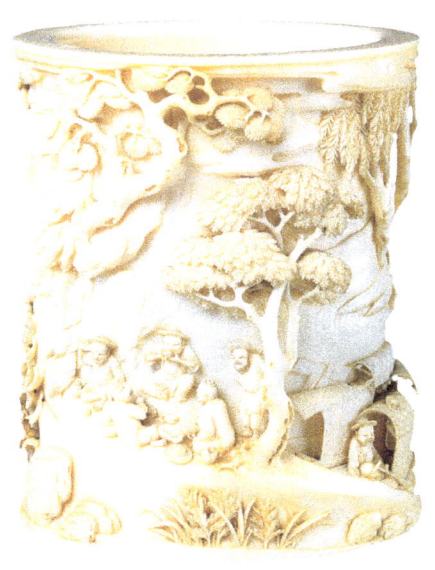

图十三 故宫博物院藏乾隆象牙雕"渔家乐"笔筒

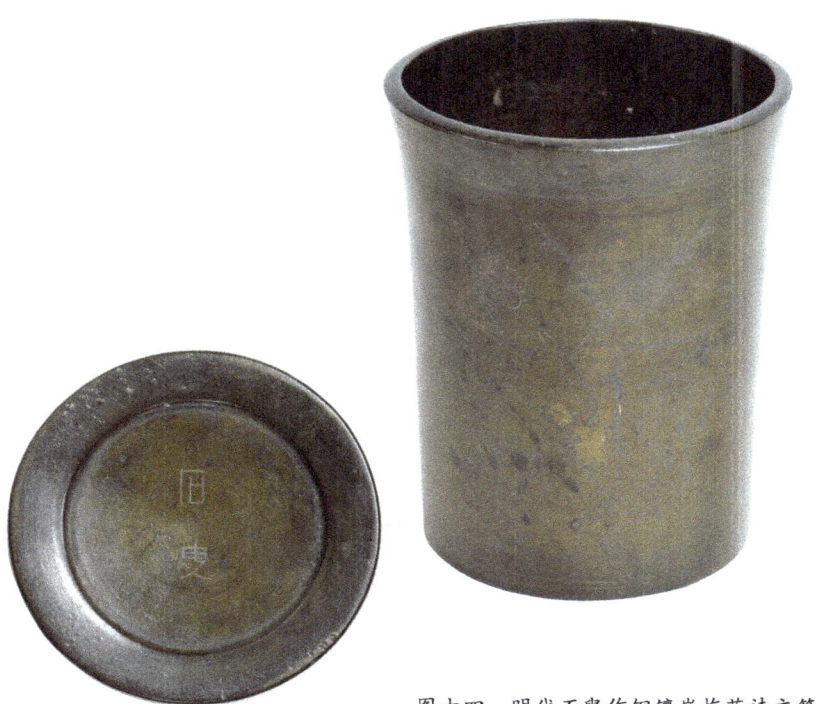

图十四 明代石叟作铜镶嵌梅花诗文笔筒

笔筒从明末至清中,无论制作还是赏玩,都一直长盛不衰,成为文人墨客案头文具中不可替代的佳器,也是收藏家们的文玩收藏首选。

臂　搁

　　臂搁是古代文人在书写书法以及绘画时用来搁放手臂的文房用具。古人书写习惯，皆自右至左，一行书写完毕，继写第二行时，字迹往往不能干透，若有衣袖蹭到，则容易沾上墨迹，影响字迹。因此，书写时垫上臂搁，则能够防止墨迹被沾蹭，同时，悬腕书写易于疲劳，特别是小字书写时，垫着臂搁，可使手腕得到一个支撑点，缓解手臂疲劳。也因此，臂搁又称为"腕枕"。明代后期、清代文人雅士中，爱好竹制臂搁者渐多，竹臂搁成了主流。文人墨客们在夏日挥毫时，将臂搁枕于臂下，一来可防止臂上汗水洇纸，二来由于竹性凉，有祛暑功效，更可得一时清爽，因而有人管竹臂搁叫"竹夫人"。

　　臂搁始于何时，尚难考证。一般说法，臂搁始于明。这种说法颇有点保守，台北故宫博物院藏有南宋官窑青瓷臂搁^(图一)，可知臂搁的出现至少在宋之前。这种兼实用与工艺于一体的文玩，在明清两朝都备受文人们的喜爱，因此发展也较前朝迅速。前面已经说到，它的出现，当与古人的书写用具和书写习惯有密切关系。除了枕垫腕臂之外，因常置于书案间，随手会代用作镇纸，压在书画纸上，以防止纸被风掀起。这也算是臂搁的替代用途吧。

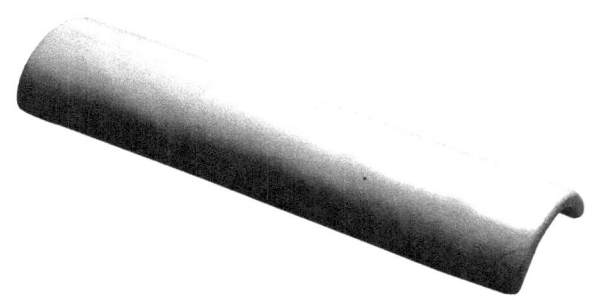

图一　台北故宫博物院藏南宋官窑臂搁

关于臂搁的记载，明末较多，不过，名称有所不同。明代高濂（1573—1620）的《遵生八笺》、文震亨（1585—1645）的《长物志》、屠隆（1543—1605）的《考槃余事》、清代金元钰的《竹人录》等古籍中都称其为"秘阁"。这大概与古代秘库中的竹木简牍的样子有关。

屠隆的《考槃余事》载："有以长样古玉璏为之者。近以玉碾螭文、卧蚕、梅花等样，长六七寸者。有以紫檀雕花者。有以竹雕花巧人物者。有倭人造黑漆秘阁，如圭元首方，下阔二寸余，肚稍虚起，恐惹字黑，长七寸，上描金泥花样，其质轻如纸，为秘阁上品。"[1]《遵生八笺》与此记述相近。[2] 文震亨《长物志》载："秘阁，以长样古玉璏为之，最雅。不则倭人所造黑漆秘阁如古玉圭者，质轻如纸，最妙。紫檀雕花，及竹雕花巧人物者，俱不可用。"[3]

"玉璏"是用玉雕刻的剑鼻者，又称剑璲、剑卫，"玉具剑"四宝之一，镶于鞘腰中上部，以穿带甲。西周以后多见，广州南越王墓出土多套，皆十分珍罕，明人或转用，或仿古。高濂、屠隆、文震亨都推崇"玉璏"，用之转用作臂搁，在明末被视为是最风雅的。从日本进口的黑漆臂搁，形态状似古代的玉圭，质轻如纸，也非常美妙。至于用紫檀等名贵木雕以及竹刻花鸟人物，各位说法不一，文震亨认为都不入流。当然，

（1）见《长物志·考槃余事》，（明）文震亨、屠隆著，浙江人民美术出版社2011年版，P290。
（2）见《遵生八笺》，（明）高濂著，赵立勋、阙再忠等校注，人民卫生出版社1994年版，P589。
（3）见《长物志·考槃余事》，（明）文震亨、屠隆著，浙江人民美术出版社2011年版，P105。

这只是晚明的一种记载，或许只是文震亨个人的意见而已。随着时间的推移，文人雅士对文房雅玩的嗜好也有所变化。竹雕、紫檀雕在明末清初因雕刻高手的出现而逐渐开始为文人所重。入清之后，由于皇家的爱好和不惜成本，举国名手聚集京城造办处，为皇家制作文玩，一时间难于雕琢制作的玉器、牙雕等等，或仿古，或创新，臂搁也成了一种新的时尚。至于瓷器、珐琅等等，也应景而生，各式臂搁都不断受到重视。名贵材质自然受到追捧，但并非决定性的选择，名家雕刻及其制作的精美文雅逐渐成为判定臂搁雅俗的最重要内容。

《昭代丛书》（卷五十五）清刘銮《五石瓠》"濮仲谦江千里"条载："苏州濮仲谦水磨竹器，如扇骨、酒杯、笔筒、臂搁之类，妙绝一时。亦磨紫檀、乌木、象牙，然不多。或见其为柳夫人如是制弓鞋底板二双，又或见其制牛乳潼酪筒一对，末矣。"濮仲谦乃金陵派竹刻创始人，前面笔筒一章中做过介绍，读者不妨参考。臂搁与笔筒具有相近相类之处，都属于文房雅玩，无论题材、制作工艺、材料都是相通的。竹木牙雕工艺家在制作时也往往以材施艺，兼而擅治。除濮仲谦之外，吴之璠（图二）、

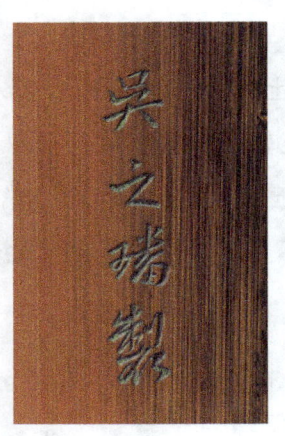
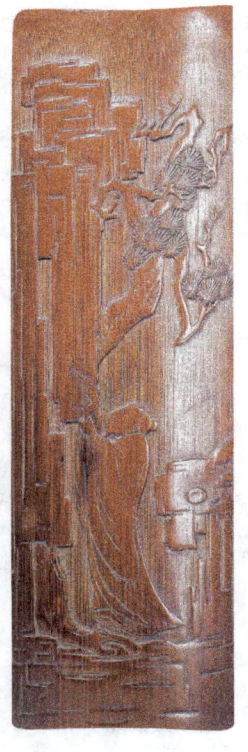

图二　故宫博物院藏清吴之璠刻竹"石壁题书"臂搁（吴之璠款局部）

张希黄〔图三〕等竹雕名手也皆善制臂搁。

清纪昀《阅微草堂笔记》"姑妄听之三"记载："又余在乌鲁木齐时，见故大学士温公有玉一片，如掌大，可作臂阁。质理莹白，面有红斑四点，皆大如指顶，鲜活如花片，非血浸，非油炼，非琥珀烫，深入腠理，而晕脚却四散，渐远渐淡，以至于无，盖天成也。"钱泳在《履园丛话》中说："余尝见士元（杜士元，号鬼工，清乾隆年间雕刻家）制一象牙臂搁，刻十八罗汉渡海图。数寸间有山海、树木、岛屿、波涛掀动翻天之势，真鬼工也。"这些都散记了清中期臂搁的材料，或玉质，或牙雕。

臂搁制作的材料，大约分为：竹类（含竹刻竹雕〔图四〕（湘妃竹、斑竹、麻竹、素竹等），玉类〔白玉、青玉、黄玉、翡翠等，有素工、雕工等〕，木类〔紫檀〔图五〕、黄花梨、沉香木〔图六〕、红木、鸡翅木、黄杨木等，也有素工与雕花之分〕，瓷类（各类单色釉、青花、粉彩等瓷器，珐琅器等），象牙（素工、雕刻）〔图七〕，漆器（螺钿、戗金、雕漆等），石类（寿山石、黎溪石、端溪石等），金属类（铜器、银器、铁制、鎏金器

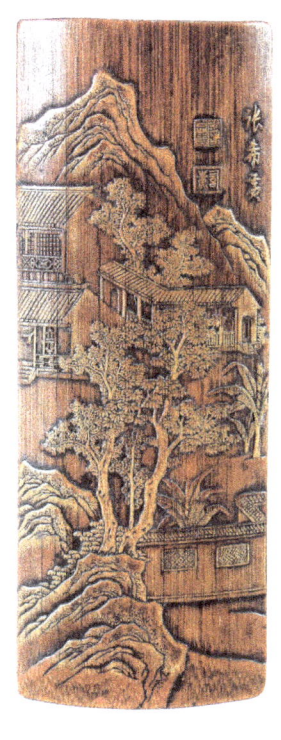

图三　安徽省博物馆藏清张希黄刻竹"庭院小景"臂搁

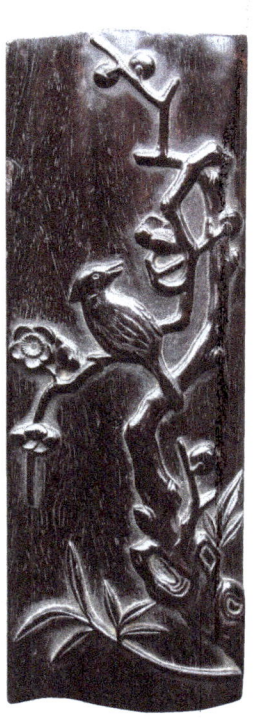

图五　清紫檀雕刻"喜上眉梢"臂搁

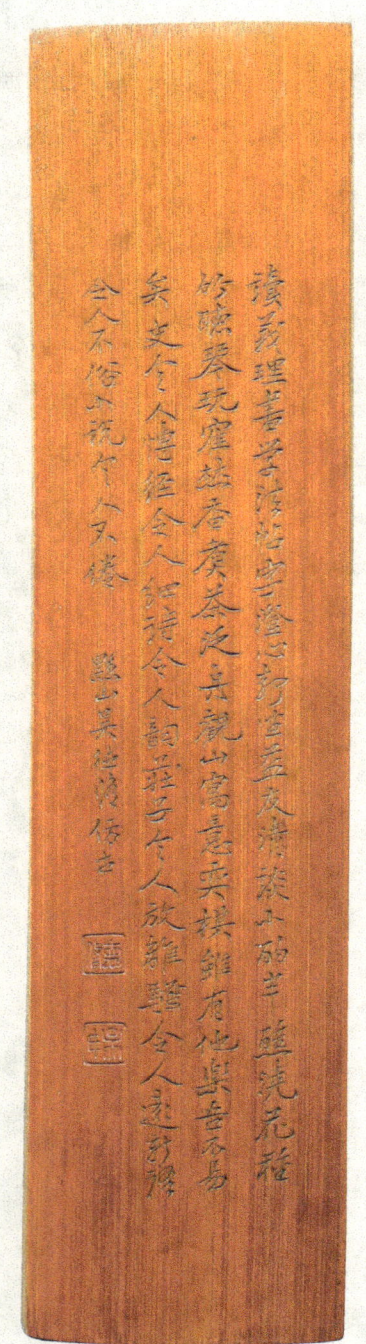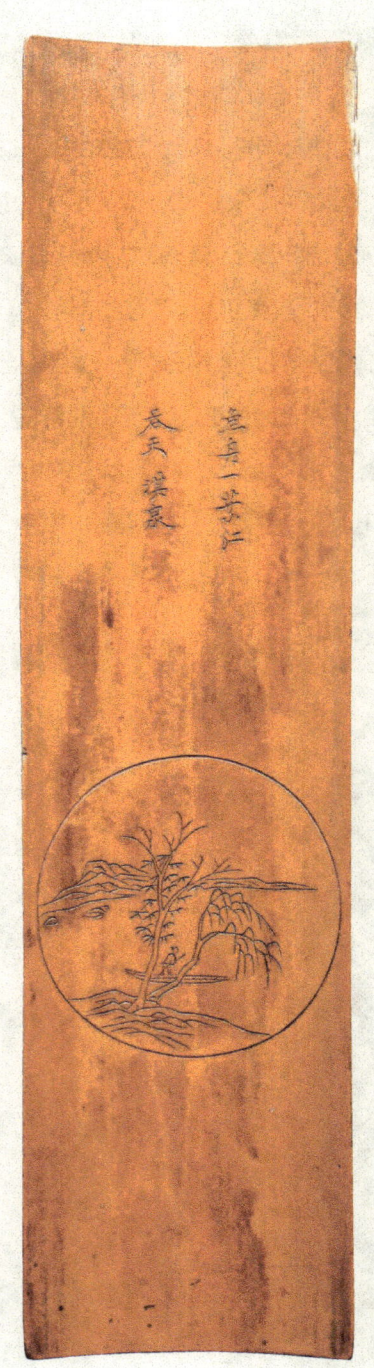

图四　明剧作家吴德修铭竹刻臂搁

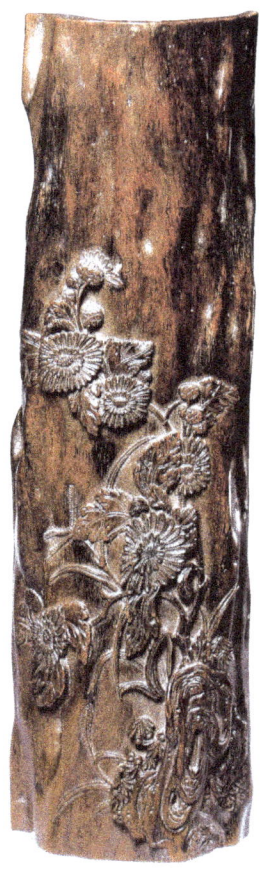

图六 故宫博物院藏沉香木雕"菊花图"臂搁

 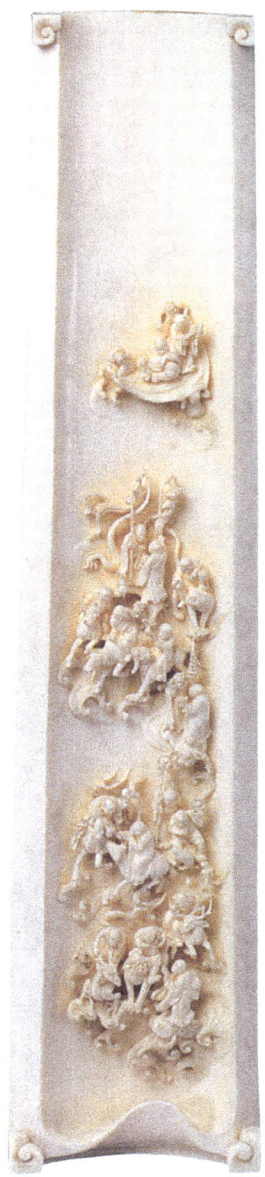

图七 故宫博物院藏象牙雕"古木寒雀图"覆瓦式臂搁

以及各式镶嵌等）。从材料上说，与笔筒大致相同。另外日本漆器也从明代开始受到国内文人雅士的重视，制作精良、工艺繁复，豪华亮丽。

竹木牙雕以及石雕等等，从雕刻的内容看，大致可分书法与图案两大类。书法以座右铭、诗文为主（图八），图案则以山水、梅兰竹菊以及四季花鸟、人物为主。由于枕腕枕臂，浅刻更适合且富于书卷气息。

臂搁是常置案头的把玩之物，书画家乃至文人墨客日夕摩挲，竹木牙雕甚至金属之器，年久日深，愈摸愈润，形成包浆，则能得人之灵气，更具神采。

臂搁虽不是文房中的必需品，但却是书桌上的一种重要文房雅玩。某种意义上说，可视之为文房"珍品"。文房中备有臂搁，可以大大增加文人情趣，有经济能力的人才会使用、收藏它，臂搁在文房用品中属于锦上添花，所以说是广受文人喜爱的奢侈品。

需要说明的是，日本常常把臂搁与煎茶茶道常用的"茶量"（又称之为"茶合""茶则""茶计""茶媒"等）混为一谈，把我国明清各式臂搁统归为茶量。茶道本是我国传入日本的，而在明末清初逐渐式微，诸多茶道具我们已经不能辨别用途，这样，原本应该是茶量的，在国内往往茶量与臂搁不分，统归为臂搁。也因为是这个原因，日本学者认为"茶量"发明于日本，而非从中国东渡。其实早在陆羽的《茶经》中就有明确记载，其时茶叶尚未传入日本。只是到了近现代，我们又反过来向日本学习"茶道"，

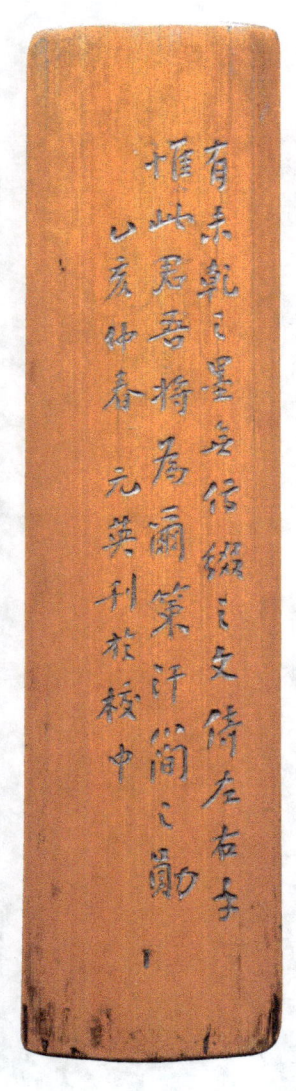

图八　清元英铭竹刻臂搁（其铭曰：有未干之墨，无停缀之文，倚左右手唯此君。吾将为尔策汗简之勋。）

特别是当代，茶道热开始流行，台湾式的所谓"茶道"进入大陆，带来了很多日本茶道具，或模仿日本的茶道具，其中包括"茶量"。近些年，日本茶道具进口非常多，传到日本的各式"臂搁"也被当作"茶量"回流。观实物，除了形状很特别，明显是茶量的以外，茶量和臂搁确实有交叉，部分式样相同的，有时比较难以区分。笔者以为，除明显属于茶量的形制外，尺寸明显偏短小的，应当视为茶量，而非臂搁。（参看"茶道具"部分）

墨床和笔床

墨床，亦称墨架、墨台，是专门用来承搁墨锭的小案子或小架子。(图一)

通常说，汉以前的墨，大多是墨粒，放到石砚上研磨的，还不成墨锭形状。大约东汉才进化为墨锭。《汉书》记载："尚书令、仆、丞、郎，月赐隃糜大墨一枚，小墨一枚。"[1] 三国时期的韦诞（仲将）以制墨出名，有"仲将之墨，一点如漆"之誉。逐渐，墨锭的形状、制作方法、使用方法便定型化，直至当代。

墨锭在砚台中研磨，需要加水，这样，墨磨后的墨锭便是带水而湿润的，随意乱放，容易玷污他物，故制墨床以搁墨。于是，墨床应运而生了。

墨床以墨的大小决定形制，通常不会太大。根据传世实物观察，墨床的长度通常约在十厘米以内，宽也不过两三指。造型多案架形、座托形、书卷形、博古架形等等，大多精致大方。材质，因考虑到墨水不小心玷污墨床之后易于清洗的特点，多为玉、瓷、铜等等材质所制。

---

[1] 见《文房四谱》，（宋）苏易简著，《钦定四库全书·子部九·谱录类一·文房四谱》卷五。

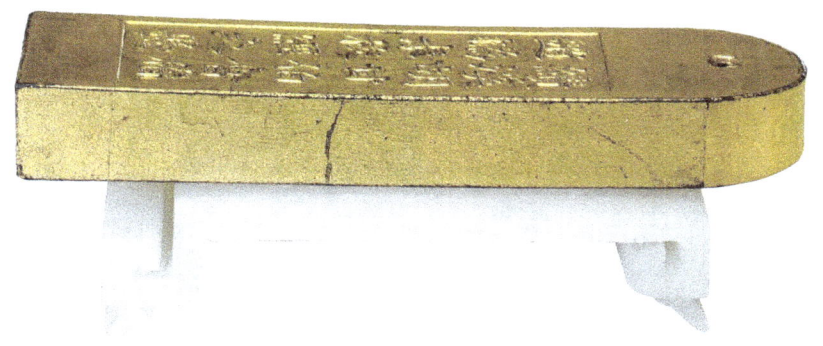

图一　清白玉仿几式墨床及清赵之谦与胡澍合制墨

与墨床极为相似相近，甚至有时兼用的另一种床架，便是"笔床"。形式和大小或与墨床差不多，或大于墨床者，明显区别，是墨床之上多为平整或接近于平整的一些雕刻图案，而笔床则有数条置笔的凹槽。(图二)

墨床难作笔床之用，而笔床则可代作墨床之用。

历史上有关笔床的记载较早且多，而墨床在明代并无记载。

南朝徐陵（507—583）在《玉台新咏序》中说："琉璃砚盒，终日随身；翡翠笔床，无时离手。"文震亨的《长物志》卷七《器具》中，有笔、笔格、笔床、笔屏、笔筒、笔船、笔洗、笔掭等等与笔有关的记载。笔床是其中的一项。高濂的《遵生八笺》也有笔格、笔床、笔屏、笔洗、笔砚、笔船等记述。明屠隆《考槃余事》也有笔格、笔床、笔屏、笔筒、笔船、笔洗、笔砚、笔笺等等相关记载。其中，谈道笔床一项说："笔床之制，行世甚少。有古鎏金者，长六七寸，高寸二分，阔二寸余，如一架，然上可卧笔四矢。以此为式，用紫檀、乌木为之，亦佳。"(2)《长物志》却认为，"然形如一架，最不美观，即旧式，可废也"。(3)

墨床又是何时出现的？其产生的具体年代不可考。北京故宫专家以为墨床产生于

（2）见《长物志·考槃余事》，（明）文震亨、屠隆著，浙江人民美术出版社2011年版，P282。
（3）同上，P100。

清代，而台北故宫博物院则藏有数件明代墨床，可知，明代已经流行使用墨床了。

按理说，有了墨就应该有搁墨的物架。有的认为，墨床的出现不会晚于宋朝，笔者以为应该更早一些。只是，当时的样式形制是否与现在的一样，则很难了解。毕竟没有实物印证。宋初苏易简的《文房四谱》、南宋赵希鹄的《洞天清录集》都无墨床一项。明初曹昭的《格古要论》、明末屠隆《考槃余事》等也无墨床的记载。但实际上，传世墨床中有明代实物。如台北故宫博物院藏明末项元汴（1525—1590）旧藏墨床。（图三）此墨床底部嵌银丝款式："嘉禾项墨林真赏。"印款"墨林山人"。可知，此墨床的制作不晚于明末项墨林时代。

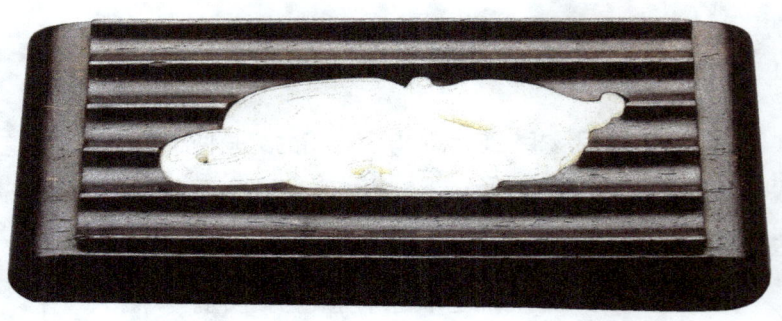

图二　台北故宫博物院藏明紫檀镶玉笔床

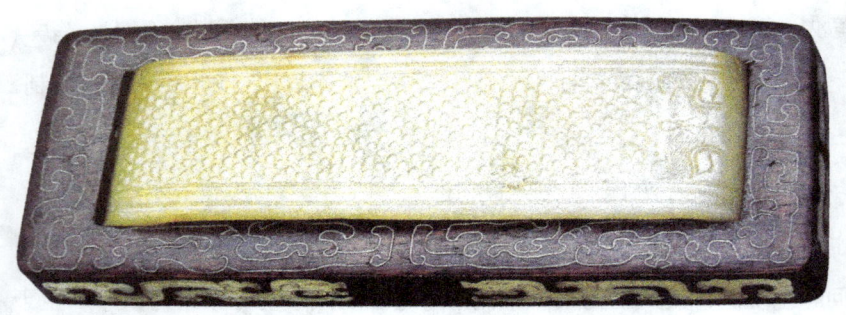

图三　台北故宫博物院藏明项元汴旧藏紫檀嵌玉墨床

传世墨床、笔床，大多系明清所制，尚难判断其中有无宋元之物。有待于考古发掘，并以之作为时代标准件，考察传世墨床、笔床的年代。

从目前传世的墨床、笔床看，明清以来所制作的墨床、笔床，材质有铜、玉、陶瓷、象牙、木（紫檀、黄花梨、红木、草花梨、铁力木、瘿木、黄杨木等等，其中以紫檀、黄花梨、黄杨木等为名贵）、漆器、玛瑙、翡翠、景泰蓝、竹雕、石质等。

从形式、大小看，大体有两类，一类是形状扁薄，其下有木座，墨床上大多有平雕花纹，或镂空雕；另一类则为立体形状，造型富于变化，有的取书卷式，有的仿几案式、床式，古朴而精雅。墨床较小，笔床则根据情况有大有小。

所见玉墨床、笔床（白玉、青玉、碧玉、黄玉等）多为几案形、书卷形，而以清代宫廷造办处的制作最为精美。（图四、图五）

木质墨床、笔床多有玉或珐琅等镶嵌床面（参见图二、图三）。此两件皆为台北故宫博物院藏的明代紫檀嵌玉笔床和墨床。观其所制可知，明代工匠善于利用白玉和紫檀的色泽反差，经过镶嵌工艺，使紫檀与青白玉黑白相映生辉。图三所用之玉，乃汉代剑鞘上的饰件，称之为"玉璏"。此件墨床，工匠将玉璏的穿戴孔侧壁、底壁切除，以便易于镶嵌于紫檀木中。这种古物再利用，在文房雅玩的制作中常见。

清代墨床以瓷质较多，但形制也以几案形、床形为主。如清代乾隆年制仿竹釉五彩花鸟纹墨床（图六），形如一小型竹床，脚和边以淡绿釉为底，饰以黄褐色斑点，颇有

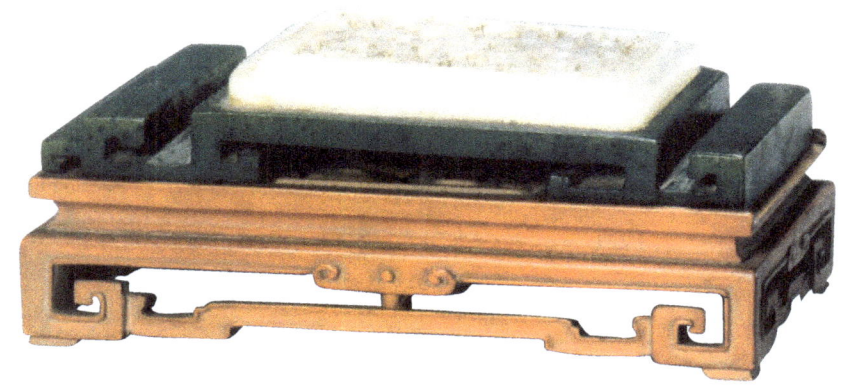

图四　故宫博物院藏清代碧玉镶白玉（黄杨木座）墨床

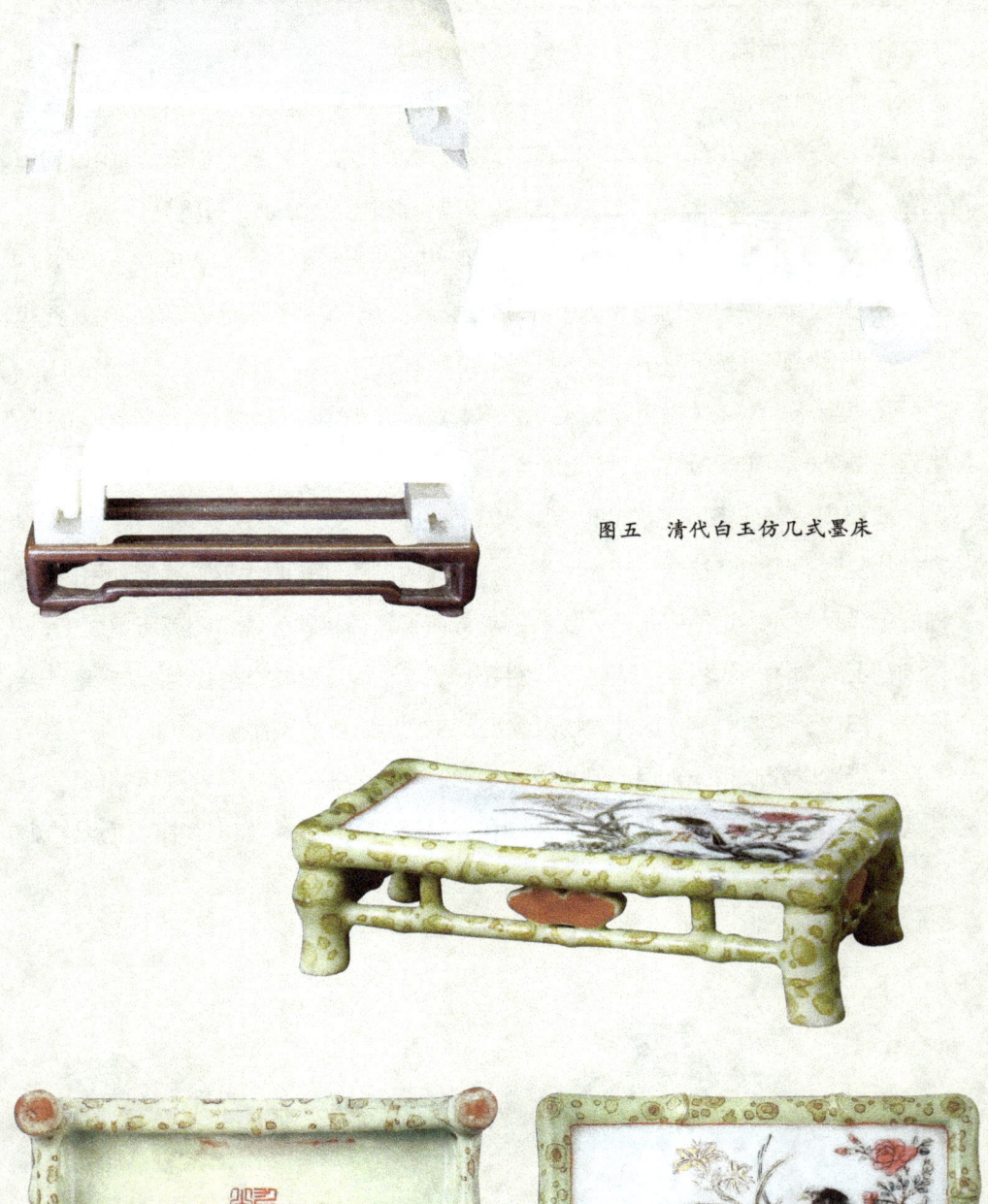

图五　清代白玉仿几式墨床

图六　故宫博物院藏清乾隆五彩仿斑竹花鸟纹墨床

斑竹之感。底款为"九畹山房"篆书款。这类的五彩、粉彩、宝石红等瓷器墨床以清宫官窑为精美。北京故宫以及台北故宫皆有收藏。部分瓷器墨床还配有紫檀、红木等木座，工艺性与实用性兼而得之。

其他如金星玻璃（图七）、象牙（图八）、水晶（图九）、铜镶嵌金银丝（图十）、翡翠（图十一）、玛瑙、琥珀，还有掐丝珐琅，或紫檀嵌珐琅等也有所见。笔者藏一清代昌化鸡血墨床，作书卷式，颇鲜见珍稀。（图十二）

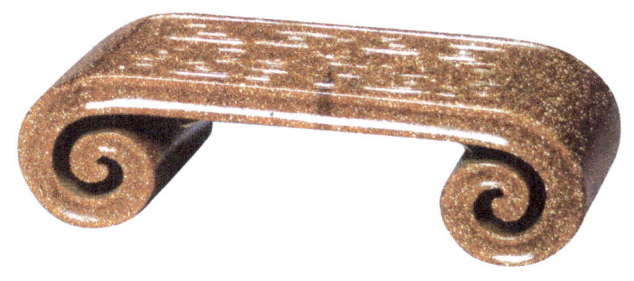

图七　故宫博物院藏清乾隆金星玻璃书卷式墨床

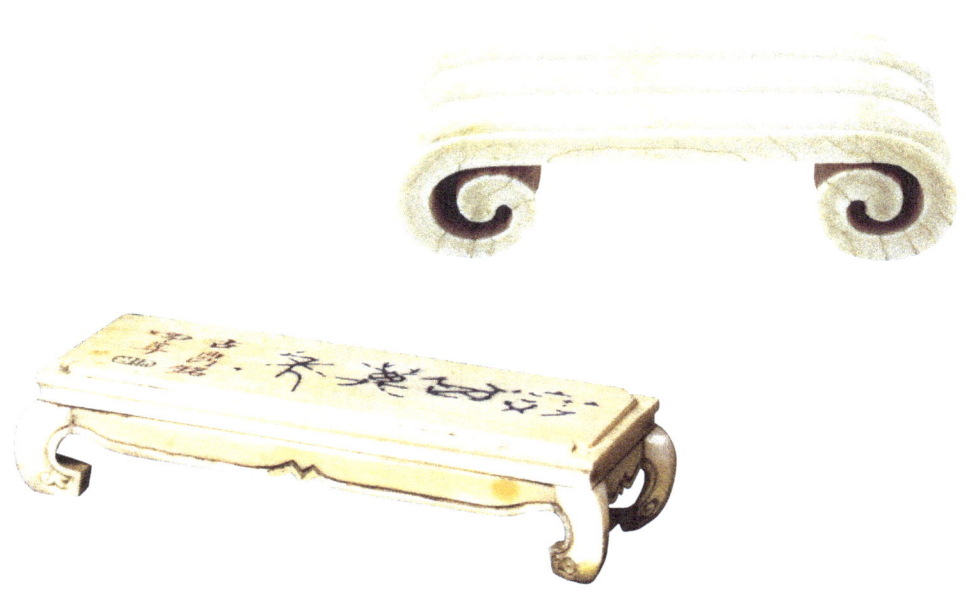

图八　北京艺术博物馆藏象牙雕"五福捧寿"笔床、故宫博物院藏清代象牙刻字"宝其万年"墨床

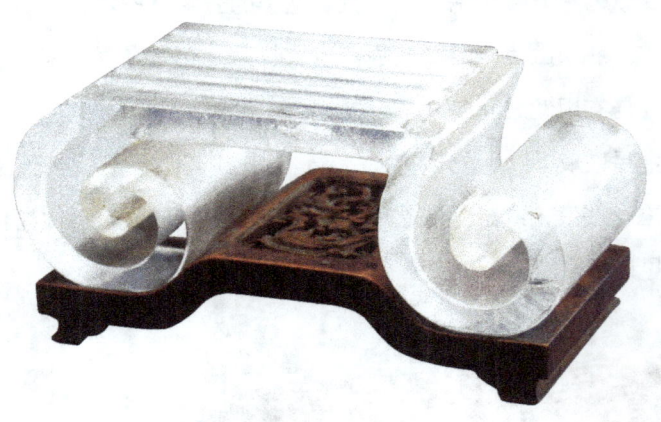

图九 首都博物馆藏清代水晶笔床

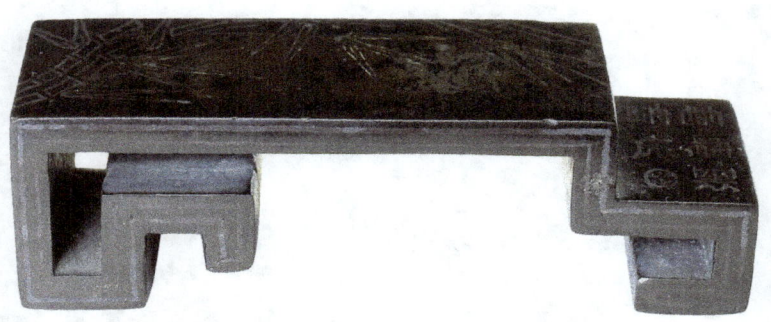

图十 明石叟款镶嵌银书卷式墨床

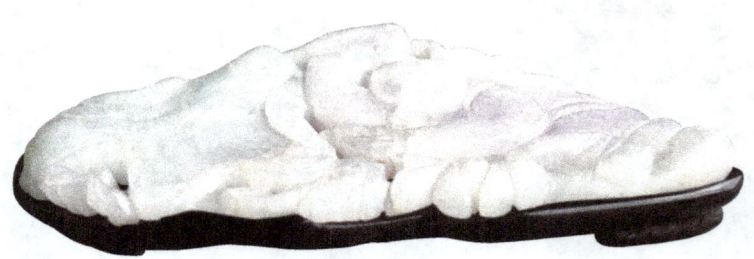

图十一 翡翠墨床，紫檀底座

图十二　清代昌化鸡血石书卷式墨床

明清时期，特别是清代康雍乾三代，由于皇上的个人喜好，命宫廷造办处参与文房雅玩的制作，不惜成本。顶级的工匠们为讨帝王的欢心，精心设计、制作出不少精品，使墨床、笔床从实用转为工艺品，成为和其他文房雅玩一样的文房艺术品，并保留了搁墨、搁笔的功能，大大丰富了文房雅玩的品类，也丰富了文玩的文化艺术内涵。

上行下效，宫廷以外，民间文人艺术家们也爱好这类小型文玩，或置于案头，或玩于手掌间，使得墨床、笔床这种文房小件得到极大的发展。

尽管如此，墨床、笔床传世数量并不算多，与其他文玩门类如笔筒、臂搁等等相比，还属于非常珍稀而少数，因此，颇为文人所喜爱、珍藏。

笔格、笔架、笔山、笔插

在书画创作过程中，或停顿小歇，或换笔调色，这时就需要把毛笔搁置一下。由于笔中含墨，若随意放置，恐污了纸张和毛毡，于是需将其放置在专门的架子上。一般称之为"笔架"。由于形状不同，床形的，如类似于墨床的，称之为"笔床"（参见上一节）；山形的，称之为"笔山"；插笔的架子，称之为"笔插"。一般搁笔的，则多称为"笔格"或"笔搁""笔架"等等，属于笔的附属文房用具。

笔格产生于何时，尚不能确证，但至少不晚于南北朝时期。笔者藏有一汉代鎏金蚕蛹形旧物，与当今笔格形质相同（图一），或可视为汉代之笔格。笔者以为，这类的文房用具从笔产生之初就应有，与墨床相类，只不过初期的笔架是何样形式尚无出土明证；而笔者所藏非出土之物，故难精确断定。故宫博物院藏有一件水滴，为汉代骆驼造型，驼峰可兼用于笔格，不知此种在汉代当时是否就是为了搁笔之用？

唐《艺文类聚》引南朝·梁吴筠《笔格赋》曰："幽山之桂树，恒萦风而抱雾，叶委郁而陆离，根纵横而盘互。尔其负霜含液，枝翠心赤，翦其片条，为此笔格。"唐杜甫（712—770）《题柏大兄弟山居屋壁二首》有句云："笔架沾窗雨，书签映隙曛"。陆龟蒙（？—881）《和袭美江南道中怀茅山广文南阳博士三首次韵》有句："自拂烟

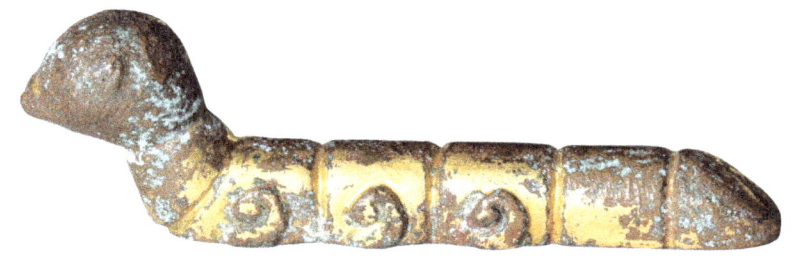

图一　汉代鎏金蚕蛹型笔格

霞安笔格，独开封检试砂床"。罗隐（833—909）《暇日有寄姑苏曹使君兼呈张郎中郡中宾僚》诗句云："珊瑚笔架真珠履，曾和陈王几首诗"。五代王仁裕（880—956）《开元天宝遗事》"占雨石"记载："学士苏颋有一锦纹花石，镂为笔架，尝置于砚席间。每天欲雨，即此石津出如汗，逡巡而雨。以此常为雨候，固无差矣。"苏易简《文房四谱》录庾肩吾的《谢赉铜砚笔格启》"烟磨青石，已践孔鲤之坛；管插铜龙，还笑王生之壁。西域胡人，卧织成之绛篝；游仙童子，隐芙蓉之行阵。莫不尽出梁园，来颁狭室。"再如周密（1232—1298）《云烟过眼录》、清潘永因《宋稗类抄》、宋鲁应龙《闲窗括异志》等皆有关于笔格、笔架等记载。

从出土情况看，宋代笔格常见，在笔者家乡浙江衢州从南宋咸淳年间史绳祖墓中出土了一件青玉山型笔格。此件笔格取上窄下宽式，有三个半圆凹孔用来搁笔，制作虽然简单，但十分实用。1981年在家乡附近的浙江诸暨南宋墓中出土了一件石雕笔格实物，通体雕琢错落有序的山峦二十座，石质细腻黝黑，造型犹如崇山峻岭，别致而奇巧。

宋赵希鹄《洞天清录集·笔格辨》载："玉笔格：唯黑白琅玕二种玉。可用须镌刻，像山峰耸秀而不俗方可，或碾作蛟螭尤佳。尝见一士家用玉作二小儿交臂作戏，面头黑而红脚白腹，以之笔格奇绝。或以小株珊瑚为之，以其有枝，可以为格也。铜笔格：铜笔格须奇古者为上，然古人少用笔格。今所见铜铸盘，螭形圆而中空者，乃古人镇纸，非笔格也。石笔格：灵璧、英石，自然成山形者可用。于石下作小漆朱座，高半寸许，奇雅可爱。"

传世的笔格，绝大多数是明清时期制作。最为常见的是瓷器制品，有青花、龙泉窑青瓷等种类。明清时代，笔架作为文房中不可或缺之物，有很多精心匠意之作。除了青花等各类瓷器外，还有铜、玉、玛瑙、珊瑚、水晶、象牙、珐琅彩、紫砂、石、铁、木等等，材质之多，式样之丰，胜过前代。

明屠隆在《考槃余事》中写道："玉笔格有山形者，有卧仙者，有旧玉子母猫，长六七寸，白玉作母，横卧为坐，身负六子起伏为格。有纯黄、纯黑者，有黑白杂者，有黄黑为玳瑁者，因玉玷污，取为形体，扳附眠抱，诸态绝佳，真奇物也。铜者，有镏金双螭挽格，精甚。有古铜十一峰头为格者，有单螭起伏为格者。窑器有哥窑三山、五山者，制古色润，有白定卧花哇，莹白精巧。木者，有老树根枝蟠曲万状，长止五六七寸，宛若行龙，麟角爪牙悉备，摩弄如玉，诚天生笔格。有棋楠、沉速，不俟人力者，尤为难得。石者，有峰岚起伏者，有蟠屈如龙者，以不假斧凿为妙。"[1]又写道："笔床之制，行世甚少。有古鎏金者，长六七寸，高寸二分，阔二寸余，如一架，然上可卧笔四矢。以此为式，用紫檀、乌木为之，亦佳。"[2]

明文震亨《长物志》中记载与屠隆相近，但颇有批判言语："笔格虽为古制，然既用砚山，如灵璧、英石，峰峦起伏，不露斧凿者为之，此式可废。古玉有山形者，有旧玉子母猫，长六七寸，白玉为母，余取玉玷或纯黄、纯黑玳瑁之类为子者。古铜有镏金双螭挽格，有十二峰为格，有单螭起伏为格。窑器有白定三山、五山及卧花哇者，俱藏以供玩，不必置几研间。俗子有以老树根枝，蟠曲万状，或为龙形，爪牙俱备者，此俱最忌，不可用。"[3]这些论著中描述非常细致。我们所能见到的明代笔格等实物，也常常与此相近。（图二、图三）

清代笔格由于清宫造办处的精工制作，使之成为富丽堂皇的文房工艺品。（图四）无论数量、种类、质地，都远远超出前代历朝。由于其皇家的特殊身份，召集国内最优秀的工艺师聚集一起研发，使得这批笔格的制作极其精美，尤其是玉（图五）、瓷（图六）等等，在乾隆时期达到高峰。但观察清早中期的宫廷制作笔格，虽具豪华富贵之气，却与文人雅士的恬淡略有相违之处，显得过于繁缛。清晚期的笔格制作，无论官民，都缺少早中期时的神韵，造型缺乏新意，呆滞而失神采。笔格在经历了明清高峰之后，开始

（1）见《长物志·考槃余事》，（明）文震亨、屠隆著，浙江人民美术出版社2011年版，P281。
（2）同上，P282。
（3）同上，P100。

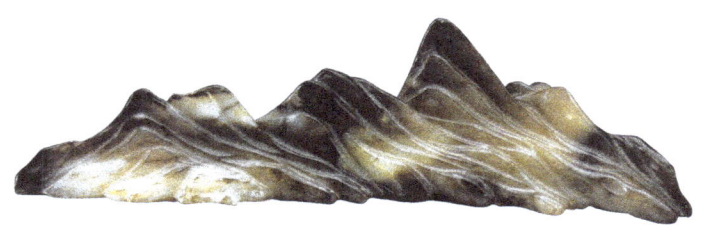

图二　台北故宫博物院藏明墨玉笔山

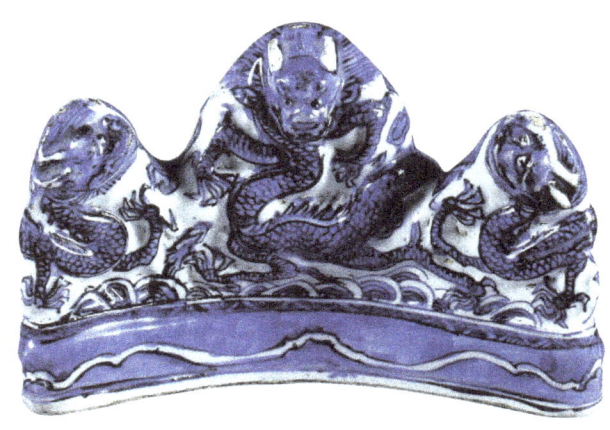

图三　北京市文物公司藏明万历青花海水龙纹山形笔架

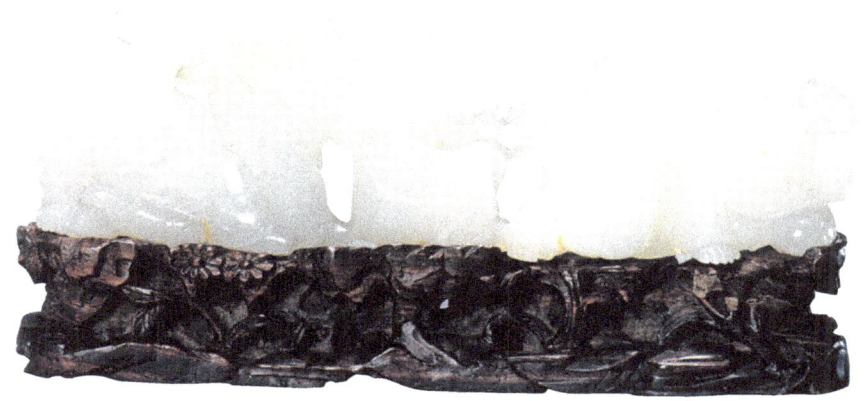

图四　故宫博物院藏青玉五子婴戏人物笔架

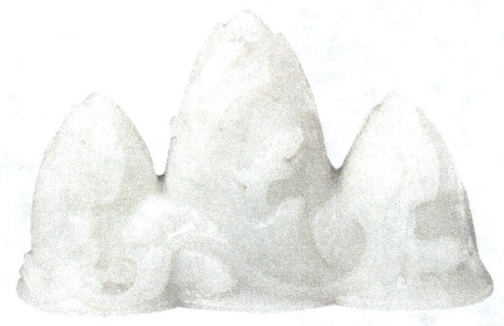
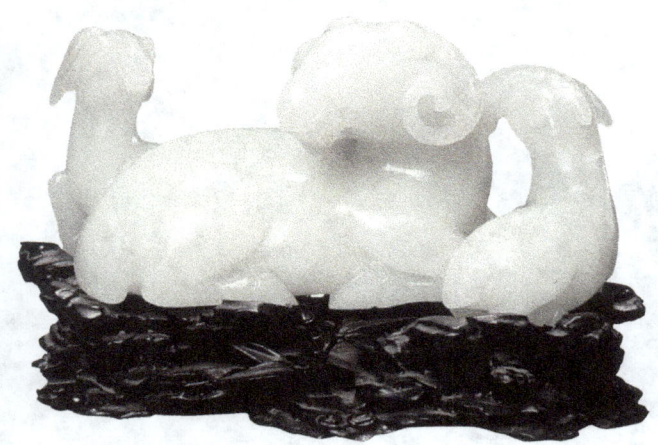

图五　故宫博物院藏清青玉灵芝式笔架（上）
　　　故宫博物院藏清青玉"三阳开泰"笔架（下）

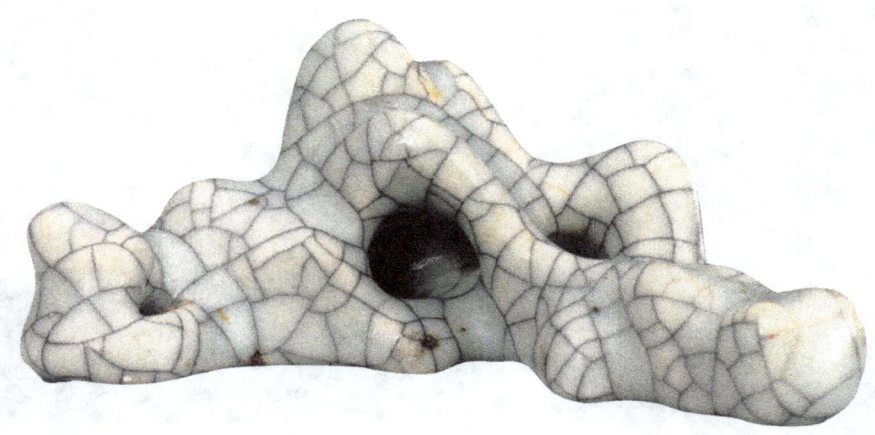

图六　故宫博物院藏清仿哥釉笔架

走向衰落。

纵观千百年来的笔格制作,玉和瓷是两大类。之外还有铜^(图七)、铁、木〔紫檀、沉香木、乌木、黄杨木^(图八)等〕、玛瑙、琥珀^(图九)、珊瑚^(图十)、紫砂、犀角^(图十一)、鹿角、珐琅^(图十二)、水晶^(图十三)、翡翠^(图十四)、象牙、竹^(图十五)、石、漆器以及其他材质等等。造型多以山峦起伏,能搁得住毛笔为主,工艺与实用相结合。多数笔格都比较小巧,一般来讲大不过盈尺。文人墨客常常将其供于几案之上,或把玩于掌中,或与笔墨配套,

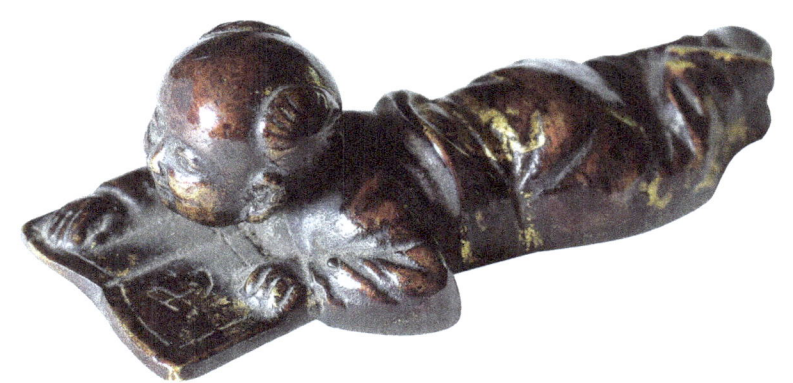

图七　铜鎏金童子读书笔架

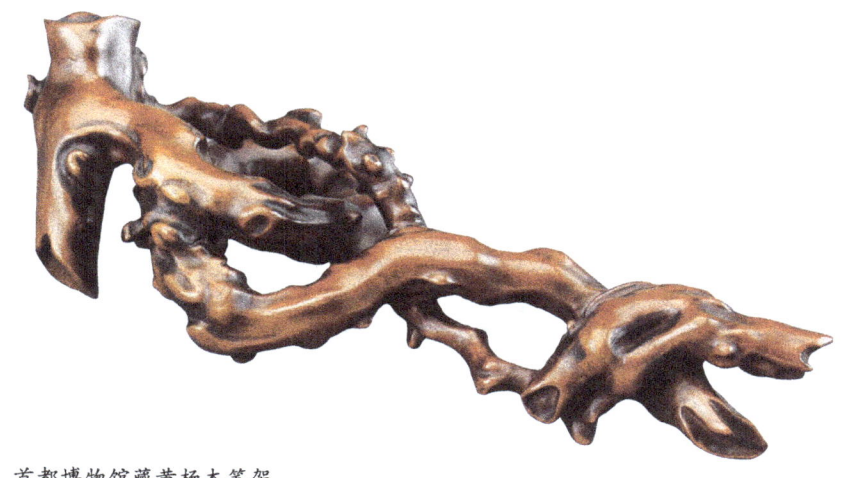

图八　首都博物馆藏黄杨木笔架

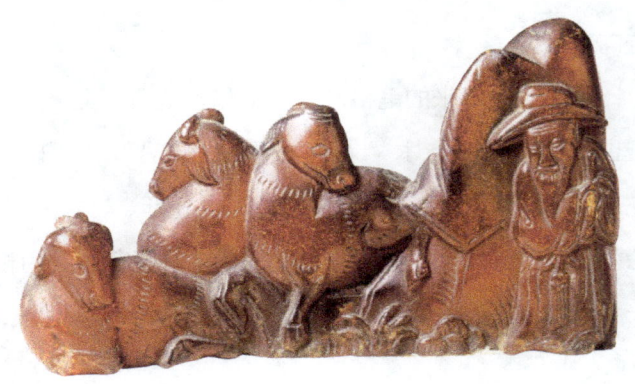

图九　故宫博物院藏琥珀"牧羊图"笔架

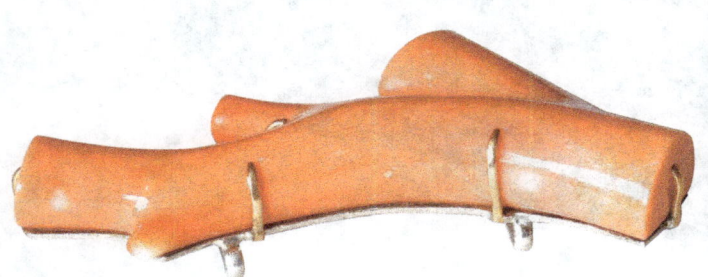

图十　日本和服上的带留改作笔格

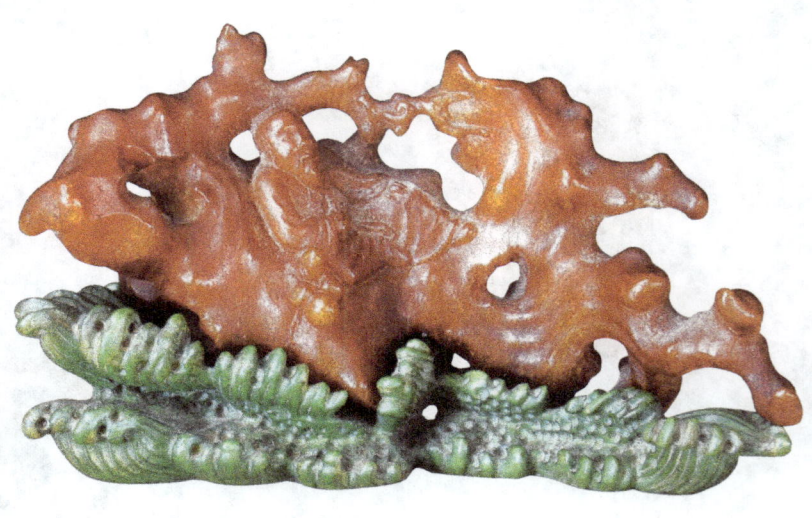

图十一　故宫博物院藏犀牛角雕"仙人乘槎"笔架

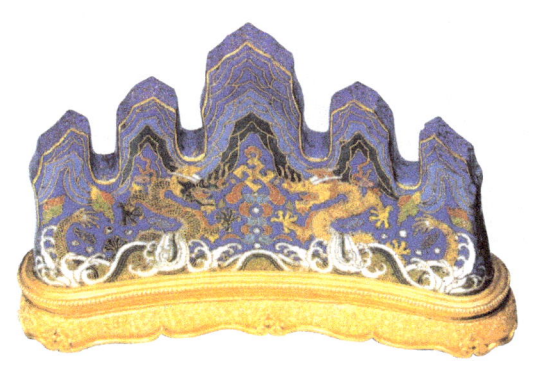
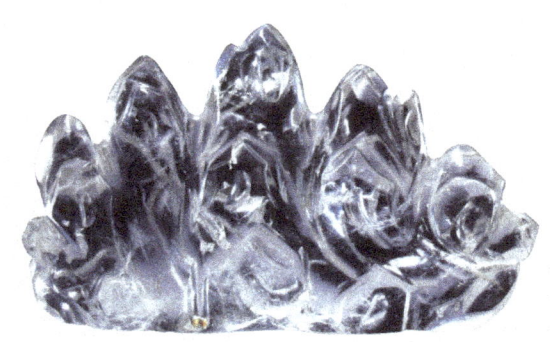
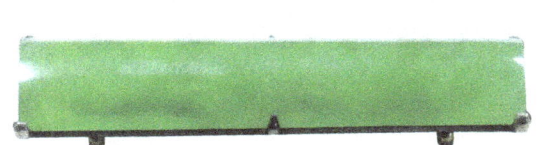
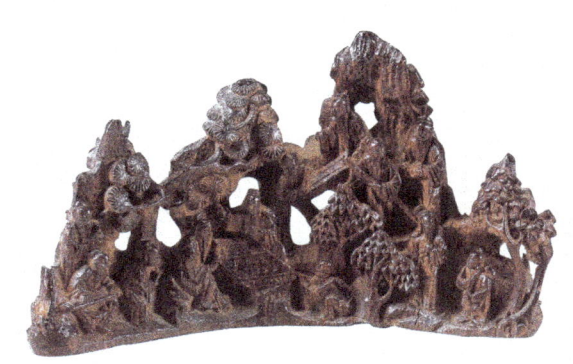

图十二　台北故宫博物院藏珐琅笔山　　图十三　故宫博物院藏清水晶笔山

图十四　日本和服上的翡翠带留转作笔格　　图十五　北京市文物公司藏清竹雕"西园雅集"笔架

或独立欣赏，既可远观，亦可近取，因此，笔格颇受文人雅士的喜爱而收藏。

我们还注意到，常见的笔格之外，元明龙泉窑青瓷砚屏的屏背有两个或一个插孔，那是用来插毛笔的，即笔插。另外，宋元明时铁砚砚头有笔架，这些都是笔格的一种特殊形式，（图十六）类似的还有青花等瓷器、竹木器等等。清代、民国还常见有铜墨盒上附带有笔插座者，颇有失文雅，而趋于懒人之想。

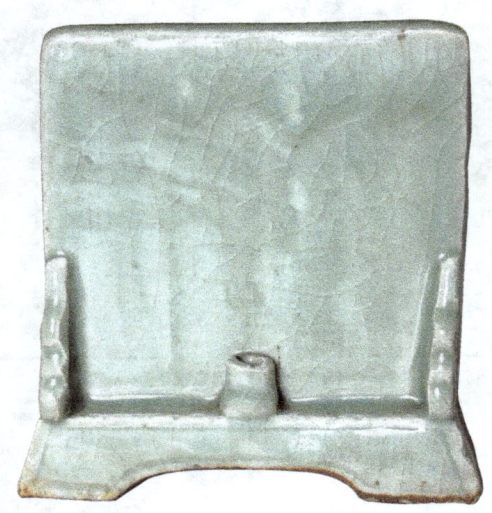

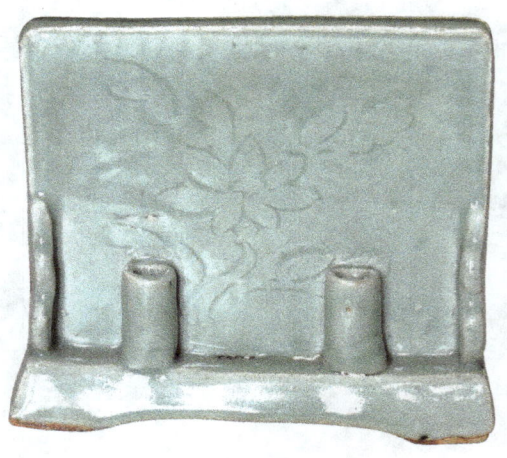

图十六　明龙泉窑砚屏背面笔插（单插与双插）

镇 纸

镇纸，也叫镇尺、纸镇、文镇、压尺、书镇等等，即指文房书桌上用以压纸以及压书的器物。文房平日里都会敞开窗户，写字作画读书时，风吹进来，容易翻起轻飘的纸张。这就需要有个有一定分量的东西压住它，这便是镇纸。而在书画时，由于运笔产生笔力走行运动，容易使纸张移动，这也需要有一定重量的物体压住纸张，这也是镇纸的重要用途之一。

造纸术发明于汉代，而且汉代尚未普及，魏晋南北朝时期才逐渐普及起来，而在纸张普及之前，还没有镇纸，当时有压座席的镇子，叫"席镇"。五代、宋以前，中国没有现代大家习以为常的桌椅板凳等家具，大家都席地而坐，为了防止席子上翘，在席子的四个角会压上四个镇子^(图一)，这便是我们常常见到的古镇子。座席的习惯隋唐时期通过遣隋使、遣唐使传到了日本，至今家家户户的"和室"中的榻榻米，便是席子的固定化进化型。传世汉代以及南北朝时期的镇子多见，多为青铜制品，图一这一对汉代鎏金虎镇，是常见古代席镇中保存状态较为良好的镇子。古代席镇通常以四只为一套，但传世镇子中齐全的极为鲜见。这类的镇子，大概是后世镇纸的起源。事实上，席镇被转用为镇纸的情况非常普遍，由此也可形成联想。^(图二)

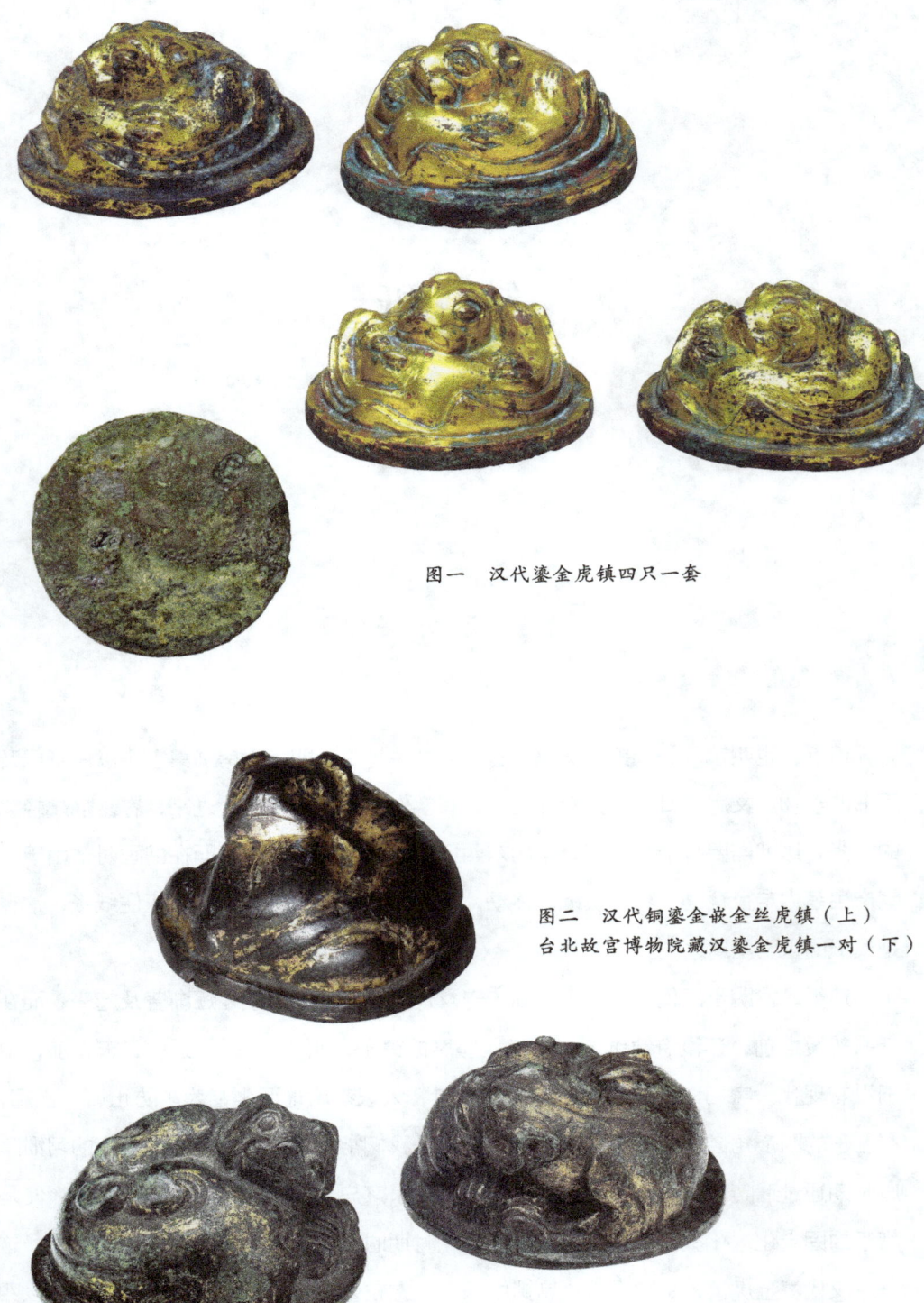

图一　汉代鎏金虎镇四只一套

图二　汉代铜鎏金嵌金丝虎镇（上）
台北故宫博物院藏汉鎏金虎镇一对（下）

我们前面也说到过,纸的发明在汉代,之前都是竹木巾帛简牍,竹木简牍本身有一定的重量,不易被风吹起刮跑,而巾帛的书写实用因其昂贵、制作难度大,实际用于书画较少。当时是否有镇子压巾帛尚无研究实证,一般认为纸镇是有了纸之后才产生的。

从实用角度看,最初压纸的"镇纸"恐怕是不固定形状的,其用途无非是不让纸张、书籍不至于因微风、轻微的外力所移动。起初当是一些席镇之类的镇子转用,甚至有用古代铜镜(图三)、印章(图四)之类的小而重的器物压纸,久而久之,发明了专用的镇纸,还有写字作画时压纸用的镇尺。史书上常常把镇尺和镇子分开来记述,前者称"镇纸",后者称"压尺"。其实在文房使用中,两者可以相互兼用,因此合并为一类为宜。

历史上有关书镇之类的记载不少,《南史》卷二十五(列传第十五)载:"帝(指齐高帝萧道成 427—482)尝以书案下安鼻为楯,以铁为书镇如意,甚壮大,以备不虞,欲以代杖。"唐杜光庭(850—933)《录异记(异石)》:"会稽进士李眺,偶拾得小石,青黑平正,温滑可玩,用为书镇焉。偶有蝇集其上,驱之不去,视之,已化为石。求他虫试之,随亦化焉,壳落坚重,与石无异。"宋张镃(1153—1221?)诗《陆编修送月石砚屏》有句云:"三山放翁宝赠我,镇纸恰称金犀牛。"宋岳珂(1183—1243)《愧郯录》:"御前列金器,如砚匣、压尺、笔格、糊板、水漏之属,计金二百两。"南宋

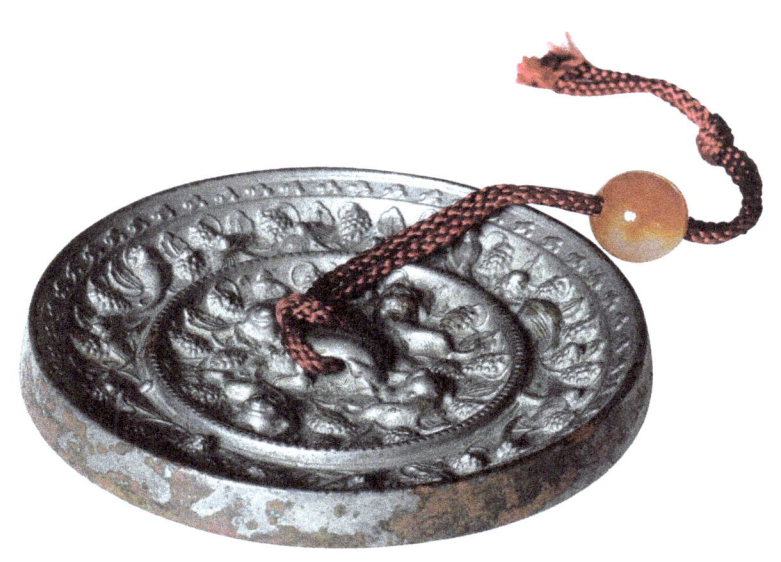

图三　唐海兽葡萄镜转用作纸镇

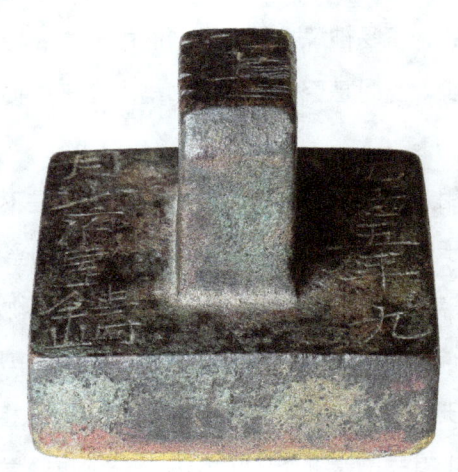

图四　北宋官印转用作纸镇

赵希鹄《洞天清录集·笔格辨》中也谈道："今所见铜铸盘，螭形圆而中空者，乃古人镇纸，非笔格也。"

明屠隆在《考槃余事》把镇纸与压尺分列，写"镇纸"道："铜者，有青绿虾蟆，有遍身青绿蹲虎、蹲螭、眠龙，有坐卧哇哇，有鎏金辟邪、卧马，皆上古物也。玉者，有古虤，古人用以挣肋殉葬者；有白玉猎狗，有卧螭，有大样坐卧哇哇，有玉兔、玉牛、玉马、玉鹿、玉羊、玉蟾蜍，其背斑点如洒墨，色同玳瑁无黄晕，俨若虾蟆背状，肚下纯白，其制古雅肖生，用为镇纸，磨弄可爱。玛瑙，有日月玛瑙石鼓，有栢枝玛瑙蹲虎辟邪，有红绿玛瑙蟹，可为奇绝。水晶者，有石鼓，海黄眼牛，捧瓶波斯。陶者，有哥窑蟠螭，有青冬磁狮鼓，有白定哇哇、狻猊。"[1]"压尺"条下记载："有玉碾双螭尺；有以紫檀、乌木为之，上用古做蹲螭玉带、抱月玉兔、走兽为钮者；有倭人镂金银压尺，古所未有，尺状如常，上以金镂双桃银叶为钮，面以金银镂花，皆缘环细嵌，工致动色。更有一窍透开，内藏抽斗，中有刀、锥、镊刀、指剉、刮齿、消息、乞耳、剪子，收则一条，挣开成剪，谓之'八面埋伏'，尽于斗中收藏。近有潘铁，幼为浙人，被掳入倭，性最巧滑，习倭之技，在彼十年，其凿嵌金银倭花样式的传倭制。后以倭败还省，徙居云间，所制甚精，而价亦甚高。"[2]明文震亨在《长物志》中也分镇纸、压尺

（1）见《长物志·考槃余事》，（明）文震亨、屠隆著，浙江人民美术出版社 2011 年版，P289。
（2）同上，P290。

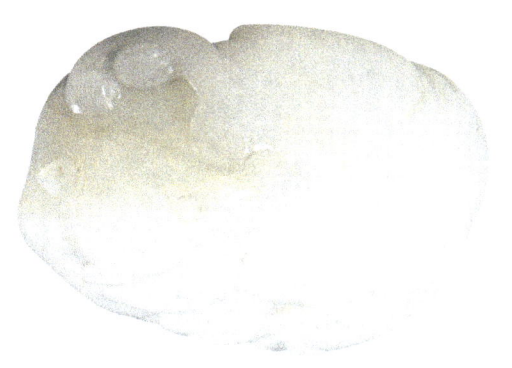

图五　故宫博物院藏清白玉双欢镇纸

两类，另作了些品评。明人高濂的《遵生八笺》中也有《镇纸、压尺》篇等，所记与此基本相同，其中谈道潘铜云："余以此式令潘铜仿造，亦妙，潘能得其真传故耳。"（3）可知高濂与潘铜（屠隆称之为潘铁）有交往。

从传世的镇纸、压尺实物来看，确如屠隆等所记载，镇纸多以古代席镇等古物转用，以青铜、玉（图五）、玛瑙、水晶（图六）、陶瓷、石（图七）为多见，也有木嵌玉（图八）等。压尺以木质或木嵌玉（图九）、嵌金银、螺钿（图十）、铜、玉、石等等为主。

清代镇纸、压尺类以清宫造办处的制作为工、雅、精致。材质，则在明代的金属、木质等等基础上，更以陶瓷、象牙（图十一）等等为之，形式多样化。随着工艺技术的进步，装饰味道十分浓郁的镇纸开始出现，往往集观赏性与实用性于一器，一如清代家具比明代家具更为细腻繁缛。如铜鎏金珐琅镇尺，纹饰细腻精致，颇似瓷器中的粉彩，具有较高的工艺价值（图十二）。其他如铜（图十三）、铁、硬木（紫檀、乌木、铁力等，日本还有往木心灌铅条以增其分量者）、玉、石等，因其体重为镇纸较为实用，被明清以及近现代普遍使用。

清代以来，特别是近代，书画家往往在压尺上刻上四君子图案，或刻上联句，制成一对，以增加文人情趣，更因所刻辞章、格言、警句而起到令文人墨客"三省"其

（3）见《遵生八笺》，（明）高濂著，赵立勋、阙再忠等校注，人民卫生出版社1994年版，P588。

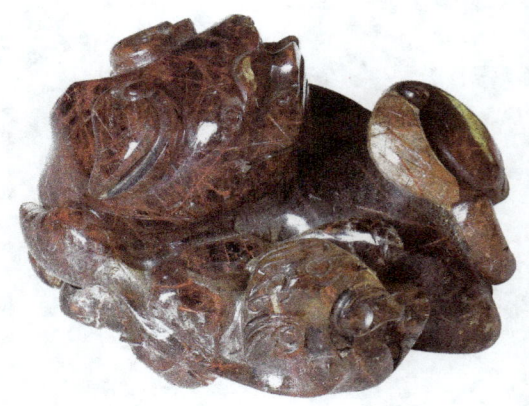

图六 明金丝水晶雕螭虎镇

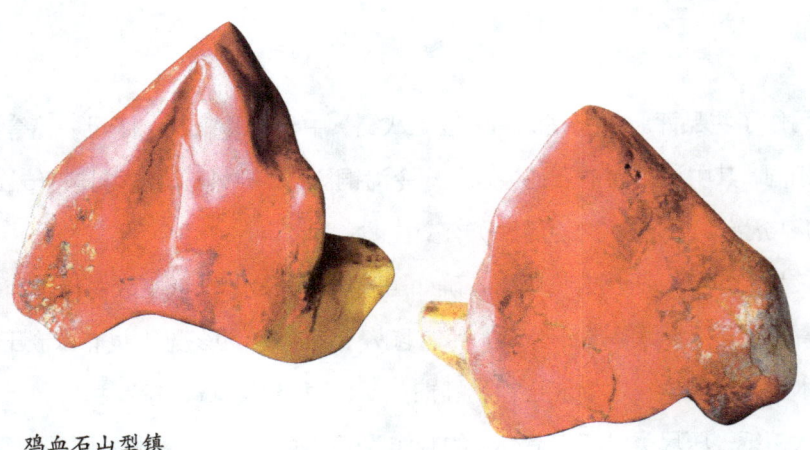

图七 鸡血石山型镇

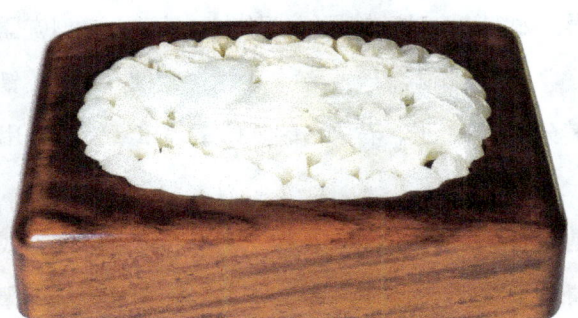

图八 明黄花梨嵌宋白玉镇

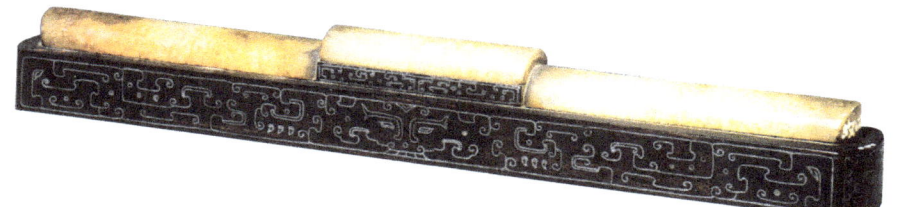

图九　故宫博物院藏清紫檀嵌玉钮镇尺

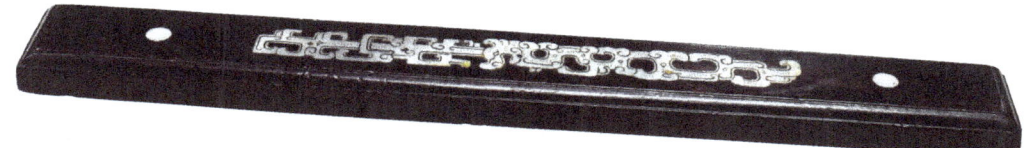

图十　清紫檀螺钿镇尺

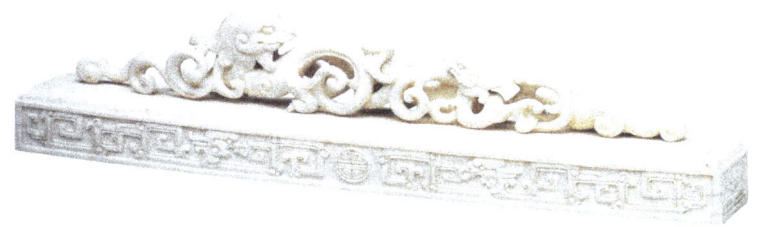

图十一　台北故宫博物院藏清象牙雕夔龙镇尺（镇底有"嘉庆十八年十一月初二日收，瀛台撤下"字条。）

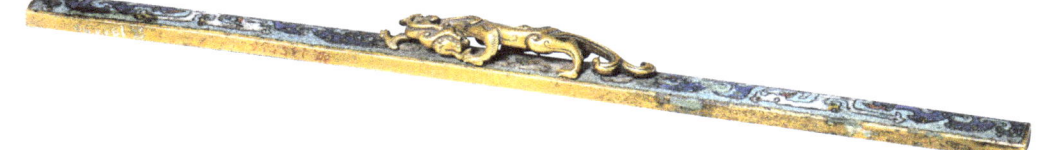

图十二　故宫博物院藏清初铜嵌掐丝珐琅螭钮镇尺

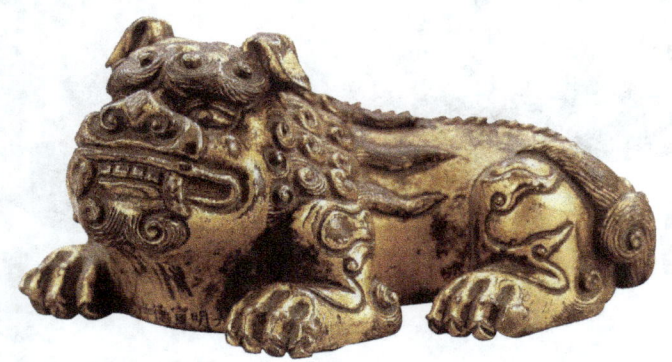

图十三　"大明宣德年制"款狮子镇

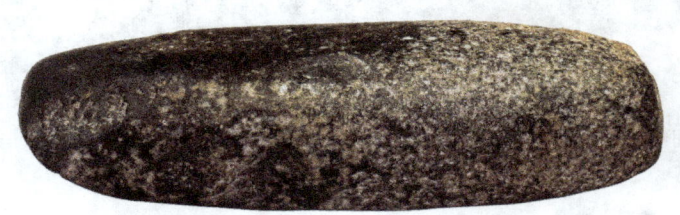

图十四　石器时代石斧转用为纸镇

身之用。

　　隐逸文人也有不特意追求精美而取向质朴类者,如从溪流中捡来条状光润的雅石作镇纸,也有将古代石斧等古物转用者^(图十四),凡此等等,不一而足。日本有一著名书家,每游中国一地,必捡当地石料,归而制成镇纸之习,不失为一种良好纪念。

　　无论何种器物、形式,都要做到:其一,要能压纸压书,有一定分量,具有实用性;其二,美观大方,简洁明了,不宜多棱角,以避免刮破书籍纸张;其三,或精美,或质朴,皆具有文人雅致取向而无俗态。一如工笔、写意,各尽所好。

　　镇纸虽非文玩重器,但在摆设讲究的文房中,颇能体现主人的爱好与情趣,在众文房雅玩中略起画龙点睛之用。

印　石

文房雅玩中还有一项比较特殊的内容，就是"印石"。

印章是书画家的必备用品，每当作品完成以后，总需要落款、钤章。元明以后的文人所用的印章，从铜铁牙玉转为石刻，且往往自己亲自篆刻。这样，所用的材料便以印石为主了。印石的石质，除了便于镌刻之外，还有其特殊的把玩、摆设、欣赏价值，于是，文人雅士对印石便开始情有独钟。部分文人雅士开始自己学习篆刻，更多的人，收集各种印石，以便随时可以提供给善篆刻的文人篆刻家，刻制自己所需的印章，或名印，或雅号，或闲章。还有一些文人，收集印石专供自己把玩、摆设，于是，印石渐渐也成为文房必备之物。

印石，泛指可用于文人、篆刻家们刻制印章的石料。文人、篆刻家们经过数百年来的镌刻、赏玩，印石的种类、优劣便渐渐得到分化、肯定。印石也开始渐渐有了固定的内涵，更有了其特定的名称。

印石一般都是以地名称之，著名的印石有：寿山石、青田石、昌化石、巴林石，被称为篆刻四大名石。此外还有广东绿、寿宁石、楚石、河南石、山东石、辽宁石、房山石等等，新品种不断出现，不一而足。这些都属于统称，细分还有几百上千个品种，

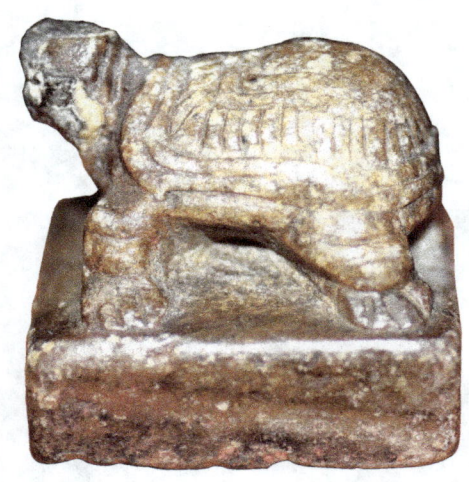

图一　石质汉印

比如田黄、田白、白芙蓉、鸡血石、封门青等等，或以石质名，或以坑口名，甚至以发现者的名字名之，可知石料名称并无命名标准。

周亮工（1612—1672）在《印人传》中写道："论印之一道，自国博开之，后人奉为金科玉律。"[1] 在"书文国博印章后"一节中，写了一则故事，记述文彭巧遇灯光冻石之事。不过，这些说法、故事，实在不足以断定现在意义上的篆刻一艺始于文彭。那么，当时所用的花乳石、灯光石就是我们现在用的青田或者寿山吗？到底先有的青田还是先使用的寿山？考证家们在不遗余力地寻找历史痕迹。前几年还有人称文彭的灯光冻石便是萧山的"珍栗红"。看来，这一历史官司不知要打到何时才能得出结论。

其实，从出土情况看，汉代墓室中出土的石质印材并非一例，而是多见的事实。笔者也藏有一方石质汉印[图一]，从钮制看，属于西汉之物（印面似有改刻，待考）。不过，元明之际以石材篆刻，把刻印这一专门技术普及到文人士大夫间，使篆刻艺术发扬光大，影响极为深远。现在，我们说起刻章，自然少不了提到印石，少不了说起寿山、青田、昌化、巴林等等。即便不是印人，也常常听大家谈起印石，谈起田黄、鸡血。高级印材在收藏界悄然时兴，成为一项很重要的文房门类，乃至投资对象。这样，上好的印

（1）见《历代印学论文选》，韩天衡编订，西泠印社出版社1999年版，P159。

材不断走俏，寿山、青田、昌化等传统印材中佳石尤为人看好，传统印材的走红，也带动了新兴产地的开发，巴林石的价格直逼寿山、昌化，甚至有过之的趋势。其他如珍栗红、广东绿，以及河南、四川、浙江、山东、辽宁甚至海外进口的各个新石种，印石店里可谓琳琅满目。笔者常年旅居日本，对国内的新兴印材不甚了解，偶尔在日本接到友朋令刻的叫不出名称的印材，知道又有新的石种诞生。然而，笔者先后试刻过不下十种的新兴石材，唯有新近发掘的老挝石适合篆刻，刀感在寿山、巴林、昌化之间，因其新出，尚无足够资料、心得予以阐述，有待于进一步了解。现仅就传统的四大印石作介绍于下。

一、寿山石

寿山石分布在福州市北郊晋安区与连江县、罗源县交界处的寿山乡等地，故名之为"寿山石"。若以矿脉走向，又可分为高山、旗山、月洋三个大系。因为寿山矿区开采得早，旧说的"田坑、水坑、山坑"，就是指在此矿区的田底、水涧、山洞开采的矿石。经过几百年的采掘，寿山石涌现的品种达百数十种之多，是篆刻用石的主要产地。

寿山村外有一条涓涓流水，叫寿山溪，两旁的水田中历代产出色泽黄润、半透明、内蓄细微萝卜纹理的仔石，便是被誉为"石中之王"的"田黄石"。（图二、图三、图四）因其

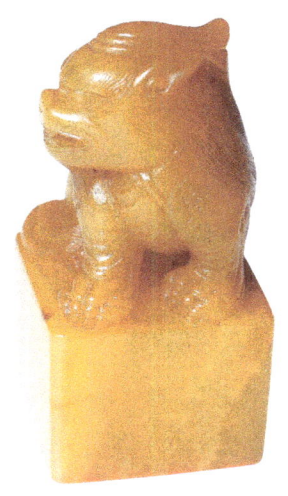
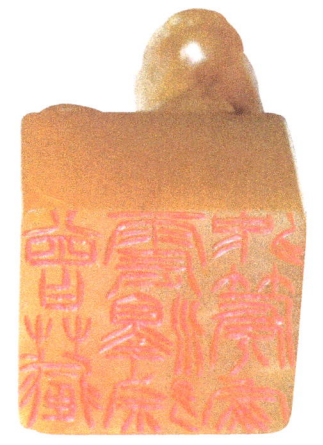

图二　明代田黄（徐三庚刻）

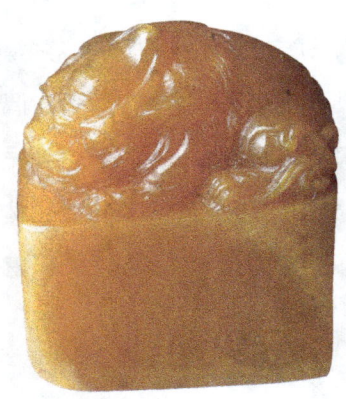 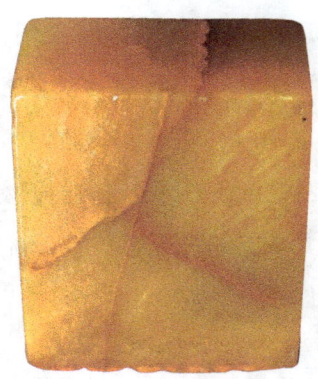

图三　田黄　　　　　　　　　图四　明代田黄

产于田底，又多现黄色，故得名。田黄历来受藏家珍捧，其价昂贵。一来明清皇家权贵喜好，以其"黄"色有皇权象征意义，加之"福寿田"也一向为王者所追求，田黄取福寿双全之意，更显珍贵。其二，田黄石质特别晶莹透亮，雍容华贵，细腻凝润。寿山石多半需要油脂养护，而田黄、白芙蓉等少数的几个石种本身就油润，基本上无须再施油脂。其三，田黄产于寿山溪旁水田沉积层中，外形特殊，独石分散，无脉可寻，十分稀有，所谓"物以稀为贵"。当然，水田中所产之石材，黄色以外还有其他色泽，白色系的称为"田白"，还有灰田、黑田和花田等，恐是当今商贾为售高价所名。田黄石极为稀少而高值，当今印人若非名家，多无把玩篆刻的机会。因其售价以克论，故藏家不舍得磨刻。市面偶见之"田黄石"，绝大多数系伪品，或高山系寿山黄冻石，或连江县产的"连江黄"，或其他地区的黄蜡石，大家千万不可有"捡漏"心理，切勿上当受骗。

寿山村东南有山，名坑头山，是寿山溪的发源地，依山傍水有坑头洞和水晶洞，是寿山石重要产区，因多在水下，故称之为"水坑石"系，产有水晶冻、黄冻、天蓝冻（图五）、鱼脑冻、牛角冻、坑头冻等冻石，类似于鱼、肉类汤冻，晶莹剔透，色泽多黄、白、灰、蓝诸色，石质极佳，且少裂纹，是篆刻的上佳印材。可惜，近年很少产出，价格也随之高涨。

山坑石是寿山石中的大宗，因产自高山上，故称为"高山石"系，是常见的寿山

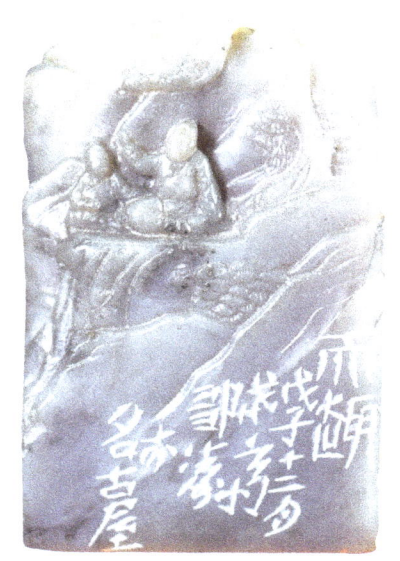

图五　寿山天蓝冻

石印章主要原料来源。

高山石石质不稳定，优劣各异，命名极不规范，以色、以相、以产地、以始掘者命名现象都有。以色分类的有红高山、白高山、黄高山、虾背青、巧色高山。以相分类的有高山冻、高山环冻、高山晶、掘性高山、高山桃花冻、高山牛角冻、高山鱼脑冻、高山鱼鳞冻。以产洞命名的有和尚洞高山、大洞高山、玛瑙洞高山、油白洞高山、大健洞高山等等。对于这些名称分类，大家大可不必理会，皆是商贾有意故弄玄虚，别出心裁，往往一石一名，无从判别。大家只需要观其色泽雅致，石质通透，纯正而少杂质，无裂纹者即为佳石。高山系石材，多半易于氧化而出现裂纹，因此店家涂以油脂，并以塑料薄膜包裹，购时要除去薄膜，擦净油脂，而石中油脂总会从裂纹处慢慢渗出，过几分钟再观察印石，看有无渗油，便可看出有无裂纹。

在高山东北的杜陵山中，有杜陵坑，所产石质较佳，有黄杜陵（图六、图七）、白杜陵、红杜陵等。杜陵坑山临溪处的善伯洞，石质温腻脂润，色多鲜艳。近二十年来屡出佳石，有红善伯洞、黄善伯洞、白善伯洞、善伯晶、银裹金善伯洞等。

在寿山村东南8公里处的月洋村，有座山称月洋山，其周围所产寿山石统称"月洋石"系。月洋系产石仅十余种，其中最佳丽的要称芙蓉石，芙蓉石被称为中国印石"四宝"（田黄、鸡血、芙蓉、封门青）之一。芙蓉石洞在月洋山顶峰，石质极为温润、凝脂、

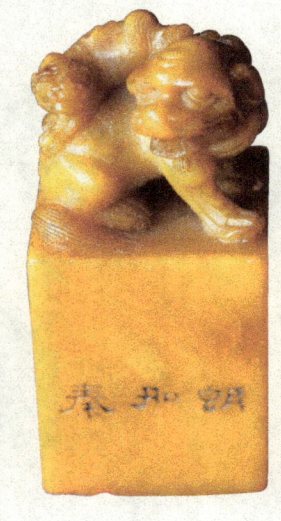
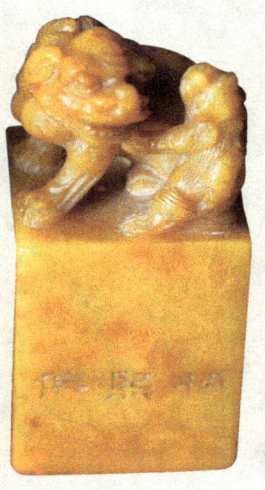
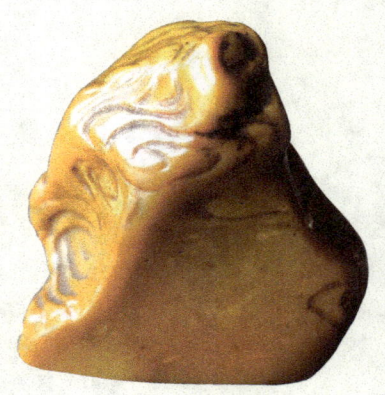
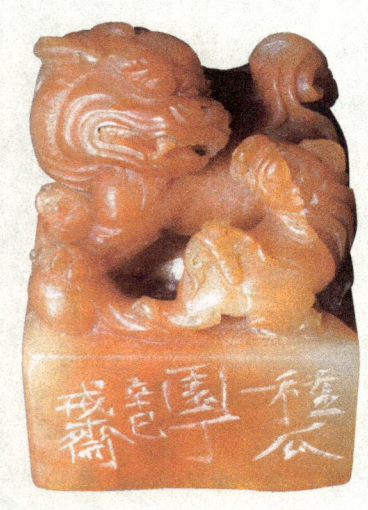
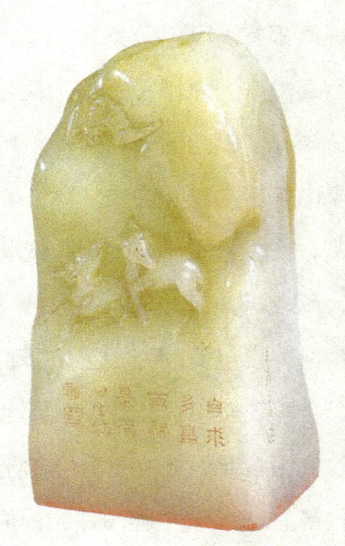

图六　寿山黄杜陵对章（钱瘦铁刻）　　图七　寿山黄杜陵
图八　寿山新坑红芙蓉　　图九　寿山老坑白芙蓉

细腻，虽不甚透明，然雍雅尽在其中。同时，芙蓉石亦是寿山石中一大石族，以色划类，分为红芙蓉(图八)、白芙蓉(图九)、黄芙蓉(图十)、芙蓉青、红花冻芙蓉；又有以洞分类者，称将军洞芙蓉、上洞芙蓉等。

旗降石质地细腻脂润，微透明或不透明，富有光泽，年久不变，在寿山石中韧性最强，色彩较丰富，以黄色为基调，另有红、白、紫、灰等色，或单色，或二三色相间，色泽深浅变化，或浓或淡，交相辉映，也是寿山石中的产量比较大的石系。

新开出的汶洋石，出产于寿山村北面汶洋村的漏岭，属于柳岭矿脉。1997年发现矿苗，1998年开采，出石后以村名称之为汶洋石。石质细腻纯洁而稍坚，微透明，有红、黄、白、黑等色，色泽鲜艳，色界分明，肌理中有细小的结晶性条纹。汶洋石的块度较大，石形多比较平整，是制作石章的理想材料，美中不足的是小裂纹较多，需要油脂保养。无裂无格的汶洋石结晶体，质地纯洁细嫩，可与芙蓉石媲美。近年价格飙升，直追白芙蓉。

市场上出售用于练习的低廉寿山石，多产自高山石系等，色微红、黄，杂质多而不透明，多砂丁，选购时注意查看石质是否匀称，以手抚摸印石表面，感觉是否有凹凸，有凹凸者即砂丁。

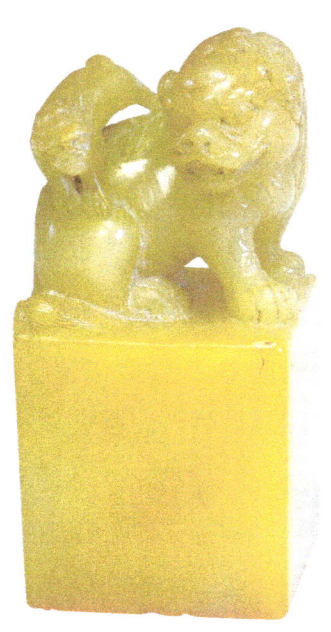

图十　寿山新坑黄芙蓉

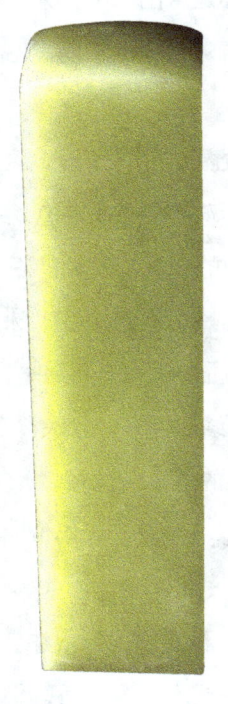

图十一　新坑封门青　　　　图十二　酱油青田

二、青田石

青田石的石性石质与寿山石不同。青田石相对比较单一、纯粹，以青色为基调，有灯光冻、鱼脑冻、酱油冻、封门青、不景冻、薄荷冻等。

青田石因产于浙江省青田县而得名，是我国最为传统的印石材料之一。有玻璃光泽，呈不透明、微透明至半透明状，质地坚密细腻，多青色，也有其他色彩。细分的话有十大类别，以纯度极高无裂的微透明淡青偏黄者"封门青"为上品。（图十一）另外，晶莹如玉，照之灿如灯辉，半透明者称灯光冻。色如幽兰，明润纯净，通灵微透者称兰花青田。还有黄金耀、竹叶青、金玉冻、白果青田、红青田（美人红）、紫檀、蓝花钉、封门三彩（三色）、水藻花、煨冰纹、皮蛋冻、酱油冻（图十二）等，特征明确，容易辨识。屠隆《考槃余事》"印章"云："青田石中有莹洁如玉，照之灿若灯辉，谓之灯光石。今顿踊贵，价重于玉，盖取其质雅易刻，而笔意得尽也。今亦难得。"[2]

---

[2] 见《长物志·考槃余事》，（明）文震亨、屠隆著，浙江人民美术出版社2011年版，P287。

青田佳石历来是篆刻家的首选印材，因其不温不火，脆而不软，润而不硬，坚固而易受刀，适合刻制各种类型的印章，或如赵之谦之精致，或如吴昌硕之古拙，或如黄牧甫之爽直，或如齐白石之霸悍，尽可游刃有余，充分发挥各自的刀法，展现其才能，合其情性，达其心意。从篆刻家刻制的角度来说，封门青可与田黄、白芙蓉等列为第一流首选印材。田黄、鸡血石类以色浓质艳见长，象征富贵福寿，为权贵所喜；封门青则以清正见长，象征隐逸淡泊，而为文人雅士所爱。因此，评者称封门青为"石中君子"，十分贴切。历来青田石属于篆刻家们的篆刻用材，多无雕刻的"平头"章料，大多价廉而物美。（图十三、图十四）

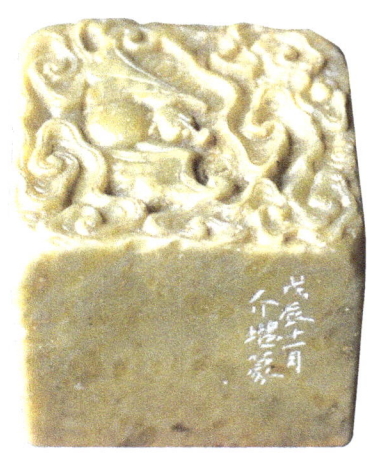

图十三　青田石（方介堪刻）

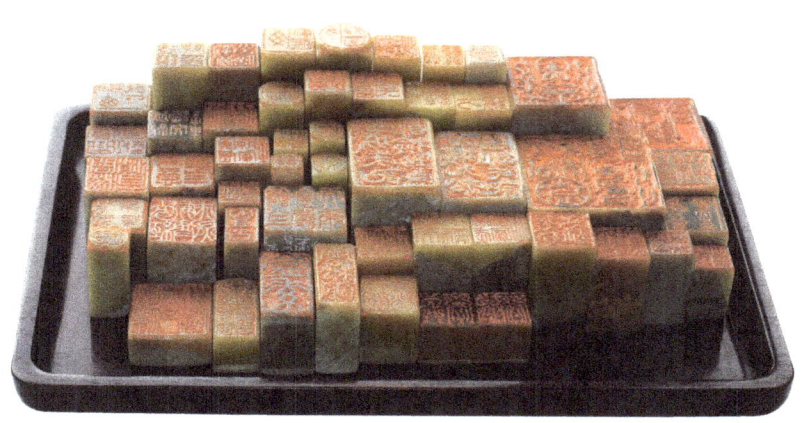

图十四　笔者临摹、仿刻用各类青田石

由于封门青的矿脉较细，且扭曲盘旋，产量本不大。加之近几十年开矿用炸药，封门青多被震裂，得一方完美无瑕的封门青已非容易。加上青田地区自古兴盛石雕，较好的石料往往被雕刻部门选用，以致上佳封门青印石近年颇难觅得。灯光冻则更少，按照屠隆的说法，明时已难得矣。

从前，笔者每次到杭州，都会到印石店、国石店里转转，带回几十方中上等封门青印材。近几年，封门青与那些历史上早就成为天价的田黄、田白、白芙蓉、鸡血等等高价印石一样，已为印石藏家所收，石市上几乎寻觅不到，即便有，其价也都高出想象，不再属于篆刻用石"价廉物美"范畴，而属于收藏家们的物色对象了。

三、昌化石

昌化石产于浙江省临安市昌化镇西北玉岩山。昌化石具油脂光泽，微透明至半透明，极少数透明。品种很多，大部色泽沉着，性韧涩，明显带有团片状细白粉点。按色分有白冻（透明，或称鱼脑冻）、田黄冻、桃花冻、牛角冻、砂冻、藕粉冻等，色纯无杂质者珍稀，质地纤密，韧而涩刀，黏度较大，没有砂丁，与寿山石、青田石不同，不太适合作粗犷风格的篆刻刻制。

昌化石中最为珍稀名贵的石品就是"鸡血石"^{图十五}，具有鸡血般的鲜红色彩和

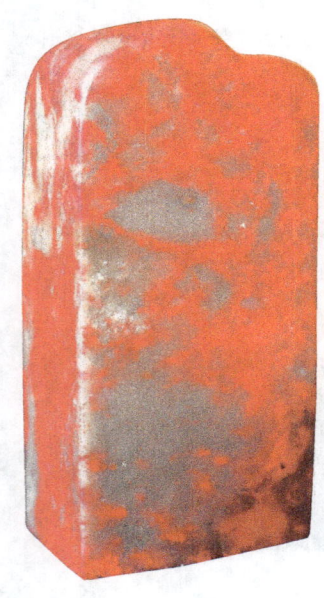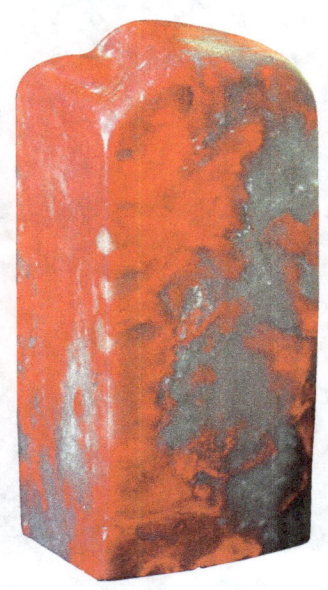

图十五　昌化鸡血石

美玉般的天生丽质，历来与珠宝翡翠同样受人珍重，驰名中外。

鸡血石的天生丽质源于它是辰砂与高岭石、地开石、叶蜡石等多矿物共生的集合体。辰砂是"血"的主要成分，有鲜红、大红、紫红、淡红、团块状、条带状、星点状等，高岭石、地开石是质地的主要成分，有白、黄、红、青、褐等色和半透明、微透明、不透明等质地，按其色泽、透明度、光泽度和硬度，分为冻地、软地、刚地、硬地四大类。

冻地鸡血石是指无血部分的地子是冻石类，微透明至半透明，细腻润泽。

冻地鸡血石是昌化鸡血石中的名品，主要品种有：牛角冻、田黄冻、桃红冻、玛瑙冻、羊脂冻、玻璃冻、朱砂冻、芙蓉冻、五彩冻、豆青冻等鸡血石。地子越灵透纯净越好。如桃花地鸡血石，遍体艳若桃花，鲜艳夺目；白玉地鸡血石，质地月白如素，无杂色，血色淋漓尽致；"刘、关、张"红、白、黑三色相间，极富特色；豆青地鸡血石，地子似豌豆青色，微透明，血色鲜艳；牛角地鸡血石，质地乌黑纯正，血艳，呈流纹，动感很强；藕粉地鸡血石，质地若冲泡而成的西湖藕粉，呈粉白色，鸡血醒目，凡此等等，其因地子不同，观赏性也有区别。

当然，鸡血石的品质，最主要还是看"鸡血"，以红色集中、面积大、鲜艳纯净，并渗透石中的为上，红色分散，呈点块状，颜色发紫或发浅的为次。而底子细腻，洁莹如玉，半透明，以羊脂冻为上，乌冻次之。全红而通灵的称"大红袍"（如图十五），极为少见而珍贵。

需要注意的是，刚地、硬地鸡血石硬度较高，石质坚固，密度很大，相比也很有重量感，不易刻制。特别是硬地鸡血，通称为"硬货"，这类石材只适合于观赏，而非篆刻用石，大家在购买时需要了解清楚。

还有，鸡血石较易仿造。仿造者手段多种多样，"高妙"者可以乱真，若非行家实不易辨认。但识别的方法大致有两种。其一，不管采用何种手段，使用何种材质，假货都是树脂类外包裹，用打火机火苗燃之即发出特殊气味，可立辨真假。其二，眼观，有的鸡血石因血少，卖不出价钱，而将血植入，类似于"嫁接"，用打火机烧，若不烧到嫁接处，没有气味，这就需要观察仔细，看血是否自然，血和地子色调浓淡过渡情况，可判断出真假。不管是哪类情况，初次购买鸡血石时，都需要仔细观察，不可轻易决定购买，更不可以贪心。市场上的假鸡血、假田黄极多，需要提高警惕。

四、巴林石

巴林石因石料产于内蒙古自治区赤峰市的巴林右旗而得名，也属叶蜡石类，品种极多，或类寿山石，或类昌化鸡血，甚至颇似青田石者，可谓应有尽有。产量之大，也超过其他几个老石材，石质大多细润通透，色泽斑斓，钟灵毓秀，堪称精美绝伦。有人称巴林佳品是贵有"寿山田黄"之尊，可比"昌化鸡血石"之艳，蕴含"青田封门青"之雅的印石奇葩。

巴林石的分类基本上按照质地来分，巴林石大体上可分为鸡血石、福黄石、冻石（图十六）、彩石，有朱红、橙、黄、紫、白、灰、黑色，或半透明、微透明、不透明。以半透明者为冻石类。具体名称则多仿照寿山石石种称谓而来。巴林鸡血石，是巴林石中的极品，其石质地温润坚实，石上鸡血艳如彩霞、光彩耀人。以大小和色韵而论，不比昌化鸡血差。只是，其血色不甚稳定，容易氧化，因此在保管时需要注意勿暴露于阳光及紫外线之下。

巴林福黄石，其石质地柔和莹润，坚而不脆，色泽纯黄无瑕，集细、洁、润、腻、温、凝于一身，近于田黄。巴林彩石种类较多，其彩色图案以天然纹理见长，色彩艳丽多姿。巴林冻石，石质细润，晶莹透亮，其彩霞冻石更为珍贵，洁白透明，犹如一

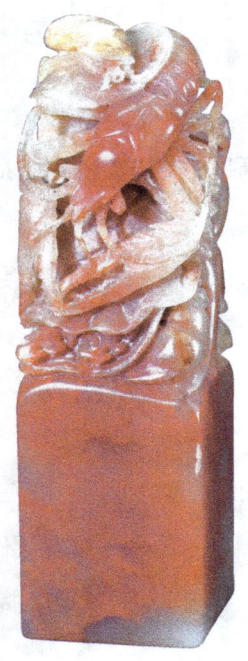

图十六　巴林红芙蓉

幅旭日喷薄，红霞漫天。

巴林石近年涨价最烈，每年飙涨，大有与寿山、昌化、青田相抗衡之势。不过，巴林矿产量极大，除了那些高档次的印石外，也产普通练习用石材，多为彩石类，也有一些普通冻石类，选购时要注意裂纹和质地的纯度。一般来说，冻石类质地单纯的为佳，质地不纯的冻石，往往一印中软硬不一，很难控刀。彩石类多不透明，较软且松脆，很难把握其石性。当然，由于价格比较便宜，大家不妨选择几种石料，试刻一下，看看哪一种适合自己练习使用，从中选择适合练习的石料。

巴林石相对前三种名石来说，开采很晚，尽管当地蒙古人有使用巴林石做石碗、石臼类的生活用品，但并未用于雕刻、篆刻，大约在20世纪60年代才受到东北出身的印人们注意，逐渐进行开发，大面积、批量开采，则是在70年代。1973年正式大规模勘探开采巴林石，1978年轻工业部才将巴林石矿列为我国三大彩石基地之一，正式命名为"中国巴林石"。在"四大印石"中最为年轻，但产量、品种都超出前三种。目前，同等级别的石料，市场价格尚低于其他三种印石。

除了上述四种主要印石外，各地还产有当地的滑石、叶蜡石，广东的"广东绿"在历史上也很著名，但好看不好用。山东的莱州石，过于松脆，容易崩裂，很难刻制印章。河南石发耿，辽宁石略涩，松花石过硬，北京房山石太糙，萧山珍栗红（图十七）、楚石（图十八）、煤精石嫌其色调单一，新上市的西安绿（图十九）、雅安绿，翠色艳若翡翠、碧玉，惜难有大料，产量也不够多，西安绿石质偏硬。凡此等等。

新出的浙江云和石，是近几年来新开发出的叶蜡石矿。其色彩之丰富，透明度之高，柔润受刀之特点直逼巴林。小顺石内质外观与寿山、昌化及部分青田石相似，今后有待于印人们的进一步检验。浙西地区还有一些矿石近于青田，有待于开发。今年进口一些石质颇似寿山高山类的印材，有的近似朱砂冻，价廉物美，因尚未上手刻制过，石性有待了解。最值得期待的当是产自越南老挝边境的"老挝石"（图二十）。产量极大，品质优良，可与寿山、巴林、昌化等石材媲美，而量过之。目前，"老挝石"现身于福州、上海、杭州、北京等各地印石市场，渐被印人、印石藏家所认可，期待值与日俱增。

上述印石，田黄、白芙蓉、上佳鸡血石等等，除了篆刻，更多的已作为"文房珍玩"而备受推崇。周亮工《印人传》云："予曾语黄济叔曰：'印章妙莫过于市石，冻则其最下者。仆蓄老坑冻最夥，亦复最善，患难以来，尽卖钱糊口，买者但欲得吾冻耳，岂知好手镌篆，便亦随之去耶！彼买冻者即得妙篆，势必磨去，易以己之姓名。

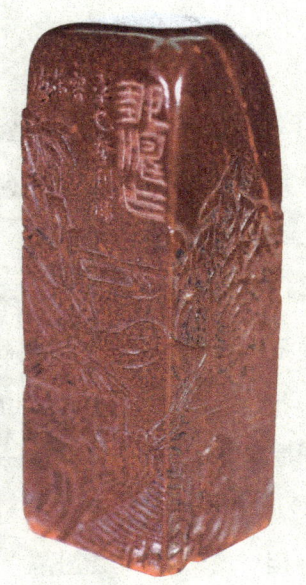
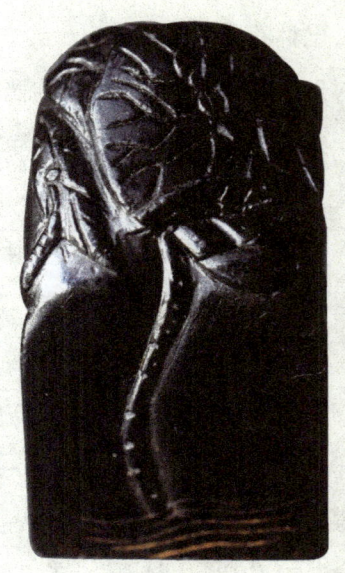
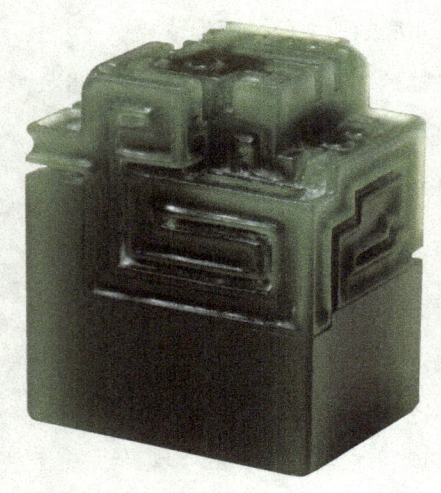
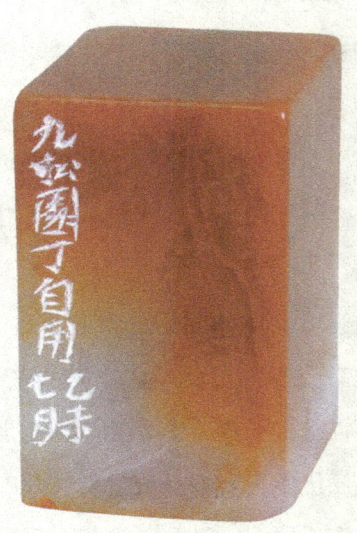

图十七　萧山珍栗红（邵戈雕薄意）　　图十八　楚石（清卫铸生刻）
图十九　西安绿　　图二十　老挝石

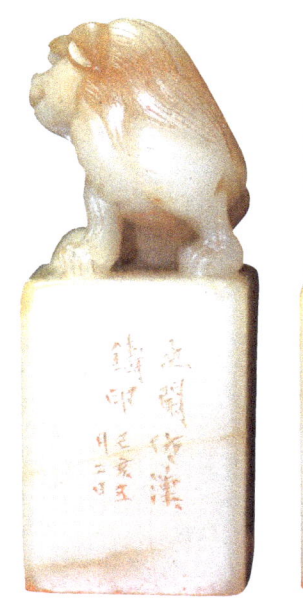
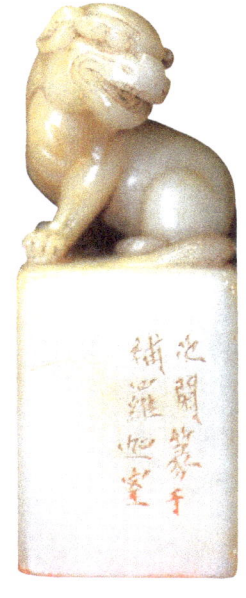

图二十一　寿山白芙蓉对章

故市石之形,百年如故,冻入一家,则矮一次,不数十年,尽侏儒矣。仆冻章无一存者,而妙篆反因市石巍然如鲁灵光。君苟爱惜妙篆,当永永戒镌冻,专力于市石。'以今观之,予语岂信然哉!"[3]赵之谦在致潘祖荫函中也说:"鸡血、昌化、田黄、田白,满人多钱者以为珍宝,乍刻今磨如传舍,最可厌也。"[4]所说,并不是不喜欢佳石,而是觉得刻完以后,有朝一日可能会被后来人磨去,作品难以传世。这从一个侧面也可以看出,爱好佳品之心古今一同,佳品印材的传刻概率是要高过普通石材的!

　　事实上,这些年我已经不止一次遇到这种情况。家藏就有赵之琛款而印面已被人磨去了的一对白芙蓉印章[图二十一],现在是日本的著名篆刻家石井双石(1873—1971)为书法家前田默凤(1852—1918)刻的名章,而在他篆刻之前还有另一位篆刻家高畑翠石(1878—1957)的边款。东京的一位藏家令我刻印,是一对上佳白芙蓉冻石,上有王福厂款,北京一位当代篆刻家磨去重刻过。我一再称,现在的状况值得收藏,而藏家非要我再磨去重刻不可,只得磨去北京这位前辈的印面改刻,保留边款。这些章

---

(3)见《历代印学论文选》,韩天衡编订,西泠印社出版社1999年版,P165。
(4)见《明清书法丛刊》别卷,江兆申编,日本二玄社1987年版,P48。

若是我个人收藏，那一定是归为"藏品"类，主人非我，则只能按主人之意磨去重刻。几百年前的明代如此，清代如此；中国如此，日本也如此，古今中外都如此。

从这个意义上说，印石与篆刻用石还不能完全等同。前者以佳石为收集对象，既可用于备刻，又可摆设把玩；后者则以利于篆刻创作、实用为倾向，以普石为主，不排除佳石。

印泥、印盒

我们曾谈道，纸张发明于汉代，汉之前一直使用竹木简牍，捆绑之后用绳子打结，在结上封上特制的泥块，并在泥上钤盖印章，即所谓的"封泥"，或叫"泥封"。这种泥封不宜太大，因为印章太大，容易随着泥封的干枯而裂碎，因此古代官印一直都保持在方寸之间，私人印章则更加小，多为半寸前后，甚至更小。用印印泥这一制度一直沿用到南北朝时期。由于当时所用印章在泥上钤盖，这种泥质材料，就被称之为"印泥"。

竹木简在汉之后逐渐被纸替代，纸的使用得到普及之后，泥封也就被纸上直接钤盖印章的方法所更替。隋唐时期政府的公告文书开始使用纸张，张贴于街市，作为政府公信力象征的印章，需要明确而显眼，这就要求印章不能太小。作为封泥用的传统印章，从此发生了根本性变化，印章的形制、大小、格式等等，也随之发生了改变。方寸小印，在南北朝后期、隋唐时期，尺寸大幅度增大，有的大至数寸。印章在纸上钤印，材料也就发生了改变，原来的"泥"，被水性材料所替代，而"印泥"这个名称却一直保留了下来。

印章钤盖纸面，最初使用的大概以墨为主，也见有朱色者。据传汉代绢本帛书上钤有朱印，因未亲见而不能断定，所见者，在南北朝时期的经卷上有黑色印记，则可为佐证。由于朱印比墨印更醒目，逐渐朱印钤盖的方法固定了下来。

在纸、绢本书画作品上钤上红色印记的习惯，大概也可以追溯到唐以前。唐代有钤朱色印例，所见都是收藏印类。比如"贞观"的年号印，在唐摹王羲之《兰亭序》上钤用过。宋徽宗的落款"天下一人"和钤盖的"御书""宣和"等印章则是史上最著名的书画家自己作品的款识印记。北宋四大家苏东坡曾钤有"眉阳苏轼"章，黄山谷曾钤用"山谷道人"章，米芾更多，常用的有"米芾""米芾之印""楚国米姓""楚国米芾"等等，其他的北宋书家也有钤印例，可知，北宋书法落款钤印已经比较普遍。

南宋之后，到了元代赵孟頫，落款用印成为一种习惯，或者说是一种不成文的规则，渐渐定型于书画作品上。赵孟頫善书画，也善于设计印稿，其所用的印章"赵氏子昂""松雪斋""赵""赵孟頫印""赵氏书印""水精宫道人"等等，都是他自己设计的印章，钤于书画落款处。落款钤印，在元明清不断被格式化、规则化，从此，如果只落款而未盖章，似乎作品还没有完成，一定要钤上印章，才算正式完成。

钤印，需要印泥。起初，黑色使用墨，朱色使用朱砂类，多用水、胶来调，也就是所谓的水性朱砂，颜色不够稳定。时间长了之后，经过多次揭裱，印泥颜色往往变淡。明以后改为油性，朱色鲜艳，且不易褪色。印泥在康熙、雍正、乾隆时期得到长足的发展，制作精细，色彩鲜艳，曾见数件《石渠宝笈》所载的作品上钤有乾隆玉玺，有的绢本上的印章，似有立体质感，厚实艳丽，历经两百余年，犹如昨日新钤。印泥有优劣之分，皇家举一国之力，所做印泥自然非民间可比，但经过长期的制作经验，调整各种配方，到清末民间也制作出了相当不错的印泥。特别是上海吴石潜所制的印泥，为吴昌硕等首肯，推广为量贩产品，成为印泥的一个重要品牌。[图一]日本，幕府以后，明治、大正时期也曾生产出不少好印泥，其中"炼金印色"[图二]颇为著名。

印泥制作颇为复杂，主要原料是朱砂、朱磦、艾绒、蓖麻油或菜籽油、麝香、冰片等。它的品种很多，主要有朱砂、朱磦两大类。漂制朱砂时，最上层的细末称"朱磦"，其下为"朱砂"，用之与艾绒、菜籽油或蓖麻油、冰片等调制而成印泥。朱磦印泥略呈红黄色，比较清雅。朱砂根据沉淀状态，从上到下，色泽由鲜红至深红，再加入不同的原料，制成的印泥，其名称也各不相同，有八宝、魁红、镜面、美丽等。此外，根据需要，厂家还制作有仿古印泥和黑色、蓝色、绿色等印泥。邓散木的《篆刻学》有一些具体介绍，但笔者以为，印泥制作属于工匠专业工作，篆刻家等文人自身大可

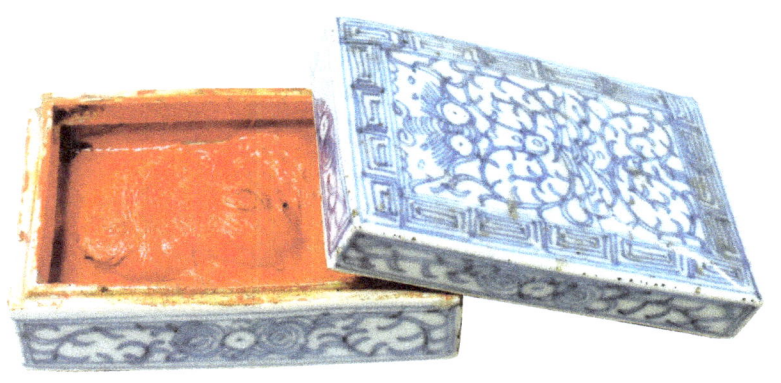

图一　清代印泥盒（吴昌硕常用印泥盒与此同类）

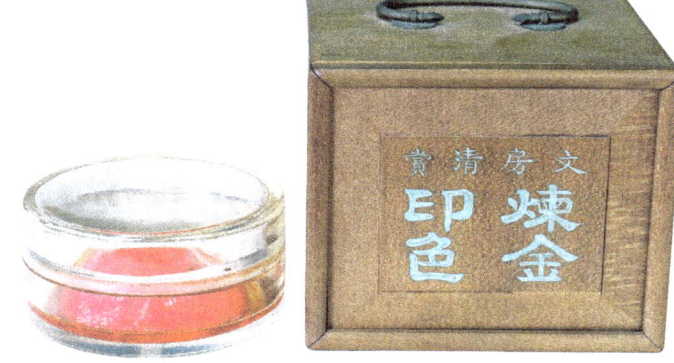

图二　日本"炼金印色"

不必亲自为之。

目前，制作印泥的厂家有：上海西泠印社、西泠印社、福建漳州丽华斋、常州璟玉堂、苏州姜思序堂等，荣宝斋也有特制印泥，当是委托生产者。印泥质量良莠不齐，某些印泥制作者请工匠选料定制，质量较好，但并非量贩，故不在量贩厂家之列。印泥以色泽鲜丽，朱砂、朱磦细腻沉稳均匀，且不渗油者为佳。印泥在使用、保存过程中，每隔一段时间须用印筋将印泥按一个方向搅拌，使油、绒、砂匀和。如此，则可经久耐用。

盛印泥的容器，称为"印盒""印泥盒""印泥缸"等等，古时也曾称"印奁"。印泥盒体积一般较小，以容纳五两印泥为主。印泥的"两"，不是现在的十两一斤500

克意义上的两,也不是从前的十六两一斤500克意义上的两,而是汉斤十六两一斤意义上的两,因此,一两大约按15克计算,五两印泥,就是大约75克印泥。容器以比较绰绰有余地容纳75克印泥的盒子为宜。当然,也有的盒子更小,容纳三两、二两、一两,也有的更大,容纳十两,甚至二十两。

印盒以圆、方、长方为主,有一定的深度,以避免印泥隆起粘住盒盖。印盒以不渗油为要务,因此,瓷器便是印泥盒的首选。有好事者,选用漆、玉、玛瑙、水晶、玻璃,甚至有用象牙等等,但笔者以为总是以瓷器为最佳。陶器易渗油,铜、铁等金属盒因印泥与之接触,日久会变黑,皆不宜使用。

印泥盒始于何时,没有详细而具体的记载。通常以为,有印泥就需要有盛印泥的容器,因此,尽管印盒起始不可考,但印泥与印泥盒当是同期发明,因此产生早于唐代。

宋曾巩(1019—1083)《冬夜即事》有诗提到印泥盒:"印奁封罢阁铃间,喜有秋毫免素餐。"印奁就是印泥盒。从传世及发掘的瓷器中可知,宋代官、哥、定、越、龙泉、湖田(图三)、辽三彩(图四)等窑均烧造过印盒。可见,在宋时已经非常普及。

元代历史较短,景德镇的青花开始得到重视。瓷器中部分窑口沿袭宋代,比如龙泉窑(图五)、钧窑、磁州窑等等。由于历史久远,印泥盒本为实用品,因此多数流传不下来,实物看,唐宋元印盒确实比较少见,现在我们所常见的,以明清传世品较多,尤其以清宫各类印泥盒最为精美。清宫制作,不惜工本,因此各类瓷器之外,还有掐丝珐琅彩(图六)、玉器甚至翡翠等等。

瓷印盒在清代民国时期,以青花(图七)为最多见,其他如五彩、斗彩、金彩(图八)、粉彩(图九),以及一些单色釉者,如康熙豇豆红、天青釉、粉青釉(图十)、黄釉(图十一)、祭蓝釉及乾隆时仿雕漆印盒颇为著名。

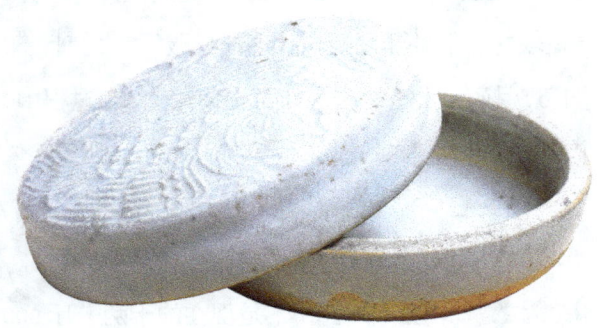

图三　宋湖田窑青白瓷印泥盒

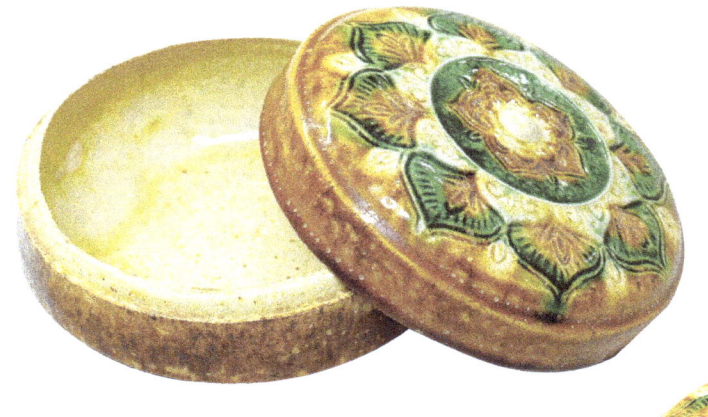

图四　辽三彩印泥盒

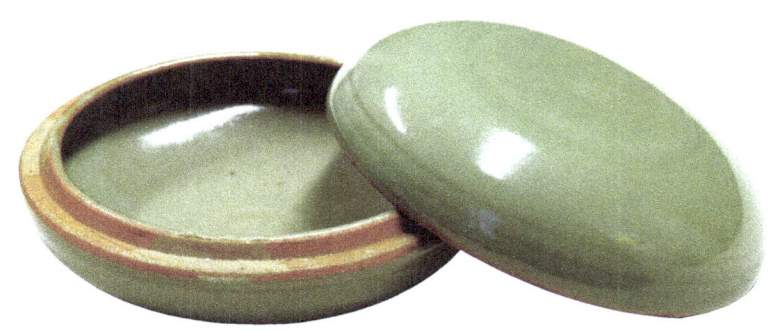

图五　元代龙泉窑印泥盒

印泥所用油脂已经过处理，不易挥发，但贮藏时仍需要置于荫凉处，以避免变质。使用时要轻按轻提，每次用过后，需将盒盖盖好，防止尘灰进入而有损色泽，也避免挥发、腐败。此外，印章最好要擦拭干净后蘸泥为好。钤盖印章，则纸下不宜太厚，不可在毡子上直接钤盖印章。这是常识，却常见书画家们犯错，因此附说于此。

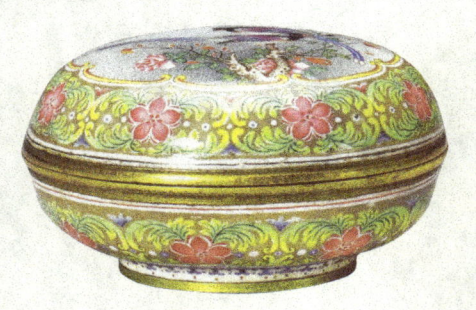
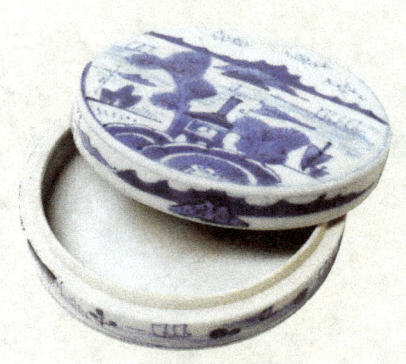
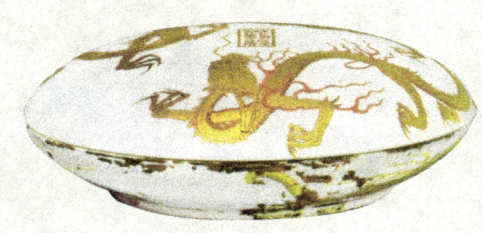
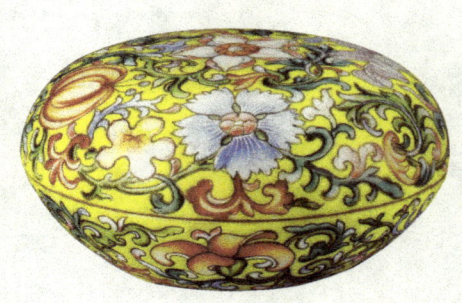
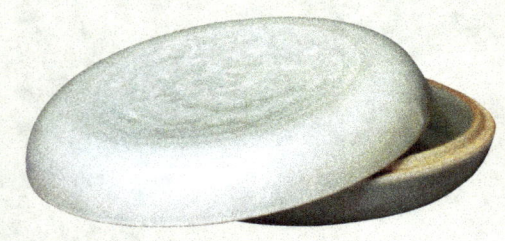
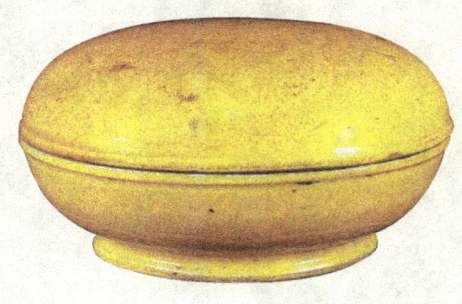

图六　故宫博物院藏乾隆画珐琅花鸟纹印泥盒　　图七　清青花印泥盒
图八　故宫博物院藏嘉庆青花金彩云龙纹印泥盒　　图九　首都博物馆藏乾隆黄釉粉彩印泥盒
图十　故宫博物院藏乾隆粉青釉云蝠纹印泥盒　　图十一　清雍正黄釉元龙纹印泥盒

香

香被人们认识的时间非常早,甲骨文中就有"香"字,可以说汉字产生之始便有了这个字,也就是说,在远古中国人就已经对"香"有了认识。最开始的"香"字,是从黍从甘,像盛黍稷于器之形,以见馨香之意。《说文解字》记载:"香,芳也,从黍从甘。"从字义上看,最早的"香",是从黍稷的香味中来的。这与我们现在所谓的"香"还不完全是一个概念。从黍稷到各种自然界的天然"香",从不自觉的闻香到自觉地去寻找、发掘香料,恐怕需要一个逐渐积累、认识的过程。不过,人类对香的认识与喜好,当是与生俱来的天性,有如蝶之恋花。因此,对自然界香料的发掘不晚于商周,逐渐地,产生了我们现在意义上的焚香、闻香。

据《礼记·正义卷二十六·郊特牲第十一》载:"周人尚臭,灌用鬯臭,郁合鬯,臭阴达于渊泉,灌以圭璋,用玉气也。既灌,然后迎牲,致阴气也。萧合黍稷,臭阳达于墙屋,故既奠,然后焫萧合膻芗。"周时的"臭",是指"鬯气",也是指的香味。"郁"指的是"郁金草","鬯"指"鬯酒",捣郁金草和鬯酒,香气非常足。这里说的"萧",就是香蒿、艾蒿,燃烧之后也有香气。《周礼》也有烧香木的记载:"以禋祀祀昊天上帝,以实柴祀日、月、星、辰,以槱燎祀司中、司命、飌师、雨师。"从记载可知,商周时期的熏香，是焚烧有香气的植物花草。

汉武帝时代，岭南逐渐与中原交通。由于武帝好道，南方诸郡纷纷贡献珍奇，香料也在其中。这样，南海地区的龙脑香、苏合香等传入中土，并将香料制成香球或香饼，下置炭火，用炭火的低温将这些树脂类的香料徐徐燃起，香味浓郁，远胜火烧蒿草。从此，置于香炉焚香的习惯便逐渐形成。于是，早期的焚烧草香木料的方式被改变了。随着焚香、闻香方式的改变，器具也随之发达了起来。出土文物可知，汉武帝时制作的博山炉，形式多样，姿态各异，有的可谓巧夺天工，代表了汉代的金工铸造镶嵌技术。

宋代赵希鹄（1231年前后在世）《洞天清录集·古钟鼎彝器辨》（香炉）载："古以萧艾达神明而不焚香，故无香炉。今所谓香炉，皆以古人宗庙祭器为之。爵炉则古之爵，狻猊炉则古之踽足豆，香球则古之鬵，其等不一，或有新铸而像古为之者。唯博山炉乃汉太子宫所用者，香炉之制始于此，亦有伪为者，当以物色辨之。"从此，熏香、焚香、闻香成为一种时尚、习俗，流传了下来。佛教进入中土后，为了礼佛，又把焚香作为佛教的一种礼仪，在市民生活中流传开。曾几何时，焚香走进了文房，香料成为文房雅玩的必备品，闻香成为文人墨客的雅好之一。焚香与烹茶、插花、挂画被并列为四艺，成为文人重要的生活内容。

唐宋诗人吟及焚香、闻香的诗作很多，晚唐五代的罗隐（833—909）《香》："沉水良材食柏珍，博山烟暖玉楼春。怜君亦是无端物，贪作馨香忘却身。"宋黄庭坚（1045—1105）《贾天锡惠宝熏乞诗多以兵卫森画戟燕寝凝清香十字作诗报之》一首，中有句云："天资喜文事，如我有香癖。"宋陈与义（1090—1138）《烧香》诗："明窗延静昼，默坐息诸缘。聊将无穷意，寓此一炷烟。当时戒定慧，妙供均人天。我岂不清口，于今醒心然。炉香袅孤碧，云缕飞数千。悠然凌空去，缥缈随风还。世事有过现，薰性无变迁。应是水中月，波定还自丸。"南宋陆游（1125—1210）《假日闭户终日偶得绝句》："官身常欠读书债，禄米不供沽酒资。剩喜今朝寂无事，焚香闲看玉溪诗。"唐宋时期的文人好香可见一斑。

有关香的著述，以宋代为盛。黄庭坚外甥洪刍（1066—1128）所撰的《香谱》一书，论及香之品、香之异、香之事、香之法等四大类别，所述非常详尽，为后世所尊。宋陈敬编纂《新纂香谱》汇集沈立、洪刍以下十一家之香谱成一巨著。其中征引者有：沈立之《香谱》、洪驹父《香谱》、武冈公库《香谱》、张子敬《续香谱》、潜斋《香谱拾遗》、颜持约《香史》、叶庭珪《香录》《局方》第十卷《是斋售用录》《温氏杂记》《事林广记》

等。可见宋代香事繁荣至极。四库全书《陈氏香谱》提要云："十一家之谱今不尽传，敬能荟萃群言为之总汇，佚文遗事多赖以传。要于考证不为无益也。"[1]

明人屠隆在《考槃余事》中写道："香之为用，其利最薄。物外高隐，坐语道德，焚之可以清心悦神。四更残月，兴味萧骚，焚之可以畅怀舒啸。晴窗拓帖，挥麈闲吟，篝灯夜读，焚以远辟睡魔，谓古伴月可也。红袖在侧，密语谈私，执手拥炉，焚以熏心热意，谓古助情可也。坐雨闭窗，午睡初足，就案学书，啜茗味淡，一炉初热，香霭馥馥撩人，更宜醉筵醒客。皓月清宵，冰弦戛指，长啸空楼，苍山极目，未残炉热，香雾隐隐绕帘，又可祛邪辟秽。随其所适，无施不可。品其最优者，伽南止矣。第购之甚艰，非山家所能卒办，其次莫若沉香。沉有三等，上者气太厚，而反嫌于辣；下者质太枯，而又涉于烟；唯中者约六七分一两，最滋润而幽甜，可称妙品。煮茗之余，即秉茶炉火便，取入香鼎，徐而热之，当斯会心景界，俨居太清宫，与上真游，不复知有人世矣。噫！快哉。近世焚香者，不博真味，徒事好名，兼以诸香合成，斗奇争巧，不知沉香出于天然，其幽雅冲淡，自有一种不可形容之妙。若修合之香，既出人为，就觉浓艳，即如通天燻冠、庆真龙涎、雀头等项，纵制造极工，本价极费，决不得与沉香较优劣，亦岂贞夫高士所宜耶！"[2] 这段话，把闻香的功用、香料的优劣全都讲得明明白白了，放至今日也一样可信可行。高濂《遵生八笺》和文震亨的《长物志》对于"香"的功用、品类，所论大致与上述相同。

《考槃余事》记载了二十二种香，第一为"棋楠香"[图一]，解释云："有糖结果棋楠，锯开，上有油，如饴糖，黑白相间，黑如墨，白如燥米。焚之，初有羊膻微气。有金丝棋楠，色黄，上有绺，若金丝，唯糖结为佳。"其次是"角沉香"："质重，劈开如墨色者佳，不在沉水，好速亦能沉也。有以碎沉香辗炼成大块，以市于人，当细辨之。"其他还有"片速香""唵叭香""角香""降真香""白胶香""黄檀香""芙蓉香""苍术""万春香""兰香""安息香""龙挂香""甜香""黄香饼""京线香""龙楼香""玉华香""暖阁香""黑芸香"等。[3]

这些香名，现在很多已经不知所论，有的名称已经变更。《长物志》把棋楠称之为"伽南"，又名"奇蓝"等等。又，把"龙涎香"列为第二，云："苏门答辣国有龙

---

[1] 见《四库全书·香谱·陈氏香谱》，中国书店2014年版，P80-81。
[2] 见《长物志·考槃余事》，（明）文震亨、屠隆著，浙江人民美术出版社2011年版，P272-273。
[3] 同上，P273-278。

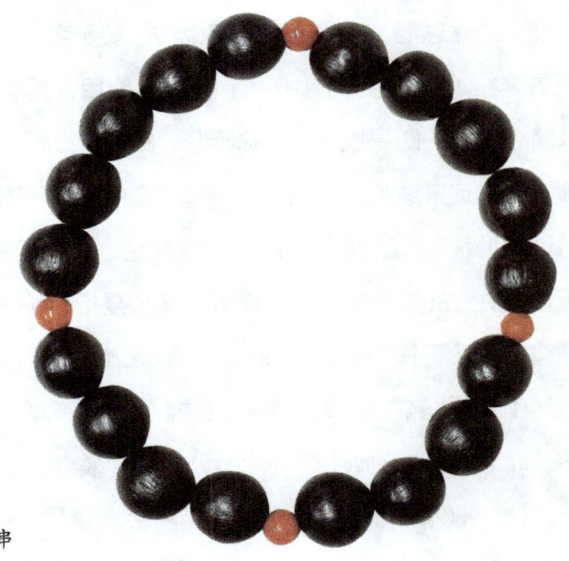

图一　棋楠珠十八子串

涎屿，群龙交卧其上，遗沫入水，取以为香。浮水为上，渗沙者次之，鱼食腹中，刺出如斗者又次之，彼国亦甚珍贵。"(4) 这类的记载，颇有些神奇色彩，不可信。宋洪刍《香谱》、陈敬《陈氏香谱》所列香品繁多，因时代久远，许多香品以及对香品的理解，随着时代的变化也有不少新的认识。对于我们现代人来说，明代所述更近一些。

根据现在的知识，我们知道，棋楠，也叫"奇楠"，还有"伽蓝""伽楠"等名称，是从梵语翻译的词，唐代的佛经中常写为"多伽罗"。它实际上是沉香的根部多脂部分，是最好的沉香。《四库全书》中以占城（今越南南部地区之王国）为首所出最优及正统，这种说法是正确的，不过老挝、柬埔寨等产沉香的国家亦出棋楠香。棋楠香自然条件下就带有香味，普通沉香则需要燃烧产生香味。

龙涎香，又称灰琥珀，是一种外貌阴灰或黑色的固态蜡状可燃物质，从抹香鲸消化系统所产生。龙涎香有其独特的甘甜土质香味（类似异丙醇的气味），在历史上主要用来当作香水的定香剂，价值很高。

沉香（图二、图三、图四）是指药瑞香科植物，也指白木香含有树脂的木材。沉香原树为"双子叶植物药瑞香科"，常绿乔木，野生或栽培于热带地区。分进口与国产两类，国产沉

（4）见《长物志·考槃余事》，（明）文震亨、屠隆著，浙江人民美术出版社 2011 年版，P154。

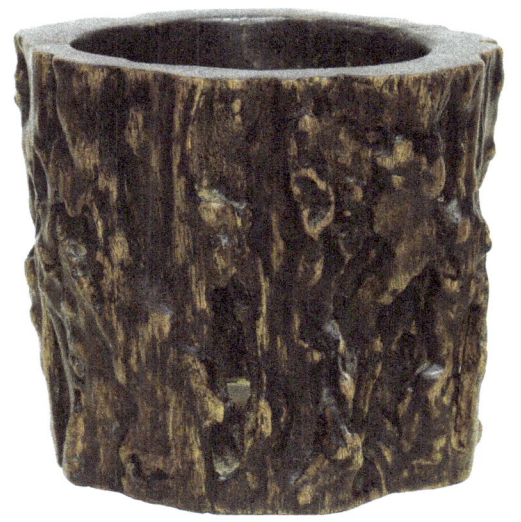

图二　明沉香木雕笔筒

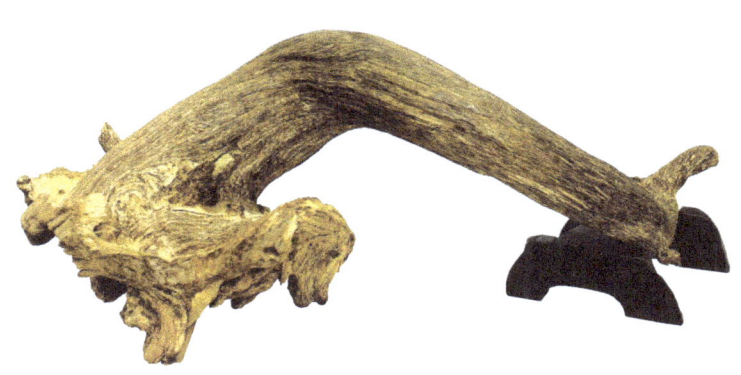

图三　沉香木天然如意摆件

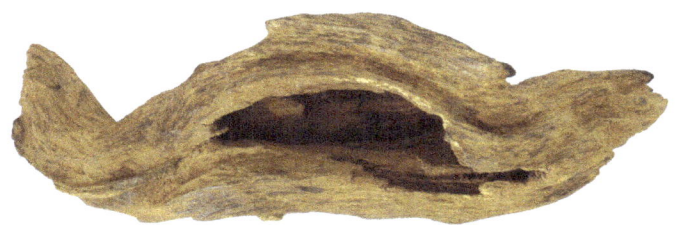

图四　越南沉香

香（指白木香）主产于海南，广西、福建亦有产；进口沉香（沉香）主产于印度尼西亚、马来西亚、越南等地，以越南的较为优质。沉香树本身不是我们说的沉香，形成"沉香"的因素很多，或因伤而聚集树脂形成，或在水中腐烂形成，一般采取树木后都会经过加工，剔除枯废白木，留下带有树脂的沉香部分。决定沉香等级的最重要标准为其树脂的含量。沉香树脂极为沉重，虽然原木的比重只为 0.4，当树脂的含量超出 25% 时，任何形态的沉香（片、块、粉末）均会沉于水。沉香的名称正是来自于其沉于水的特质。

除了上述几种香料外，常见的还有：丹檀香，又称为檀香（图五），有白檀香、赤檀香两种；丁子香，即丁香；郁金香，郁金即番红花的花汗压制而成；龙脑香，樟脑的一种，凡此等等，种类较多。常用的香中，有天然的香片、碎香，以备燃烧；加工后的香，则有棒香、线香、盘香、丸香、涂香、熏香等。专门的香店，从香木、碎香到各式线香、盘香、熏香等等均有售，还有用香木制成的各类挂件摆件，可谓琳琅满目，应有尽有。

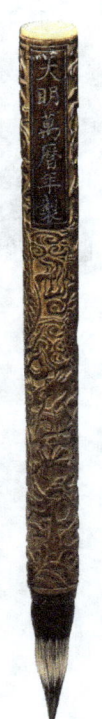
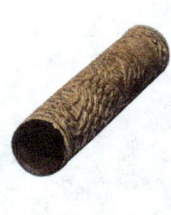

图五　故宫博物院藏"大明万历年制"款檀香木笔

香　炉

前一讲我们谈道，宋代赵希鹄在《洞天清录集·古钟鼎彝器辨》中这样记载："古以萧艾达神明而不焚香，故无香炉。今所谓香炉，皆以古人宗庙祭器为之。爵炉则古之爵，狻猊炉则古之踽足豆，香毬则古之鬵，其等不一，或有新铸而像古为之者。唯博山炉乃汉太子宫所用者，香炉之制始于此，亦有伪为者，当以物色辨之。"也就是说，香炉之制源于汉代的博山炉[图一]。这是一个比较普遍的公论，与汉武帝时期崇尚、引进南方香料有关。

博山炉一出，焚香便有了格式，深受各阶层广泛的喜好。从此，香炉与香料成了一对不可或缺的姊妹品，皇家、文人雅士、平民乃至宗教界，以闻香为乐、为雅、为仪式，两千年来继承、发扬，成为中华文化重要范畴之一。

"博山炉"是博山香炉、博山香薰、博山薰炉等名的统称，是汉代始创的一种香炉式样，焚香所用的器具。常见的有青铜器和陶器。炉体呈青铜器中的豆形，上有盖，盖高而尖，镂空，呈山形，山形重叠，其间多雕有飞禽走兽，象征传说中的海上仙山——"博山"而得名（汉代盛传海上有蓬莱、博山、瀛洲三座仙山）。博山在今山东淄博市博山区境内，为传说中的仙山。《陈氏香谱》载："武帝内传有博山炉。盖西王母遗帝者。

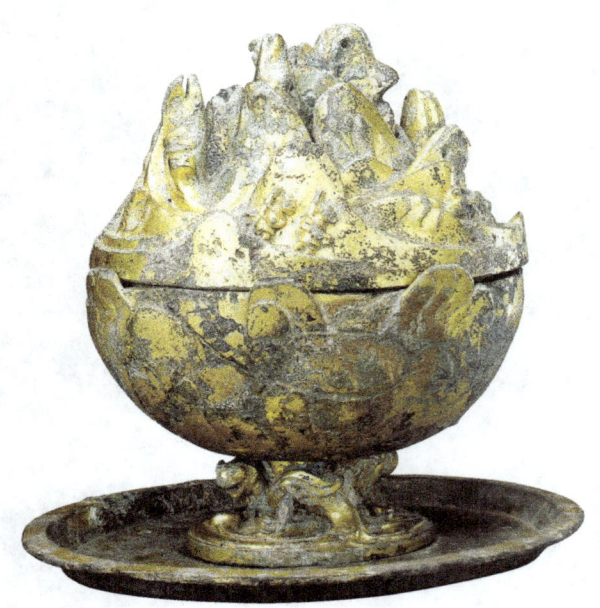

图一　故宫博物院藏汉鎏金博山炉

皇太子初拜有铜博山香炉。丁缓作九层博山香炉，镂作奇禽怪兽，皆自然能动。其炉象海中博山，下盘贮汤使润气蒸香，以象海之四环。"（1）

　　历代传世、出土的博山炉多见，以汉代为主，三国魏晋南北朝乃至隋唐都有。可见，博山炉的式样，一直延续到唐代。材质上看，青铜为主，间有鎏金、错金银等精美佳制，如出土于陕西省兴平市的西汉鎏金银竹节高柄铜薰炉和出土于河北省满城县的汉代错金博山炉，精美绝伦，当为汉时皇家权贵爱玩器物，而非普通百姓所用者。出土的有陶制炉，也有精美华丽与素工之分。（图二）由于数量众多，可知当时的博山炉已广为使用，也可见汉时薰香、闻香之盛。《陈氏香谱》录西汉刘向（公元前77—公元前6）"博山炉铭"云："嘉此正气，崭岩若山。上贯太华，承以金盘。中有兰锜，朱火青烟。"又录梁元帝萧绎（508—555）"香炉铭"："苏合氤氲，飞烟若云。时浓时薄，乍聚还分。火微难尽，风长易闻。孰云道力，慈悲所薰。"（2）梁昭明太子萧统（501—531）有"铜

（1）见《钦定四库全书·香谱·陈氏香谱》，中国书店2014年版，P427—428。
（2）同上，P449—450。

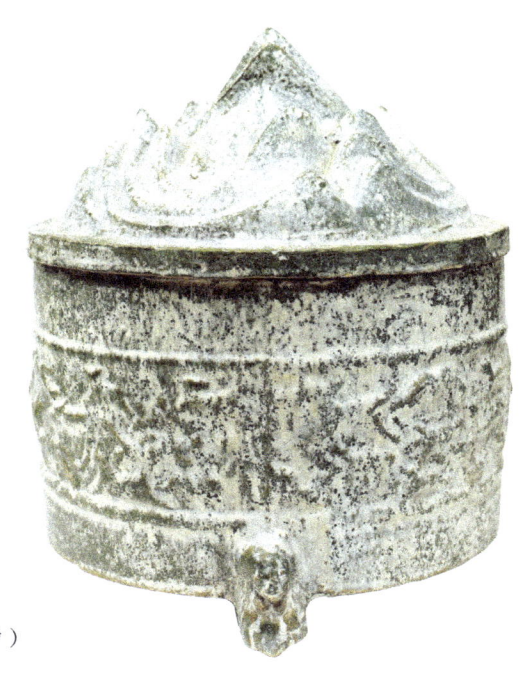

图二　汉代绿釉博山奁（大型香炉）

博山香炉赋"一篇"禀至精之纯质，产灵岳之幽深。经班倕之妙旨，运公输之巧心。有薰带而岩隐，亦霓裳而升仙。写嵩山之岧峣，象邓林之芊眠。方夏鼎之瑰异，类山经之俶诡。制一器而备众质，谅兹物之为侈。……"[3]描述了铜博山炉的精美，表达了对巧工手艺的赞叹。唐李白（701—762）《杨叛儿》诗句云："博山炉中沉香火，双烟一气凌紫霞。"有关博山炉的诗文颇多，皆令人遐想，意境超凡。

除了博山炉持续有各种制作之外，汉以后常有将古代青铜器物转为香炉之用者（图三、图四），也有仿照古代青铜礼器制作成香炉者。出土文物中，就常见有博山炉以外的式样。

1979年浙江奉化东汉熹平四年（175）砖墓出土了镂空圆孔香薰（图五），国家博物馆藏有一只江苏省宜兴周处墓出土的西晋（3世纪后半期）青瓷香薰，鸟钮三角镂空球形三熊足，下承三熊足托盘。（图六）同类的香薰，《江苏六朝青瓷》一书刊登有数种，

（3）见《全梁文》卷十九，商务印书馆1999年版，P206。

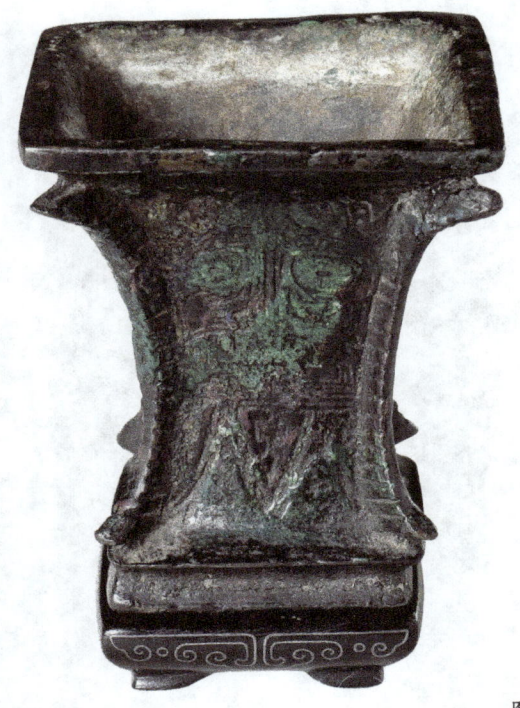

图三　西周青铜小尊改为香炉（紫檀嵌银丝座）

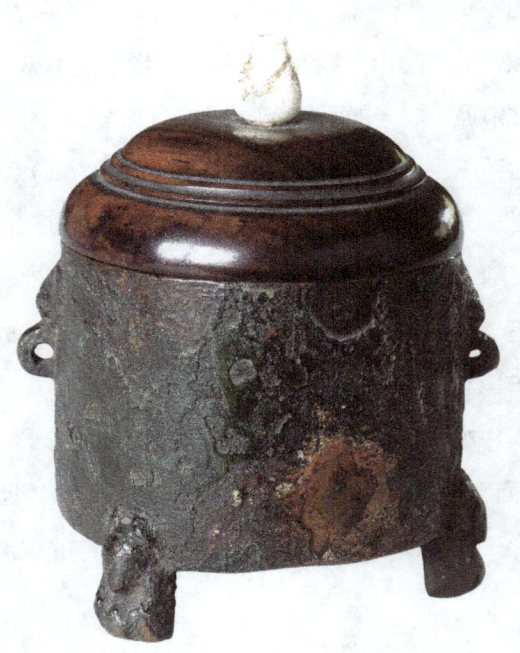

图四　战国青铜三兽足尊改为香炉附黄花梨盖

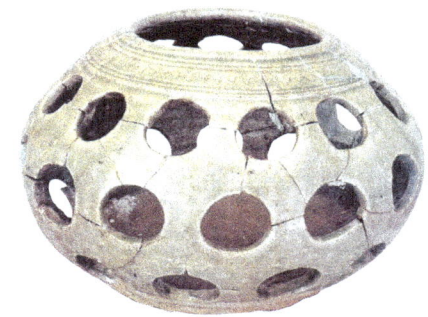

图五　东汉镂空香薰

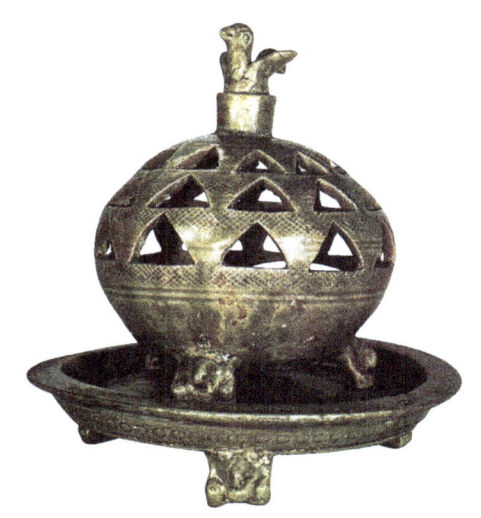

图六　国家博物馆藏西晋越窑青瓷香薰

浙江博物馆藏有东晋德清窑黑釉香薰，作三角形镂空，与此相近。另，藏有数种越窑香薰，颇为别致，有圆孔、锯齿孔等等镂空形式。出土文物中，还有西晋元康五年（295）、永兴二年（305）等出土报告。种种形式都有别于博山炉，对后世的香薰样式影响较大。

唐代香炉依旧以博山炉为多见，白釉、三彩、黄釉、绿釉等都有出土。唐三彩中见有一种多足带托盘的香炉（图七），兽足源于古代盉、尊的兽足之形，类似于多足砚的足式。这类香炉当时或应该有盖。另见有黄釉绞胎贴花纹多足炉，形式与三彩者相近。

宋代，特别是宋徽宗时期，因皇帝好古，一时间有不少学者对古代青铜器、历代礼器等等进行广泛研究。元祐七年（1092），宫廷专职文物保管专家吕大临编撰《考古图》，所收青铜器210件，玉器13件。从此文物鉴定与学术研究融合一起，这在宋以前是没有的，为后世文物研究开了先河，也为瓷器全面仿制先秦礼器奠定了基础。宋以后，瓷器类有大量仿制古代青铜器形制作的各类复古器皿，也包括香炉。仿古鼎

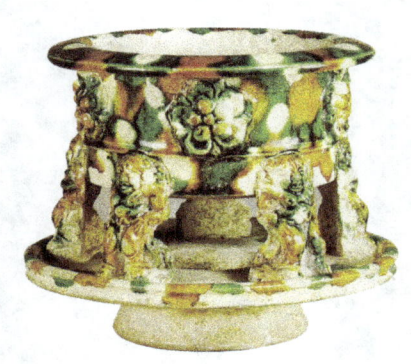

图七　唐三彩香炉

式三足香炉是北宋复古的产物。

由于北宋皇家尚礼学，博雅好古，使上流社会出现一种崇尚淳朴、自然、含蓄的审美观，香炉亦作为一种"神人合一"的时尚文化出现在帝王的内廷，登上了文人士大夫的几案。瓷质香炉被上流社会当作高雅的把玩之物，成为当时"烹茶、焚香、挂画、插花"所谓文人四艺的重要内容之一。加上宋代瓷业进入全盛时期，汝、钧、官、定、哥五大名窑之外，还有越窑、龙泉窑、耀州窑、磁州窑、湖田窑、介休窑等等，都制作出了绝佳瓷器，远远超过了前朝。也使得这一时期的各种香炉成为空前绝后的艺术珍品。屠隆《考槃余事》香炉条云："官、哥、定窑，龙泉、宣铜、潘铜、彝炉、乳炉，大如茶杯而式雅者为上。"

传世宋代香炉中，以龙泉窑最多见，在历代陶瓷香炉中也具有举足轻重的地位，出土量也较大，对后世影响极大。鼎式炉、鬲式炉^{图八}、尊式炉^{图九}奠定了宋以后瓷器香炉的基本形式。耀州窑、磁州窑等也都有很多炉式传世。见有湖田窑香薰^{图十}，承接唐三彩形式，而作鼎式三足，则又在唐三彩的基础上，取法周秦青铜器形之故，也可见宋人的仿古喜好。

元代，由于统治者的民族性巨变，使得宋代汉文化在许多方面得不到延续，甚至出现了断裂。考察细微的历史便可以发现，文学、绘画、瓷器等诸多方面在元代的几十年间改变了发展方向。

不过闻香的习俗仍在继续，这一点我们可以通过龙泉窑香炉进行考察。传世元代龙泉窑香炉数量较大，特别是流传至日本的元代龙泉窑香炉较多，形式也比

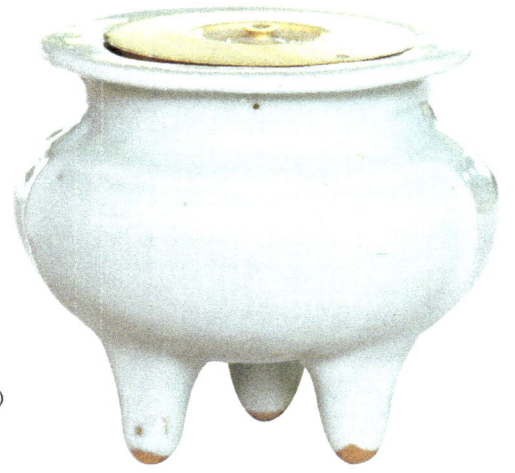

图八　南宋龙泉窑青瓷鬲式炉（附象牙盖）

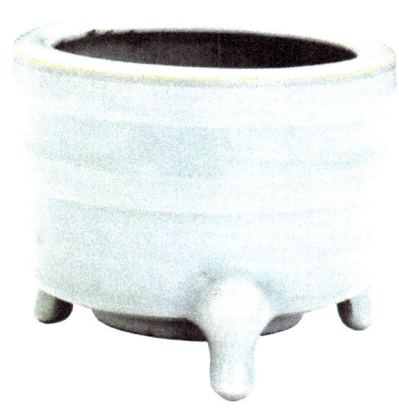

图九　南宋龙泉窑青瓷尊式三足炉

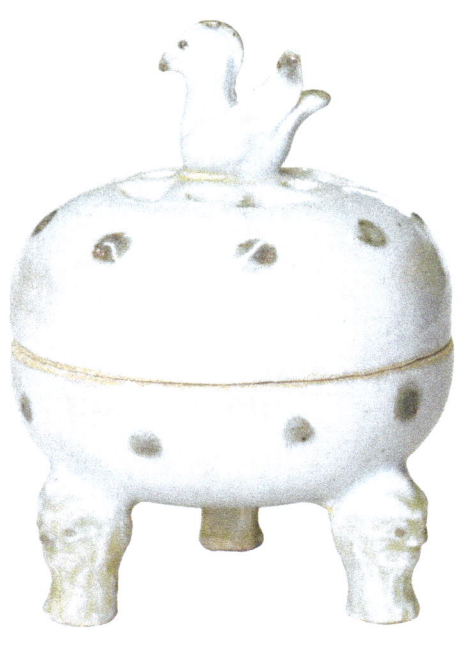

图十　南宋湖田窑青白瓷兽足鸟钮香薰

较多样（图十一、图十二）。总的看，元代是承继了宋人的样式，但已经远不如宋代龙泉窑制作精致、釉色透亮。宋代龙泉窑的粉青、梅子青，在元代变得浑厚拙气。胎和釉都显得厚重。可以看得出，龙泉窑的制作在宋之后开始走下坡路，制作也趋于简单化。龙泉窑之外，其他窑种也有此倾向。这从另一个角度看，香炉的简单化意味着平民化风尚，这与宋以前的高雅贵族气息不尽相同。

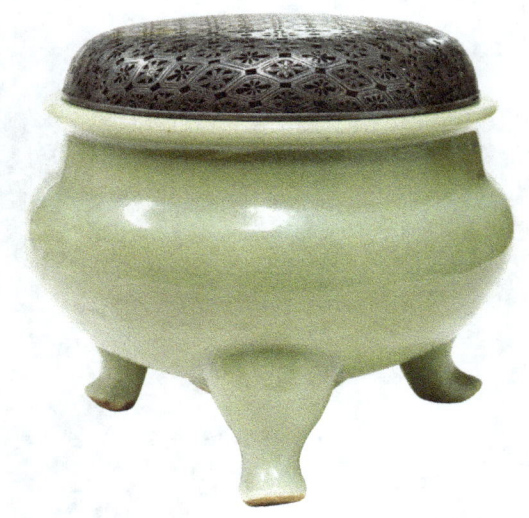

图十一　元龙泉窑青瓷鬲式（鸡腿）炉

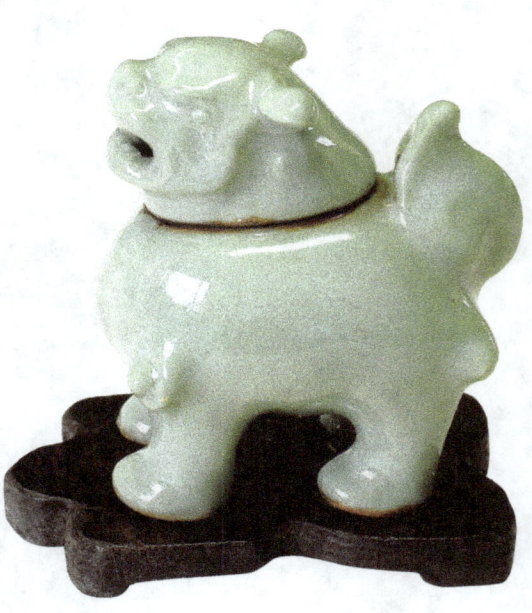

图十二　元龙泉窑梅子青狮子香薰

明代龙泉窑发展较快，除洪武、永乐年间处州生产龙泉官窑外，民间龙泉地区小窑口数量繁多，各种香炉、香薰（图十三、图十四、图十五）数量、样式都远远超过了前朝。这与明朝文化复兴思想有很大关系。明人在寻绎宋人文化的同时，也拓展出了新的领域。

宣德年间暹罗国（今泰国）进贡了一批质量极好的风磨铜，明宣宗朱瞻基决定用这批材料为郊坛大庙铸造祭器，据文献记载，宣德三年（1428）皇上命宫廷御匠吕震和工部侍郎吴邦佐督办造鼎彝祭器，在这批风磨铜中加入了各种金属材料以及珠宝类，经过六至十二炼，使之精纯，又用失蜡法，一共铸造了117种仿古器物，得两万余件成品，而其中香炉最为著名，且数量较多，有三千余件，此后，便封炉不铸。所制成的香炉属于黄铜类，这在史上还是第一次，造型优美、富贵庄重，而最妙在色，其色内融，从黯淡中发奇光。于是，"宣德炉"名声大震。（图十六）宣德炉出现后，在当时便掀起了一股仿制热潮，历朝历代都有仿制。但到了明末，战火不断，部分宣德炉又被毁失，这样，真正的明宣德炉传世很少，得之极难。目前国内国外各大拍卖行拍出的宣德炉，多是明中晚期以后的仿品。

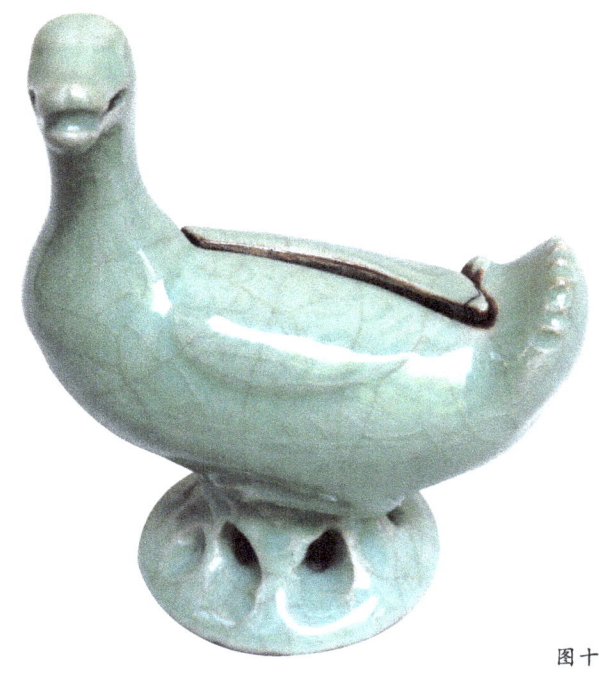

图十三　明龙泉窑鸭形香薰

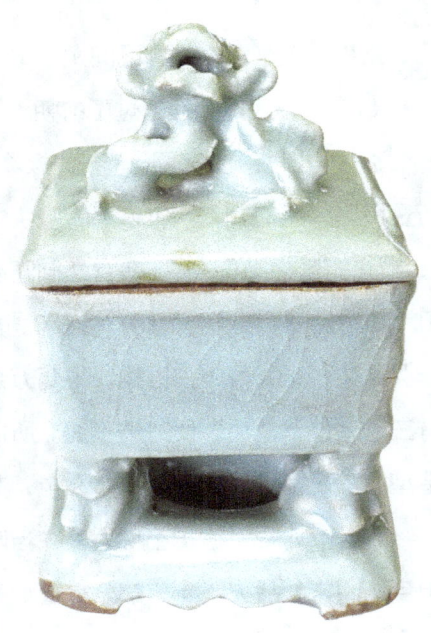

图十四　明代狮子钮盖方形龙泉窑香薰

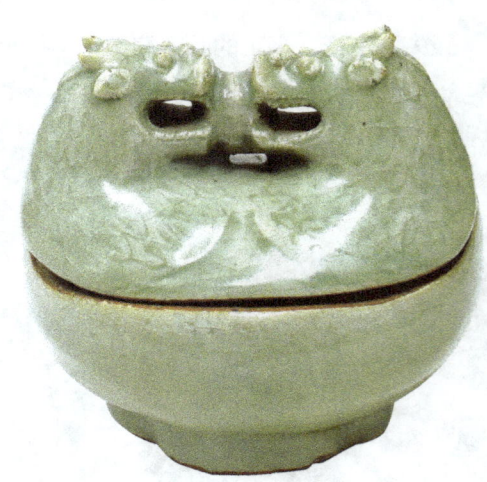

图十五　明龙泉窑双龙戏珠香薰

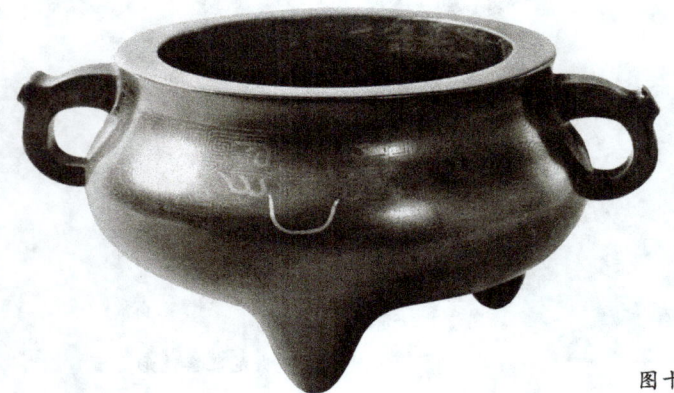

图十六　大英博物馆藏宣德炉

宣德炉的制作，开黄铜制炉之先河。传世虽不多，但影响巨大。宣德之后，无论是仿品还是后世创作，都以宣德炉为模式。（图十七、图十八、图十九）

明代除宣德炉极负盛名外，民间以铜制炉的高手还有胡文明、石叟等。不过，名作真物也一样很少见，所能见到的也多为仿作。

明代瓷炉除龙泉窑外，青花是主流（图二十），还有五彩（图二十一）、斗彩以及其他的瓷种，都在明代得到了空前的发展。

清代皇家虽为满族，但入主中原后，深受汉文化影响，非常重视推广汉文化。中国历史上第一部正规的字典《康熙字典》是在康熙皇帝的关注下编辑完成的。这也能看得出清代皇家崇尚汉文化的一个标志。康熙时期祭祀风气盛行，康熙、雍正、乾隆时期推崇喇嘛教，同时又极其重视文房雅玩，这样，作为宗教仪式、文人雅好，还有祭祀等等，香炉发挥着不可或缺的重要作用。清三代皇家造办处制作的各种材料的香炉为数不少。在瓷器制作的香炉中，景德镇的皇家制作，又把瓷香炉推向新的历史高峰。

除了皇家制作外，民间的制炉也有不少高手。朱彝尊（1629—1709）在《鸳鸯湖棹歌》注里有："张鸣岐制铜为薰炉，闻于时。"

不过，清中期之后，香炉的制作与其他文玩一样，都开始走下坡路，传世香炉，多数是清中期之后仿制的，而所见绝大多数仿作粗糙，多为当时伪劣假冒。民国之后，更是粗制滥造，几乎见不到精美的制品。这种现象不仅仅局限于香炉，其他各个方面都相类，令人遗憾。

香炉分炉与薰两大类，大小款式很多，以方、圆最多，其他如八角、椭圆、变形、动植物形等等。"香炉"总体上看多鬲式、鼓钉、莲瓣、尊式、鼎式等，还有一些不常见的仿古青铜式，以及个人创作的式样等等，或有双耳，或无耳。香薰式样更为丰富，以动植物、圆球形居多。动物类的以狮子、象、犀牛、鸭子、鸳鸯、狻猊、麒麟、仙鹤等等最多见。植物类则多莲花莲蓬，也有其他花卉者，形状不一。香炉常见的为三足炉，一足在前，双足置后。三足者多兽足、素足。三足之外，四足、五足均有所见，有的只有圈足，也有的随形，禽兽类香薰多随形，而以能用于点香、焚烧线香、粉香、香块等香料即可。材质，以铜、铁、锡、玉、石、陶瓷为主，也有象牙（图二十二）、硬木、漆器等等制成。由于焚香有火，木、象牙等易燃材质的香炉往往在内侧设置银、铜内壁，也有的瓷香炉也装有银或铜壁者。

香炉多摆置，因此为了避免热量传到香炉台上，明清时期多配有底座。多数底座

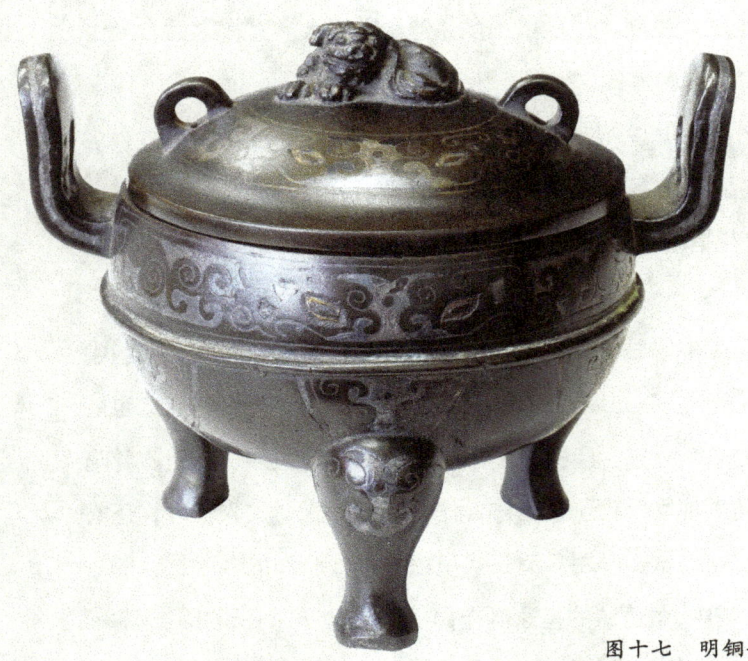

图十七　明铜嵌银朝天耳香炉（日本秦藏六补盖）

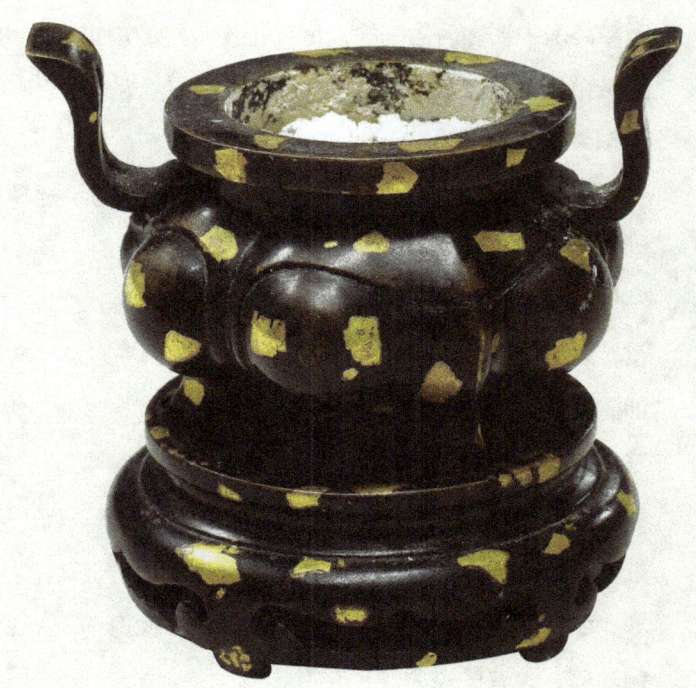

图十八　明"大明宣德年制"款洒金铜香炉

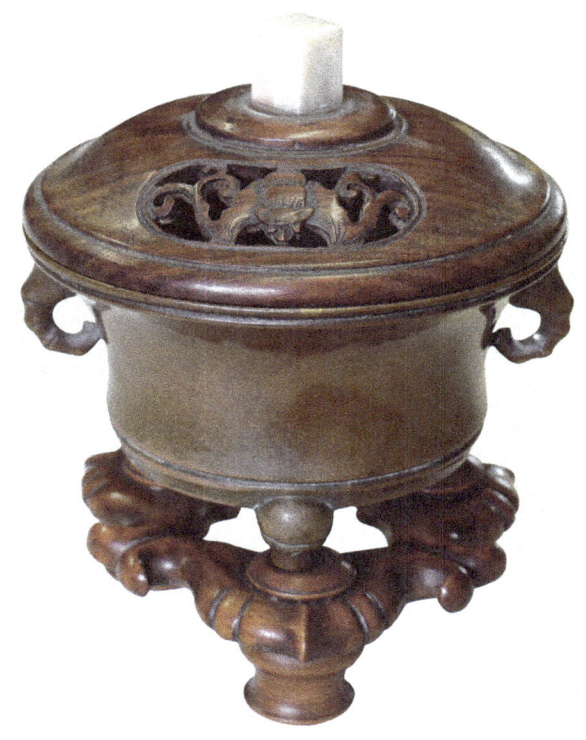

图十九　明晚期"大明宣德年制款"竹节法盖炉（附红木座、盖）

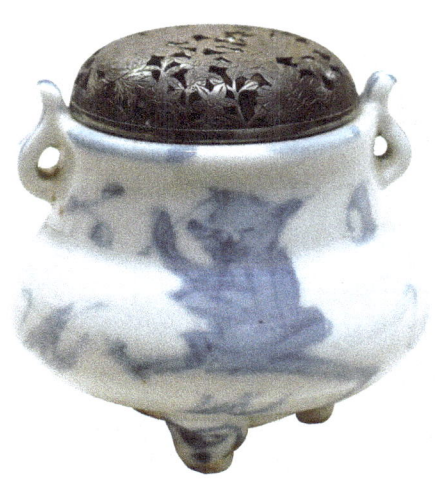 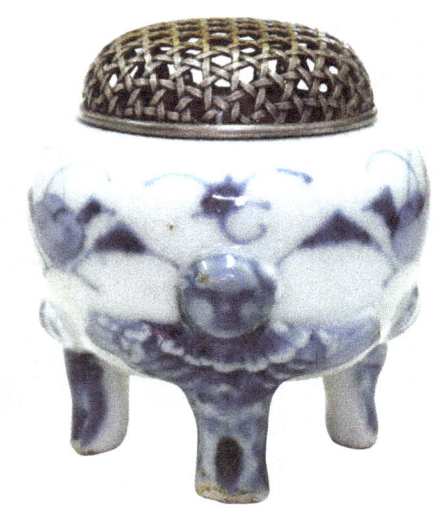

图二十　明万历青花双耳魁星文三足炉（左）
　　　　明青花三闲人背缸式炉（右）

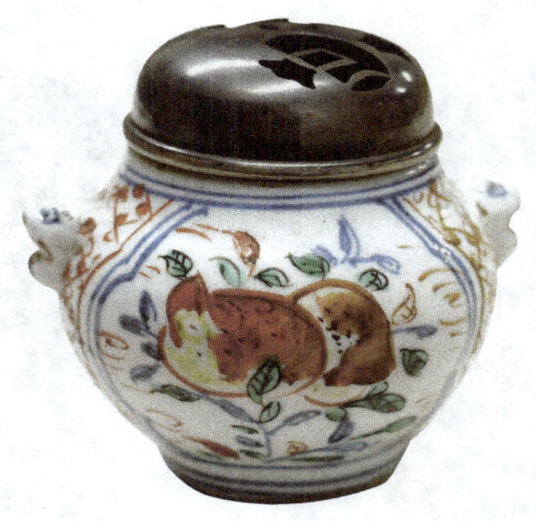

图二十一　明五彩双兽耳石榴纹炉（附银盖）

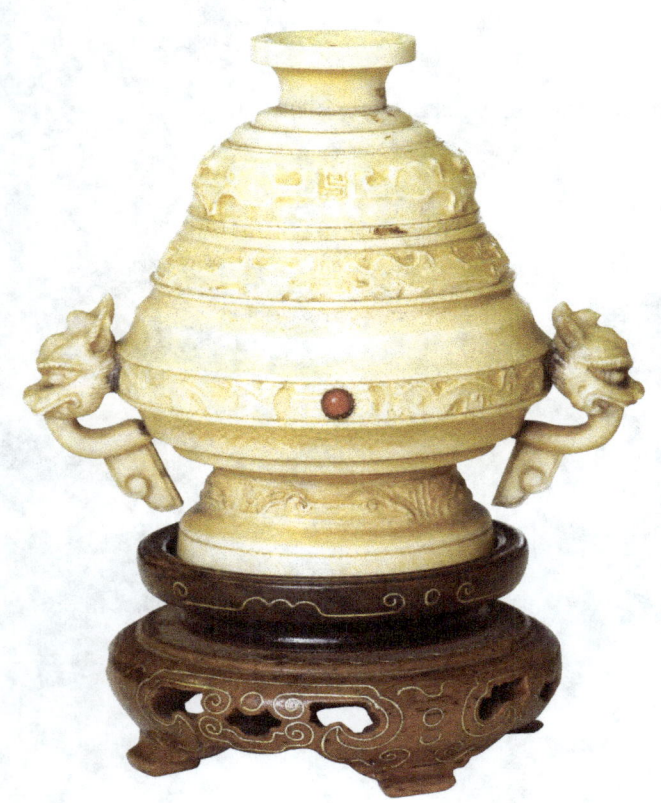

图二十二　象牙雕仿青铜器香炉

由紫檀、红木等其他硬木制成。往往同时也配有香炉盖，也多用紫檀、黄花梨、红木等材料。

香炉中还有吊炉，多制作成球形，故又称之为"薰球""香球"。1987年陕西扶风法门寺地宫出土一只，直径12.8厘米，是典型的唐代薰球。日本常见的薰球多模仿此类制作。

还有柄香炉，如莲花形、狮子镇形、鹊尾形等，敦煌壁画中就见有此类，^(图二十三)可见唐以前就已经出现。日本平安之后各时代都有仿制，多金、银、铜、铁等金属制作而成，也有配合镶嵌等等工艺者，非常漂亮奢华。

此外，专用于插线香的"香插"宋元明都别有一番制作。曾见有一老僧打坐，膝前有一小炉，中有孔，正适合插线香。简单的香插则更是多种多样，有的日本香店中摆有数十种式样。由于线香的粗细规格不统一，购入时当问清孔的大小为宜。铜制"乾隆御笔心经镂空香插"颇有巧思^(图二十四)插香处小内胆有四孔，规格不一，适合多种线香。

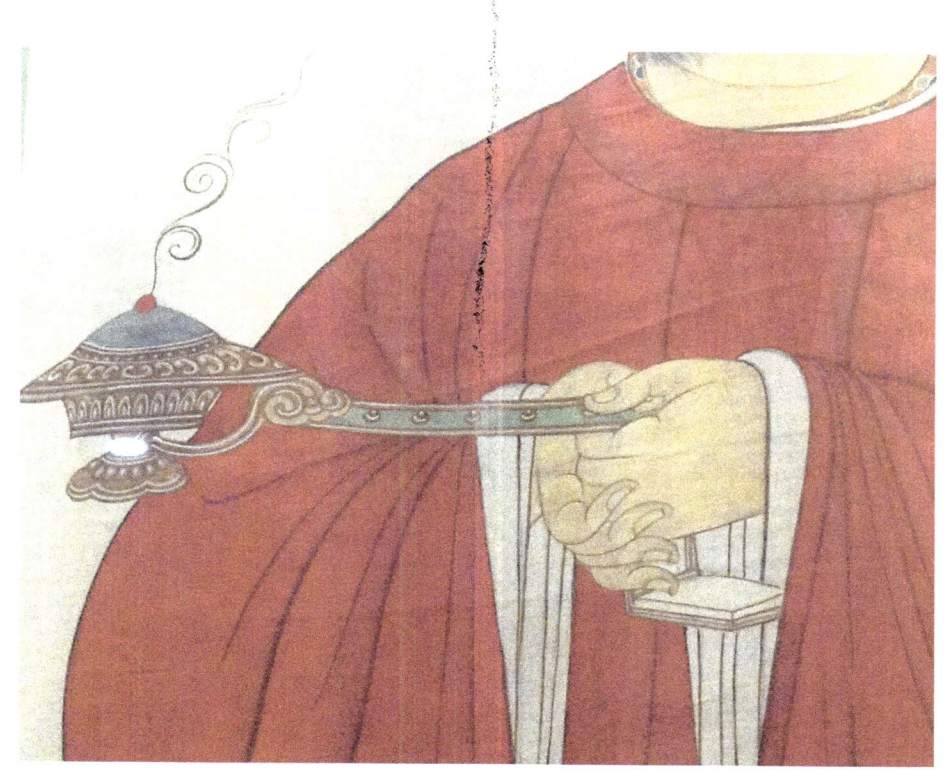

图二十三　张大千临摹敦煌壁画中的香炉

点上线香后，烟可从文字镂空处散出。

闻香已经发展为"香道"，而宗教仪式中之"香"，别有格式，则已非本文所述文人雅玩之列，又另当别论了。

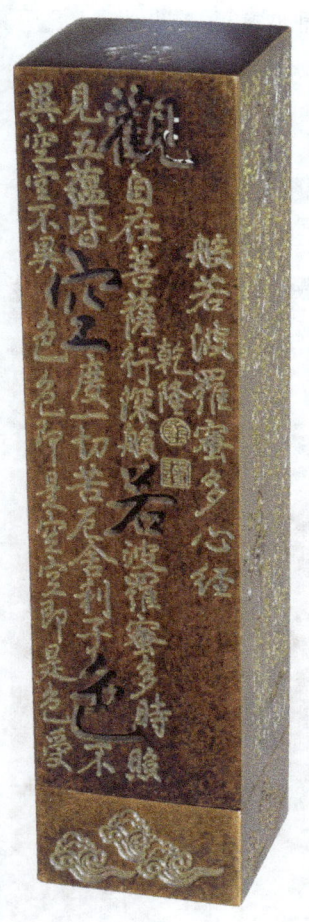
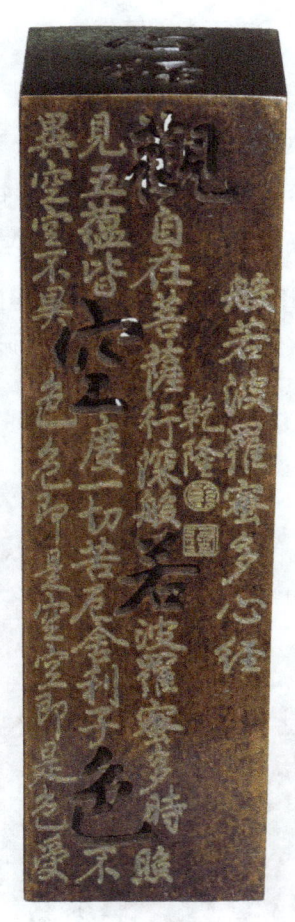
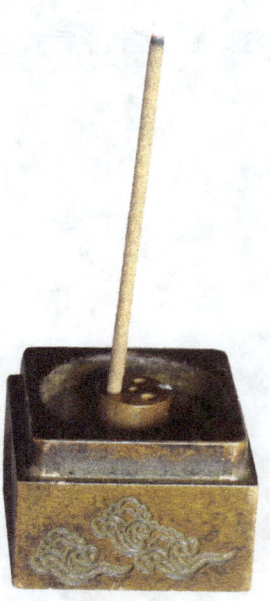

图二十四　清乾隆御笔雕铜香插

其他香具

焚香除了香、香炉以外，还有一些必备的道具，如香盒、香筒、香掸、香筷、香铲、香台等等，这些都是文房所不可或缺的。现将常用的道具简要介绍如下：

香盒

香盒用于放置香品，又称香笴、香合、香函、香箱等。形状多为扁平的圆形或方形、长方形、鱼形以及其他瓜果等形状，多以陶瓷^[图一]、象牙^[图二]、木、铜、银^[图三]、玉、漆器^[图四]等制成，大小不等。既是容器，又是文房摆件，因此而为文房所常备。明屠隆《考槃余事》载："（香盒）有宋剔梅花蔗段盒，金银为素，用五色漆胎刻法，深浅随妆，露色如红色绿叶、黄心黑石之类，夺目可观。有定窑、饶窑者，有倭盒三子、五子者。有倭撞可携游，必须子口紧密，不泄香气方妙。"^{（1）}

香盒种类繁多，形状各异，大者易与印泥盒混淆，或互用。通常，香盒相对较小，

（1）见《长物志·考槃余事》，（明）文震亨、屠隆著，浙江人民美术出版社2011年版，第297页。

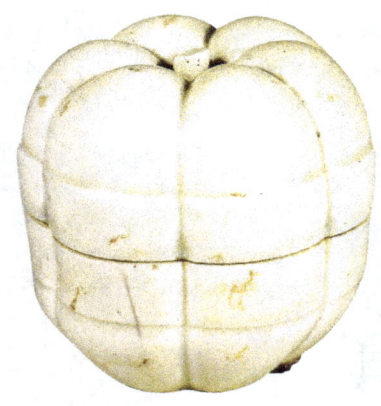

图一　景德镇陶瓷馆藏南宋湖田窑瓜形香盒

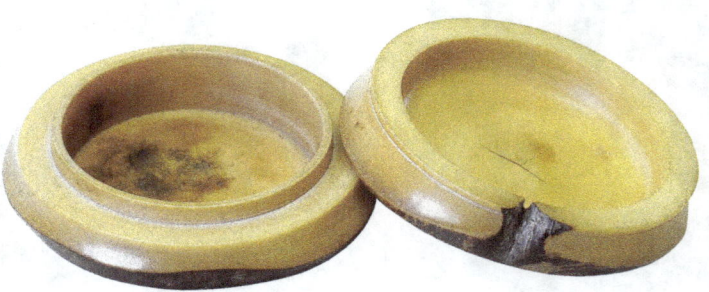

图二　清象牙香盒

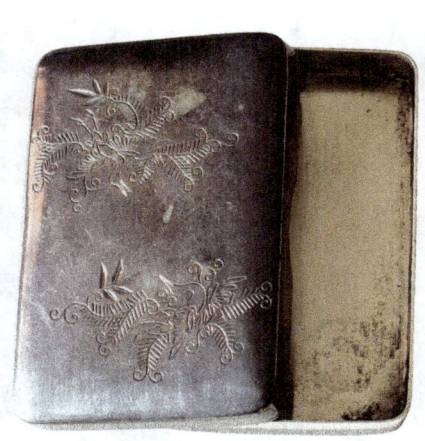

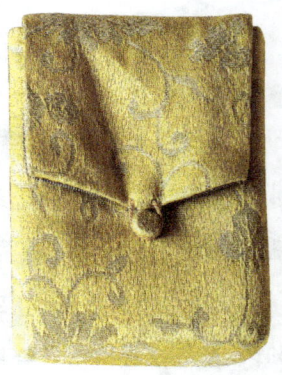

图三　日本中川净益制银香盒

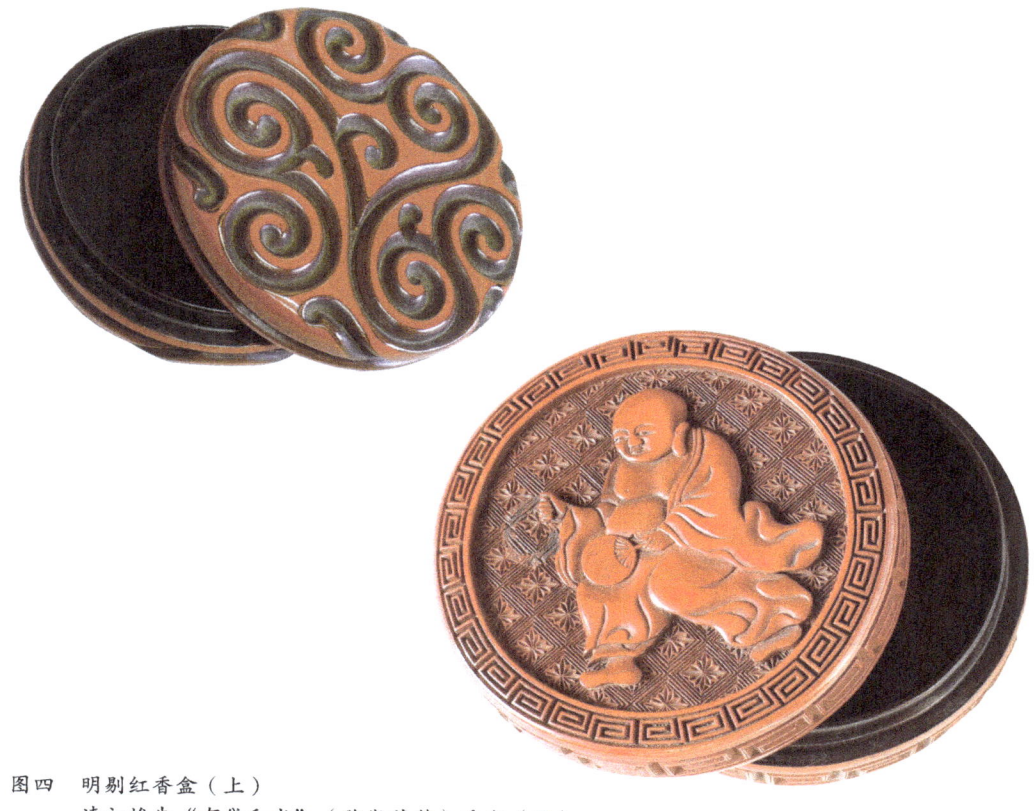

图四 明剔红香盒（上）
　　　清初堆朱"布袋和尚"（弥勒菩萨）香盒（下）

趋于扁平，而印泥盒较大，且有一定的深度，以便装盛一定量的印泥而不粘到盒盖。

还有一种香罐，是用来储存瓣香、末香或塔香等香品的小罐子，也可以说是香盒的一种。大小通常是依个人习惯选用，一般采用木制、可以密封的不透气圆罐或方罐。如果家中有数种不同香品，建议要将不同的香品分别储存。

香筒

香筒有两种概念，其一是焚烧线香用的筒状香薰具，又称"香笼"。造型多为长而直的圆筒，上有平顶盖，下有扁平的承座，外壁镂空成各种花样，筒内设有小插管，以便于安插线香。这类的，属于香炉的别种，其质材多为竹、木、象牙、玉石等，也有铜制，如前一章图二十五。其二，是盛线香用的筒盒，以便出行时携带使用。材质多竹、木、象牙、漆器、瓷器等，轻便而易于携带。竹木中多以湘妃竹（图五）、斑竹（图六）、煤竹、紫檀、红木、黄杨木等名贵材料为佳为美，也有雕以诗文、花鸟虫鱼、山水人物等等的，明清竹木牙雕香筒不乏名家精品之作。宫廷制作中还

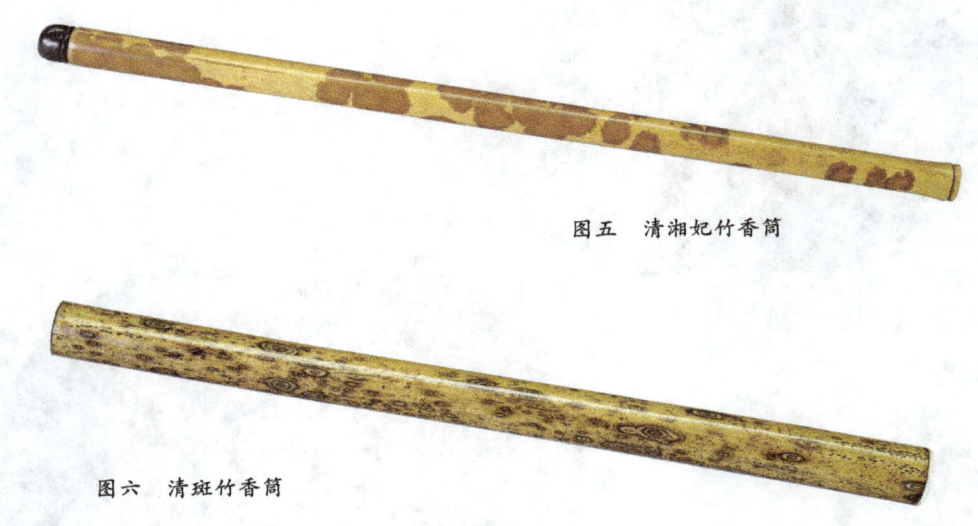

图五　清湘妃竹香筒

图六　清斑竹香筒

有玉器、瓷器香筒，高贵而雅致。

香盘

香盘也有多种含义。其一，是焚香用的扁平承盘，一般是用坚硬的木材如紫檀、红木等，还常见有陶瓷或铜、银等金属做成碟子状，形状有方形、圆形、菩提叶形等。使用时，在盘中盛香末压成连续字形，如寿字或某些梵字，直接点火焚烧。这种情况，类似于香炉，或者说是香炉的一种别格。其二，是盛放香炉、香插等香具的盛盘，这时的"香盘"多为木制、金属制、漆器等制成，与茶盘或可通用。香具有时需要搬动，就必须要有盛盘，而且，在点燃香炉、香薰、香插时，香灰会随风飘落，为使香灰不至于四处散落，影响环境整洁，也需要有个盛盘，使香灰落在香盘里，此时的香盘就是作为承接线香燃烧后香灰的香器。

香箸

香箸即"香筷"。形状细长，成对使用，一般做成前端圆形稍细、后端方形稍粗，用来夹取香炉中的碎炭火和香片等，因其形状与筷子相同，被称之为"香筷"，而较筷子小巧。通常多为金、银、铜、铜鎏金等金属制成，也有见竹、木、牙、玉等镶金属头者。木材中，多使用紫檀、红木，以其坚硬而不变形。形制较小，与火炉烧烤时夹木炭等而使用的大火筷有所区别。

香铲

一般用来拨压香灰，或在品香时在香灰中挖掘放置炭火的小洞或压平香灰之用，造型为细长柄，底部呈圆形，像一把与香筷相配的小铲子，故称之为"香铲"，制作、大小与香筷相类，皆小型器物。所制往往与香筷配套，多以金、银、铜等金属制作，或竹木牙镶金属头。

香匙

香匙用于盛取粉末状或丸状香品。形状类似于一把小匙，制作、形制与前述"香筷""香铲"相匹配，多作为小型香具（套具）中的一种而存在。

香夹

香夹用于夹取香品。类似于夹子、镊子，制作、材料都与前述"香筷"等相通，通常配套制作。

香灰掸

用于扫香灰，一般用珍禽羽毛制作而成，把手则是银、铜、竹木牙等等，通常与前述"香筷"等配套使用。（图七）

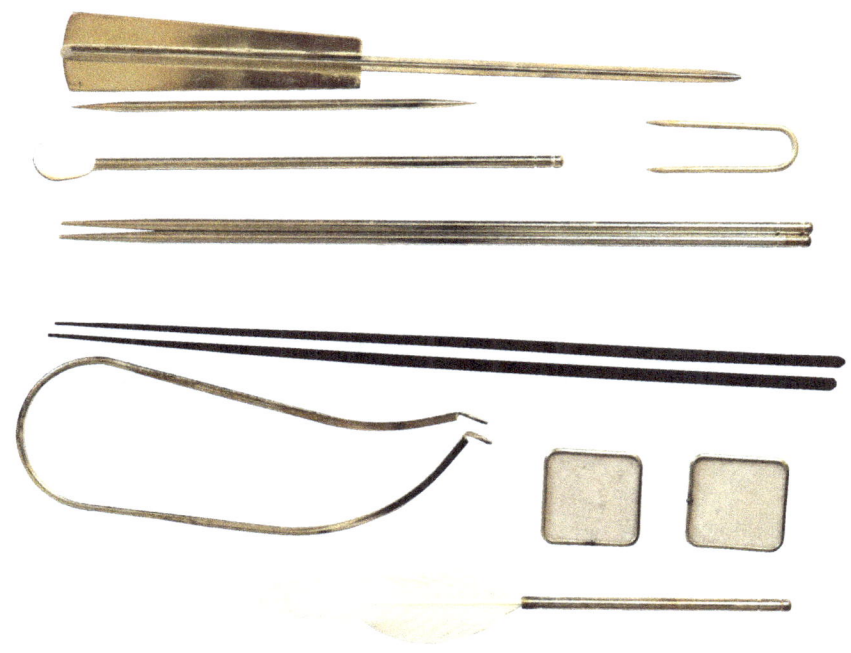

图七　香道具一组

香具插瓶

插香具如：香筷、香铲、香匙、香夹、香灰掸等等，套件多配有香具插瓶。制作多玉、金、银、铜、铜鎏金、象牙、水晶、竹木等。插瓶器物较小，大小与鼻烟壶相仿，甚至更小。制作多精巧、雅致。

《红楼梦》第五三回有这样的描述："这里贾母花厅上摆了十来席酒，每席帝边设一几，几上设炉瓶三事，焚着御赐百合宫香。"清代供此三事者常见，但也不是必然。

香炉台

常见古代绘画中有香炉置于博古架者，也有置于书桌之上者，或供于佛前者，亦多置于专用香炉台者。（图八）除了一些专用与放置香炉的台子之外，多见有各种台子，通用于摆置香炉、杂件、茶道具等等。所见以木制最多，而以紫檀（图九）、黄花梨、红木、瘿木、黄杨木等名贵木材受文人雅士所钟爱。其他则有竹制香炉台者，以湘妃竹台为最佳。亦有竹木漆器混合制作者。其功用，则以美观为主，附加承接香灰以不至于香灰四散。

焚香诸具中，余尤爱香炉台，特别是那些材料名贵、形制精美的台子，能使香炉锦上添花，而于闻香之外，别添雅趣。（图十）有时，花架、花几、茶盘也可转作香架、

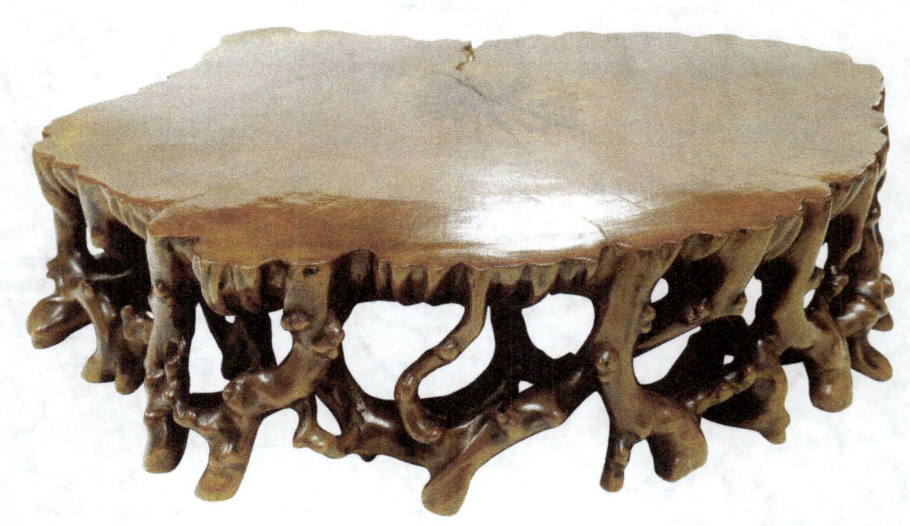

图八　清代黄杨木雕香炉台

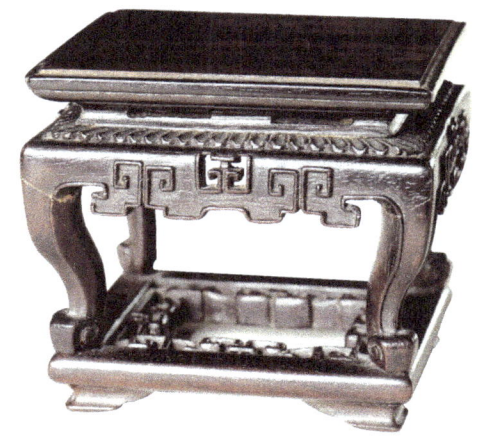

图九　紫檀制小台

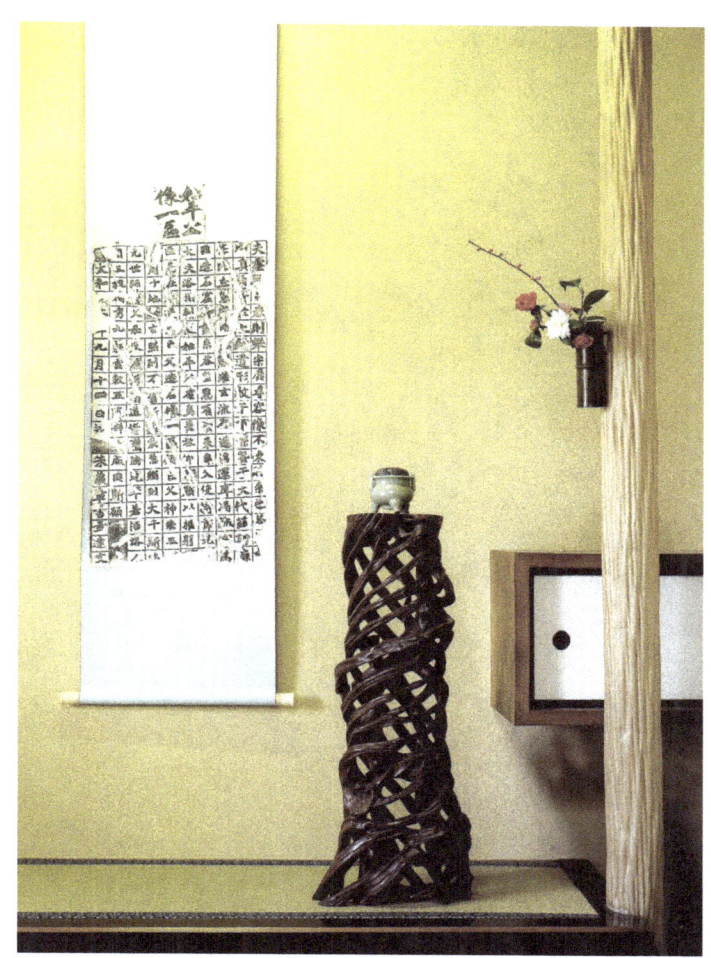

图十　整木雕仿天然藤根盘曲镶瘿木面香炉高台

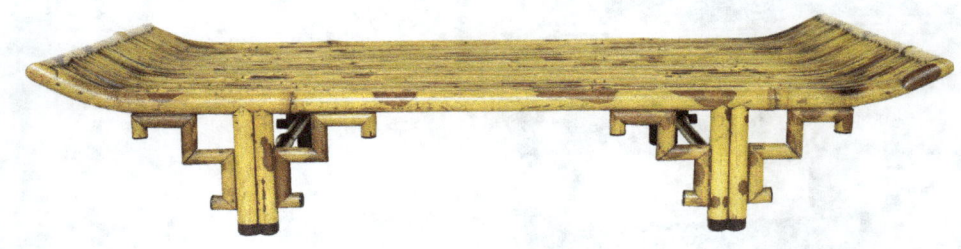

图十一　清湘妃竹制香几

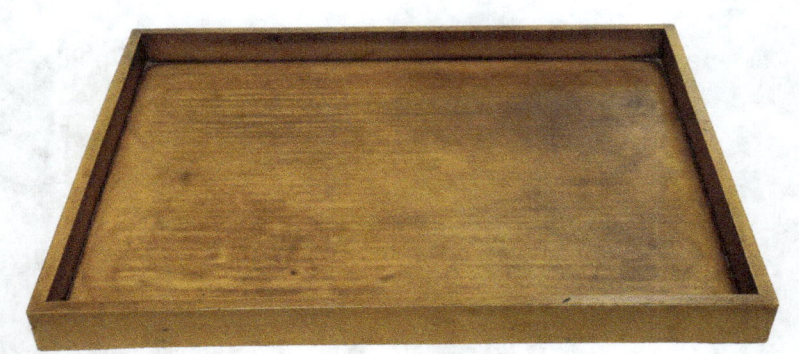

图十二　清文竹香盆

香几、香盘^(图十一、图十二)，属于香台的另一种形式。《遵生八笺》"燕闲清赏笺"中有专论，可参考。⁽²⁾

　　文玩本身讲求摆设，而台子的重要性，则类似于上好的马鞍之配于名马。

（2）见《遵生八笺》，（明）高濂著，赵立勋、阙再忠等校注，人民卫生出版社1994年版，P553。

茶和茶道具

　　东方人的饮茶习惯，犹如西方人喝咖啡，而把喝茶当作一种神圣的仪式，发展为"茶道"，这又是西方人所不及的。文人墨客之饮茶，虽无专门仪式，却是日常生活中所必不可少的一项内容。因此，在其文房之中，必备有上等好茶，以及相应的既实用又高雅、美观的茶道具。（图一、图二、图三）多数茶道具，还可作为文房的重要摆设，以增添雅趣。

　　"茶"原为中国南方的嘉木，属于山茶科，为常绿灌木或小乔木植物，植株一般为一至六米。茶树适宜在热带、亚热带湿润的气候生长，初为天然生，后被人工种植。现在，我国长江流域以南地区广泛种植，长江以北种植量较少，与气候有关。茶树虽为灌木，但可取其嫩叶，加工后饮用。从其被发现至今至少两千余年，经我国又传至朝鲜、日本以及东南亚、南亚乃至世界各地。长期的种植、改善、制作、饮用，茶叶已发展成为品种繁多的世界最著名的健康饮品。

　　加工后的茶叶，泡水后饮用，有提神、利尿等功效。对于茶的提神功用，早为

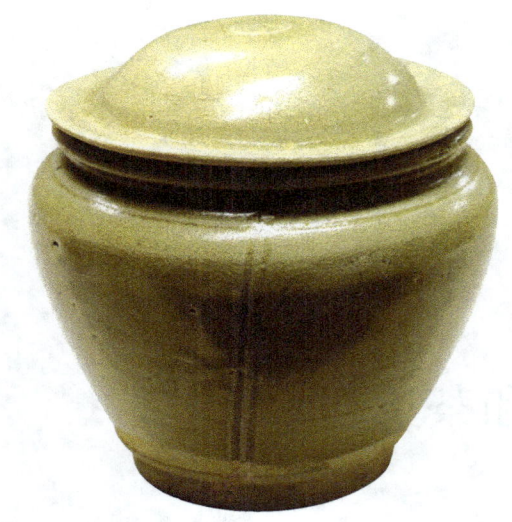

图一　北宋越窑青瓷盖罐

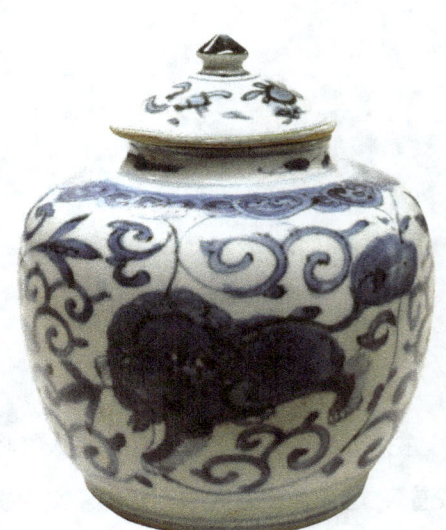

图二　明青花狮子牡丹纹茶罐

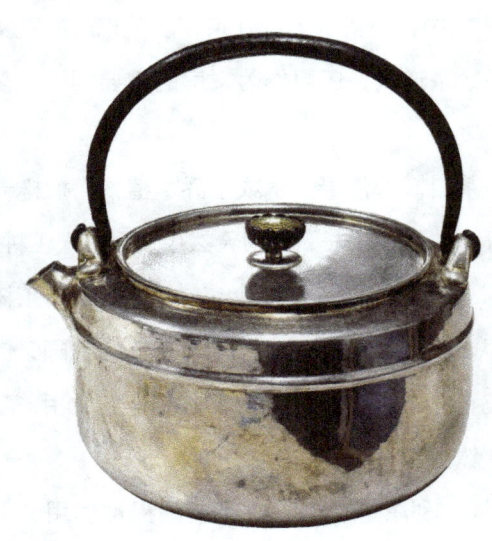

图三　日本金工名家北村静香造一枚打纯银汤沸（银瓶）纯金摘、铁把

我国先人所知，唐代陆羽《茶经》中引用《神农食经》："茶茗久服，令人有力、悦志。"^{（1）}又说："至若救渴，饮之以浆；蠲忧忿，饮之以酒；荡昏寐，饮之以茶。"^{（2）}

茶树通常种植三年以后就可以采叶子，有时第二年就可以采摘。一般清明前采摘长出三至五个叶的嫩芽，用这种嫩芽制作的茶叶质量较好，称之为"明前茶"。不过，多数为清明后采摘，有的地方和品种也有夏季、秋季采摘的，其口味有所不同。

据传，三皇五帝时代的神农有以茶解毒的故事，黄帝则姓姬名茶，"茶"即古"茶"字。茶的名称古时很多，根据《茶经·七之事》所载，周公《尔雅》：槚，苦茶；西汉司马相如的《凡将篇》称："荈诧"；西汉末年，在扬雄的《方言》中称为"蔎"；《三国志·吴志·韦曜传》称："茶荈"，凡此等等。^{（3）}唐陆羽在《茶经》中总结道："其名，一曰茶，二曰槚，三曰蔎，四曰茗，五曰荈。"^{（4）}《茶经》共十篇，记录了"茶之源、之具、之造、之器、之煮、之饮、之事、之出、之略、之图"，把茶的名称、器具、采摘、加工、制作、饮用的方法以及历史典故等等做了详细的记述，这从一个方面告诉我们茶的历史，以及唐代饮茶的习俗。《茶经》被后人誉为饮茶经典，陆羽也被尊为"茶圣"。

根据《茶经》的记载，古人饮茶之"茶"，与现在意义上的泡茶、沏茶有一定的区别。《茶经》引用《广雅》云："荆、巴间采叶作饼，叶老者，饼成，以米膏出之，欲煮茗饮，先灸令赤色，捣末置瓷器中，以汤浇覆之，用葱、姜、橘子芼之，其饮醒酒，令人不眠。"^{（5）}可知，早年的茶，制成茶末，调制引用。到宋代，饮茶的习惯又有了发展，出现了斗茶等等。而抹茶的饮用，则多为开水冲沏调制而成，这些习惯在南宋时通过日本赴华留学的禅宗僧人传到了日本，在日本生根发芽，并形成仪式，称之为"茶道"。在中国，经过元人的习俗改变，宋以前的习惯却没能延续下来。元人饮茶与现在蒙古人的奶茶习惯相类，也属于古法之一，是唐代煮茶习俗传至游牧民族，结合他们的生活环境、条件而形成的一种煮茶方法。

明代复古之风兴起，蒙人的煮茶习惯又被改变，然而，明代人很难了解元以前的生活习惯，从而形成了新的饮茶方法，也就是传至今日的泡茶或者说沏茶的习惯。从茶叶的制作、饮用，都完全改变了方法。

（1）见《茶经·续茶经》，（唐）陆羽、（清）陆廷灿著，中州古籍出版社2015年版，P41。
（2）同上，P38。
（3）同上，P41—42。
（4）同上，P15。
（5）同上，P42。

明代的冲沏方法在清代得以继续并发展、普及，直至今日而长盛不衰。

明末清初隐元和尚（1592—1673）把这种习惯带到了日本，在日本开始形成了抹茶之外的饮茶方法，即所谓的"煎茶"，这种方法在茶人的影响下，逐渐走向民间，成为百姓喝茶的一种普遍性方法。虽然也有"煎茶道"，但仪式性被实用性所取代，而煎茶的"道"渐渐走向衰落。近年，日本的煎茶道以及道具，得到国内茶文化爱好者们的普遍认同和欢迎，这样，隐元和尚带到日本的饮茶方式，开始回流国内，部分方法、习惯、道具通过台湾传到大陆，形成目前国内的饮茶，特别是文人茶文化的主流。追溯其历史，属于明代的传统。当然，普通饮茶属于饮料，是经过两千年以上的变迁，习惯、方法在不断更改、普及所致。今日，以中国为主的亚洲国家，甚至世界各国，"饮茶"已成为家家户户必不可缺的一种饮品，无论是吃饭、喝酒之际，还是工作之余，都是最为普及的一种饮料。这些，跟我们所说的文人茶文化略有区别。

文人的讲究，以其高层次的精品意识，使得文人们在饮茶之时，超凡脱俗，与普通的茶饮料拉开距离。而这，与隐元带到日本的"煎茶道"非常相近，与仪式性的宋代"（抹茶）茶道"近而有别。其共通性，皆是通过饮茶追求澄心静气，陶冶情操，去除浮杂，内省修身。同时，以茶会友，并通过观赏、使用美轮美奂的古雅茶道具而提升审美意识，美心修德。日本茶道归纳为"和敬清寂"四字，是极其恰当的，这也正是文人饮茶所追求的境界。文人饮茶与"茶道"的区别，类似于文人闻香与"香道"之别。文人饮茶注重修身养性和雅玩观赏，茶道则更注重仪式。

茶品发展至今日，其种类也繁多，根据制作后的类型不同，当今中国茶有六大类：红茶、绿茶、黑茶、黄茶、青茶（乌龙茶等）和白茶。其中以饮绿茶、青茶、红茶最为普及，占饮茶人口的一多半。根据习惯性称呼分类，有：绿茶、红茶、花茶、乌龙茶、白茶、砖茶、普洱茶等等，具体种类，常以地名等命名，其中绿茶种类最多。中国绿茶十大名茶：西湖龙井、太湖碧螺春、黄山毛峰、六安瓜片、君山银针、信阳毛尖、太平猴魁、庐山云雾、四川蒙顶、顾渚紫笋等。红茶有安徽祁红、云南滇红、湖北宣红、四川川红、福建大红袍（也有将大红袍列为乌龙茶类者）等。乌龙茶，则以福建铁观音、武夷岩茶，台湾高山乌龙、洞顶乌龙以及广东的凤凰单枞等为著名。茶的种类总计超过千数，难详其尽。产地，则以江淮流域以南各省为普遍，浙江、福建、四川、安徽、广东、云南、台湾等产量最多。从饮茶的习惯看，江淮流域习惯喝绿茶，北方多喝花茶，福建、广东多喝乌龙茶。当然，随着经济的发达，地域差在逐渐缩小，原先仅限于两广、云贵、福建、台湾等地的乌龙茶、红茶、普洱茶等半发酵、全发酵的茶种在不断普及，受众面扩大。

饮茶因人而异，加之地域之差、性情之别，季节不同，饮什么茶乃至习俗也不一样，主客的嗜好也有不同，因此备上各种名贵好茶以及茶道具，便是文人所必需的一项内容。

有条件的，于文房之外单辟出一处作为茶室，以备茶饮。如不能构筑茶室，则于文房内设一处茶几亦可，文房与茶室当可通用。文人于读书、赏鉴雅玩，或与友人谈古论今，品茗注定不可或缺。唐代诗人韩翃《为田神玉谢赐茶表》云："荣分紫笋，宠降朱宫。味足蠲邪，助其正直。香堪愈疾，沃以勤劳。饮德相欢，抚心是荷。前朝飨士，往典犒军。皆是循常，非关特达。顾唯何幸，忽被殊私。吴主礼贤，方闻置茗。晋臣爱客，才有分茶。"宋徽宗《大观茶论序》云："至若茶之为物，擅瓯闽之秀气，钟山川之灵禀，祛襟涤滞，致清导和，则非庸人孺子可得而知矣，冲澹闲洁，韵高致静。则非遑遽之时可得而好尚矣。"茶事正适合于文人。（图四、图五、图六）

喝茶，自然少不了茶具。犹如焚香缺不得香具一样。茶具，在历史的演变中，逐渐强化为"茶文化"的重要内容，除了饮茶本身之外，典雅、古美的器具，更为文人墨客所好，使用的同时也成为文房把玩、收藏、摆设的一个选项。

茶具，古代亦称茶器或茗器。据西汉辞赋家王褒在《僮约》中有"烹茶尽具""武阳买茶"的内容，是最早关于饮茶、买茶的记载。由这一记载可以知道，四川地区是最早饮茶的地区；武阳（今四川彭山）是当时茶叶的主产区，已经有了茶叶市场，也可想见饮茶者已众。

唐宋元明诗人也常常写到"茶具"。白居易《睡后茶兴忆杨同州》诗句："此处置绳床，旁边洗茶器。"唐代文学家皮日休《褚家林亭》诗句曰："萧疏桂影移茶具，狼藉荡花上钓筒。"皮日休还有《茶中杂咏·茶具》诗数首。宋、元、明几个朝代，"茶具"一词在各种书籍中都可以看到，南宋朱弁《曲洧旧闻》卷三："范蜀公与司马温公同游嵩山，各携茶以行。温公以纸为帖，蜀公用小木合子盛之，温公见而惊曰：'景仁乃有茶具也。'蜀公闻其言，留合与寺僧而去。后来士大夫茶具，精丽极世间之工巧，而心犹未厌。晁以道尝以此语客，客曰：'使温公见今日茶具，又不知云如何也。'"宋熊蕃著《宣和北苑贡茶录》和《北苑别录》，其中记载茶具有：银模、银圈、竹圈、铜圈等。梅尧臣（1002—1060）有《谢晏太祝遗双井茶五品茶具四枚》诗。北宋画家文同（1018—

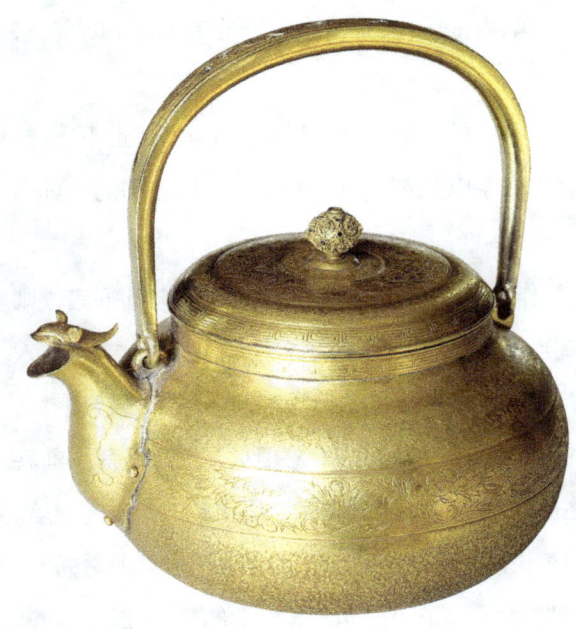

图四　日本金工名家名越昌晴仿唐人刻缠枝花卉纹纯金茶壶

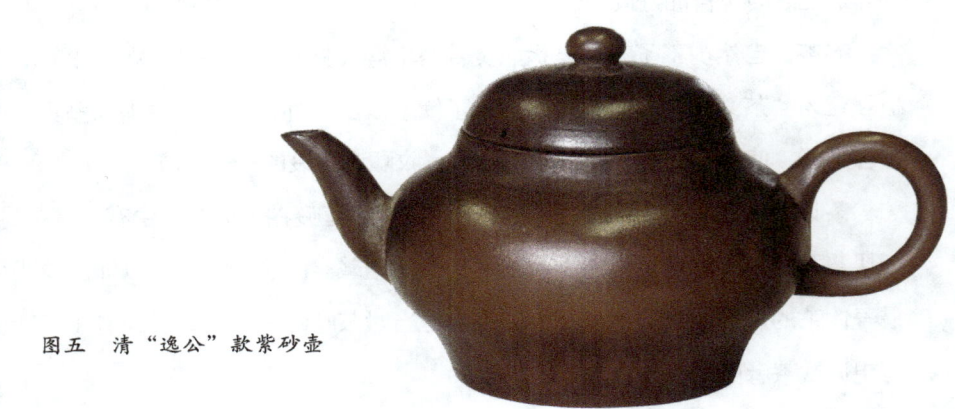

图五　清"逸公"款紫砂壶

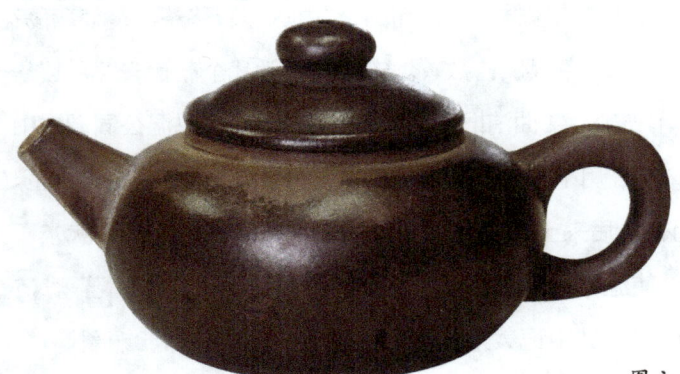

图六　清葛明昌制紫砂壶

1079)《送提刑司勋》有"唯携茶具赏幽绝"的诗句。明万历年间陈诗教《灌园史》载："卢廷璧嗜茶成癖，号茶庵。尝蓄元僧讵可庭茶具十事，具衣冠拜之。"凡此等等，不难看出，唐宋元明文人以饮茶为雅兴，以茶具为必备品。

唐代陆羽《茶经·四之器》中谈道茶具：风炉、筥、炭挝、火䇲、鍑、交床、夹、纸囊、碾、罗合、则、水方、漉水囊、瓢、竹䇲、鹾簋、熟盂、碗、畚、札、涤方、滓方、巾、具列、都篮。这些器具是针对当时的制茶、饮茶法而言的，饮茶习惯唐之后有所改变，因此，器具有的还沿用，有的已经淡出日常饮茶。

唐以后，煮茶演变为沏茶法。现在日本流行的茶道调制抹茶的方法，是南宋禅宗寺院的饮茶法，传至日本，经日本继承发扬而演变成"茶道"。宋代的饮茶主要以点茶为主，煎茶为辅，在点茶基础上升华为斗茶、分茶和茶百戏。（图七、图八）

元代为蒙古人所统治，北方所饮之茶，类似于现在的砖茶、奶茶，而与宋代饮茶法，特别是南宋的抹茶等完全不是一个类别。因此，经过元代，宋人的饮茶法又为之一变。明洪武期间，皇上宣布废止团茶制作，据明沈德符《野获编补遗》记载："国初四方供茶以建宁、阳羡茶品为上，时犹仍宋制，所进者俱碾而揉之为大小龙团。至洪武二十四年九月，上以重劳民力，罢造龙团，唯采茶芽以进。其品有四，曰：探春，先春、次春、紫笋。置茶户五百，免其徭役。按：茶加香物捣为细饼，已失真味。宋时又有宫中绣茶之制，尤为水厄中第一厄。今人唯取初萌之精者，汲泉置鼎，一沦便啜，遂开千古茗饮之宗。乃不知我太祖实首辟此法，真所谓圣人先得我心也。陆鸿渐有灵必俯首服，蔡君谟在地下亦咂舌退矣。"由此散茶流行，成了我们现在所知的煎茶沏茶法。

文震亨《长物志》"茶品"写道："古今论茶事者，无虑数十家，若鸿渐之经，君谟之录，可谓尽善。然其时法用熟碾为丸、为挺，故所称有龙凤团、小龙团、密云龙、瑞云翔龙。至宣和间，始以茶色白者为贵。漕臣郑可闻，始创为银丝冰芽，以茶剔叶取心，清泉渍之，去龙脑诸香，唯新胯小龙蜿蜒其上，称龙团胜雪，当时以为不更之法。而吾朝所尚又不同，其烹试之法，亦与前人异。然简便异常，天趣悉备，可谓尽茶之真味矣。至于洗茶、候汤、择器，皆各有法，宁特侈言乌府、云屯、苦节、建城等目而已哉。"（6）可见，明代的饮茶与唐宋有别。

（6）见《长物志·考槃余事》，（明）文震亨、屠隆著，浙江人民美术出版社 2011 年版，P157。

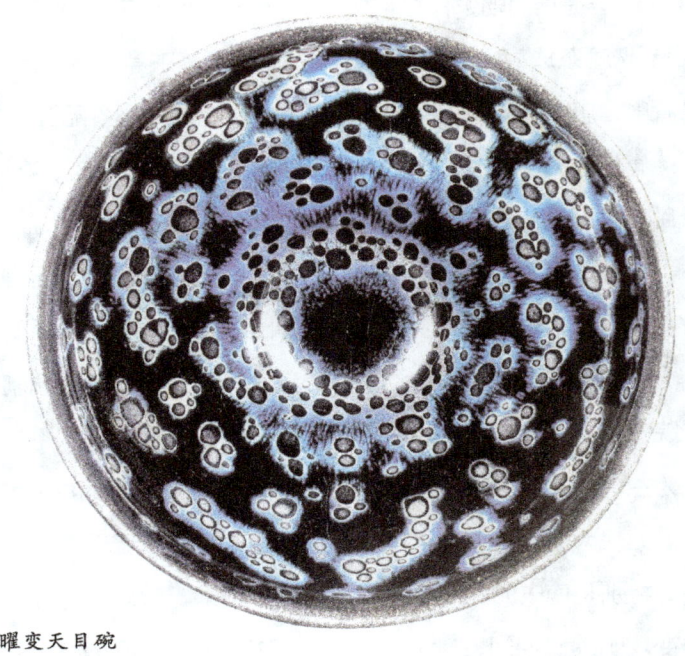

图七　日本静嘉堂文库藏曜变天目碗

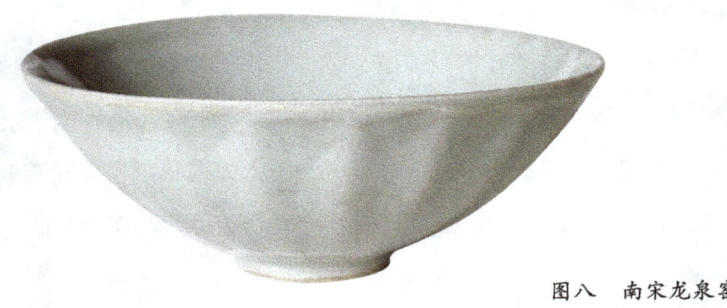

图八　南宋龙泉窑青瓷莲瓣纹碗

　　屠隆《考槃余事》专列"茶寮"一项，云："构一斗室，相傍书斋，内设茶具。教一童子专主茶役，以供长日清谈，寒宵兀坐。幽人首务，不可少废者。"又，"茶具"有："苦节君，湘竹风炉。建城，藏茶箬笼。湘筠焙，焙茶箱盖其上，以收火气也，隔其中以有容也，纳火其下，去茶尺许，所以养茶色香味也。云屯，泉缶。乌府，盛炭篮。水曹，涤器桶。鸣泉，煮茶罐。品司，编竹为撞，收贮各品茶叶。沉垢，古茶洗。分盈，水杓，即《茶经》水则，每两升用茶一两。执权，准茶秤，每茶一两用水二升。合香，藏日支茶瓶以贮司品者。归洁，竹筅帚用以涤壶。漉尘，洗茶篮。商象，古石鼎。递火，铜火斗。降红，铜火箸不用联索。团风，湘竹扇。注春，茶壶。静沸，竹架，即《茶经》支腹。运锋，劖果刀。啜香，茶瓯。撩云，竹茶匙。甘钝，木砧墩。纳致，_{湘竹茶橐。}易持，_{纳茶漆雕秘阁。}受污。_{拭抹布。}"^{（7）}

高濂《遵生八笺》"饮馔服食笺"中专列"茶具十六器"和"总贮茶器七具"，所列与前述大同小异，可见明时茶具的基本品类。

《长物志》所载比较简单，除乌府、云屯、苦节、建城外，有：茶洗、茶垆、汤瓶、茶壶、茶盏。^{（8）}

这些茶具，听起来非常讲究，许多名词，因其阳春白雪，在历史的发展过程中，没有得到传承，而为后世遗忘。

清代，文化层面上，基本是全面继承明代，清宫的特别制作，使得清代茶具更为华丽而高端，同时，全面普及，走向民间化。饮茶成为大众生活饮食文化的一个组成部分。清代宫廷饮茶讲究排场，茶具自然精美绝伦。而民间饮茶则率性随意，茶具也多了几分野逸之气。

清末之后，社会动荡，经济衰落，各种传统文化受到影响，茶文化也不例外。除了文人雅兴尚存古意之外，民间不断"大碗茶"化，器具也不断式微，制作则以仿古、假冒为多。而真正再次重振茶文化，则在近二三十年。

现在，我们常见的茶具，相比日本的茶道，少了许多。古人的茶具，多半已经成为收藏品类，特别是唐宋元茶具，往往不知其实际用途，或者说很难判断器具的真实使用方法。

由于饮茶与水有关，还与高温有关，因此，所使用的器具必有耐水温、耐水浸泡等特性。从现时依旧可用的茶具看，陶、瓷器居多，竹木器、漆器较少，其他有金银铜锡等金属器皿，还有玉器类、石器类者，不多见。近世玻璃制品盛行，大有与瓷器抗衡之势。

通常，煮水器以金属类为主，如水壶类^{（图九、图十、图十一）}；沏茶、泡茶具如茶壶、杯碗等，则以陶瓷类为主；贮茶器，则以锡、瓷为主，易于密封；盛盘类，以竹木器、漆器为主，以其耐水、轻便，不易摔坏之故；取茶器类，如茶则，各种材料均有所见，竹木牙雕、金属炼制等等。

陶器以紫砂为主，现代陶器则是受日本影响，逐渐开始流行，瓷器，古时越窑、

（7）见《长物志·考槃余事》，（明）文震亨、屠隆著，浙江人民美术出版社2011年版，P336。
（8）同上，P160—161。

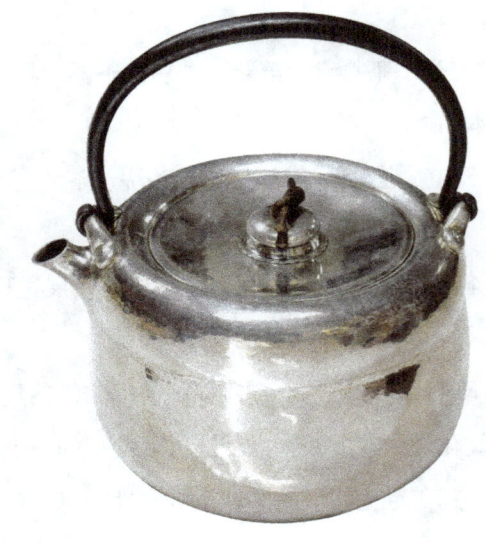

图九　日本北村静香制瓢形银壶（一枚打，铁把）

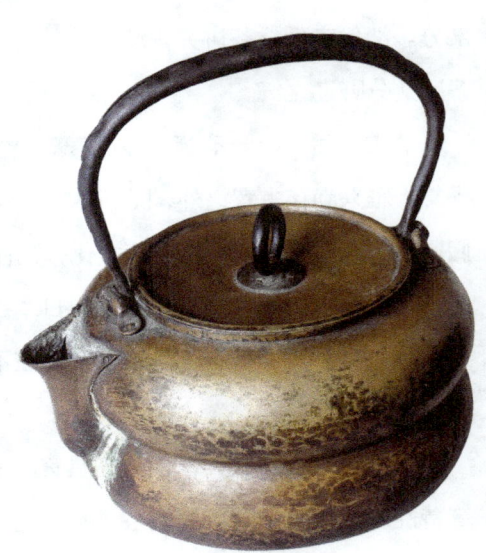

图十　日本真边静良制铜打出瓢型水壶

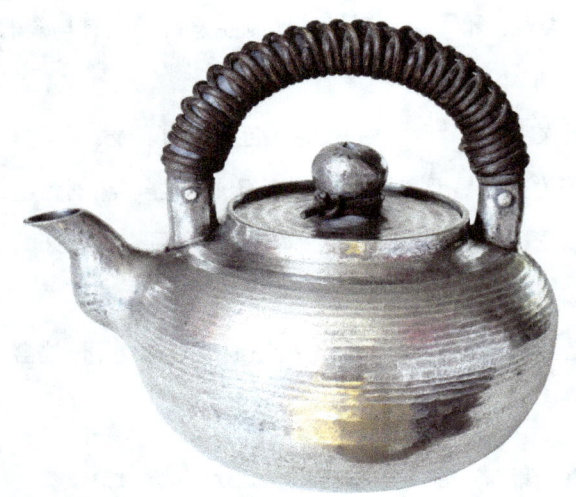

图十一　日本德力造一枚打纯银壶

龙泉窑青瓷，定窑、邢窑白瓷，建窑、吉州窑等黑瓷等等，明以后则以青花瓷类居多，其他还有粉彩、单色釉瓷类等等，竹木漆器，自古有之，而以元明以及历代宫廷制作为精致。

近年，兴起日本煎茶道具，特别是金瓶、铁瓶、银瓶、急须等等，各种煎茶道具不断流向中国。

由于现在通行喝散茶，所以现在常见的茶具大约有：茶杯、茶壶、茶碗、茶盏、茶碟、茶盘、茶托、茶炉、水壶、茶则、茶叶罐、茶勺等沏茶、饮茶用具。

茶杯、茶盏、茶碗都是盛茶水的器具。细分有些区别。一般来说，茶杯历史最悠久，大约战国就出现了原始青瓷杯，起初是饮酒用具，汉后酒、茶兼用。从出土情况看，隋代多为直口、平底的青釉小杯。唐代的三彩釉陶杯甚有特色，当时还流行盘与数只小杯组合成套的饮具^{（图十二）}。宋元流行茶盏，而茶杯较少。明代茶杯流行，传世明晚期的青花小茶杯较多^{（图十三、图十四、图十五）}，特别是日本作为煎茶饮茶具使用，较为常见。茶杯大致可分为大小式样，小茶杯通常适合饮用乌龙茶、白茶、砖茶、普洱茶、红茶类，大杯适合饮用绿茶、花茶类。

茶盏基本器型为敞口小足，斜直壁，一般较饭碗小，较酒杯大。茶盏在东晋时已有制作，唐代及五代时期的茶盏有南方越窑和北方邢窑。唐时茶盏又称"瓯"，敞口，斜直腹壁、玉璧底足为常见。越窑盏多配有盏托，以便固定茶盏而不易歪倒。传世茶盏托，除瓷制外，多漆制。邢窑盏则以"白如雪"而闻名。宋代斗茶之风大盛，因便

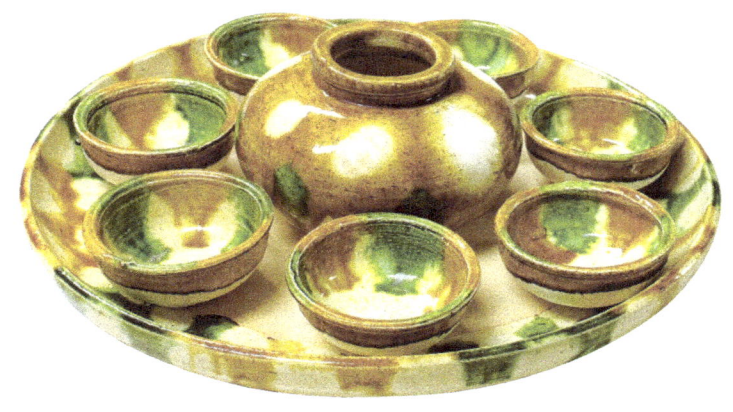

图十二　唐三彩茶具一套

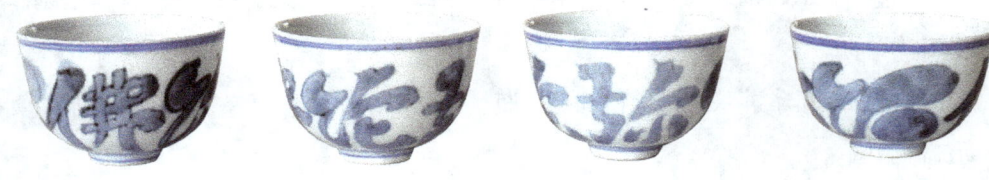

图十三 "大明成化年制"款青花"阿弥陀佛"茶杯四客

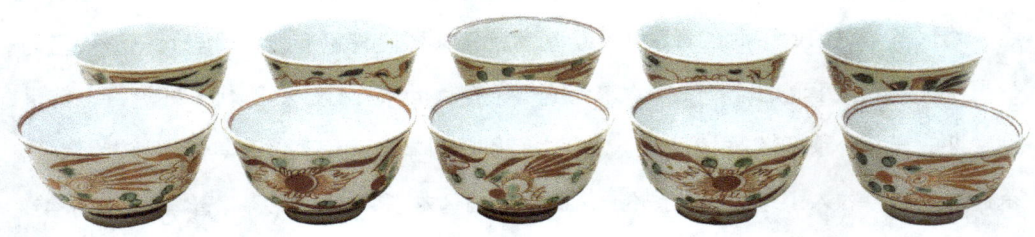

图十四 明晚期五彩凤凰纹茶杯十客

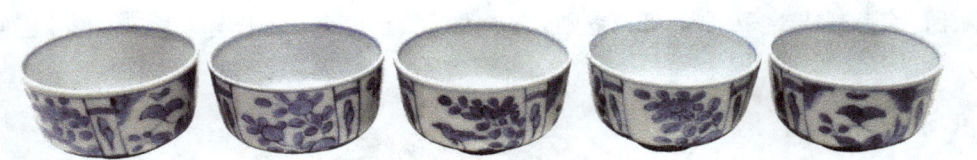

图十五 清早期青花花鸟纹茶杯五客

于观察茶沫白色的缘故,特别崇尚建窑黑釉盏^(图十六、图十七)。除建窑外,宋代的官窑、哥窑、定窑、钧窑、龙泉窑、吉州窑^(图十八)都普遍烧制茶盏。元以后,青花流行,茶盏多青花、白瓷、斗彩、粉彩、单色釉等等,丰富多彩。文震亨《长物志》云:"宣庙有尖足茶盏,料精式雅,质厚难冷,洁白如玉,可试茶色,盏中第一。世庙有坛盏,中有茶汤果酒,

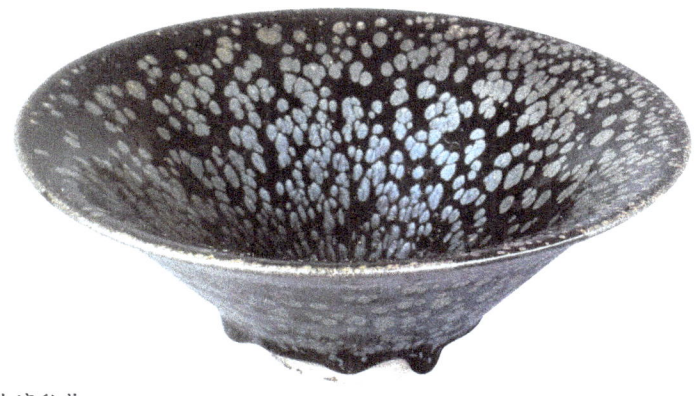

图十六　宋建窑油滴釉盏

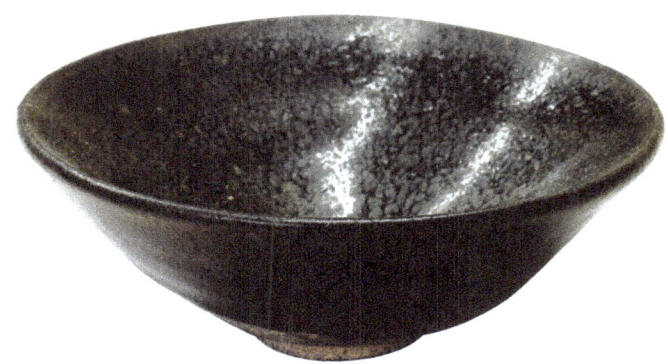

图十七　宋建窑黑釉盏

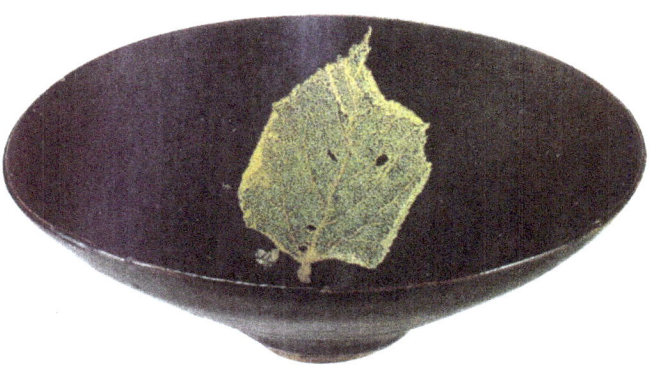

图十八　宋吉州窑贴叶盏

后有'金箓大醮坛用'等字者，亦佳。他如白定等窑，藏为玩器，不宜日用。"⁽⁹⁾

茶碗，种类繁多，大多与饮酒具、食具兼用，因此，酒杯、饭碗常常被用作茶碗。传世唐代茶碗较大，以越窑青瓷为贵。陆羽《茶经》云："碗，越州上，鼎州次，婺州次。岳州上，寿州、洪州次。"⁽¹⁰⁾宋时的茶盏比唐代茶碗略小，后人也有称之为"茶碗"者。清晚期盖碗流行，盖碗适合绿茶、花茶类，南方也有用盖碗泡乌龙茶类的。现在，一般认为比较大的盛茶用具称作茶碗，北京有"大碗茶"，所用茶碗直径超20厘米，类似于大饭碗。而较小的饮茶具称之为茶杯、茶盅，现在"茶盏"归类于茶碗，斗笠形的盏因其实用性差而日常生活中已经较少见。

茶壶⁽图十九、图二十、图二十一⁾，日本称之为"急须"，用来泡茶、斟茶用的带嘴的茶具。多数茶种需要经过茶壶冲泡，再注入茶杯中饮用。如乌龙茶、普洱茶、红茶等等。绿茶、花茶不宜使用茶壶，而直接在盖碗茶、茶杯中冲泡。白茶通常需要煮，则应使用别的煮茶器具。《长物志》云："壶以砂者为上，盖既不夺香，又无熟汤气。'供春'最贵，第形不雅，亦无差小者，时大彬所制，又太小。若得受水半升，而形制古洁者，取以注茶，更为适用。其'提梁'、'卧瓜'、'双桃'、'扇面'、'八棱细花'、'夹锡茶替'、'青花白地'诸俗式者，俱不可用。锡壶有赵良璧者，亦佳，然宜冬月间用。近时吴中'归锡'、嘉禾'黄锡'，价皆最高，然制小而俗。金、银俱不入品。"⁽¹¹⁾尽管文震亨这么说，数百年之后的今日，能得一把供春、时大彬制壶已非易事。明人制紫砂壶名家，还有李仲芳和徐友泉。清代有陈鸣远、惠孟臣、陈鸿寿、杨彭年和邵大亨等。在当代如顾景舟，堪称紫砂壶制作的集大成者，受人追捧。日本急须近年通过中国台湾的商贾，在中国大陆宣传，不断为饮茶爱好者们所重视，金急须、名家制银急须、南蛮急须、铁包银急须等等，广受好评。

曾见有直接口对壶嘴饮用者，颇不雅，文人雅士当戒之。

水壶，即汤瓶，煮水瓶，日本称"汤沸"⁽图二十二、图二十三⁾。宋徽宗《大观茶论》载："瓶宜金银，大小之制唯所裁给。注汤利害，独瓶之口嘴而已。嘴之口差大而宛直，则注汤力紧而不散。嘴之末欲圆小而峻削，则用汤有节而不滴沥。盖汤力紧则发速有节，

（９）见《长物志·考槃余事》，（明）文震亨、屠隆著，浙江人民美术出版社2011年版，P161。
（１０）见《茶经·续茶经》，（唐）陆羽、（清）陆廷灿著，中州古籍出版社2015版，P27。
（１１）见《长物志·考槃余事》，（明）文震亨、屠隆著，浙江人民美术出版社2011年版，P161。

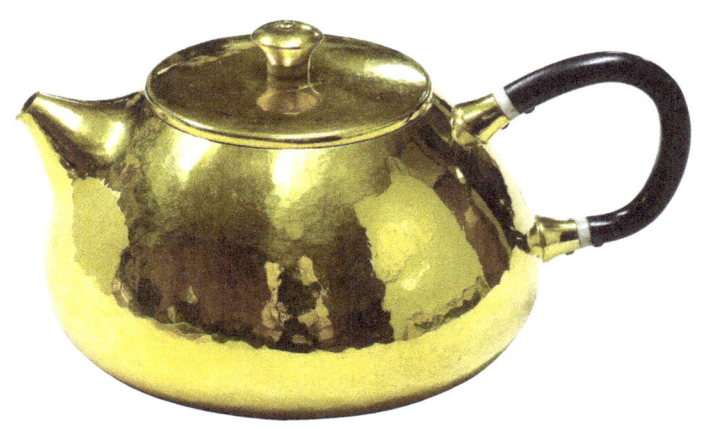

图十九　竹影堂荣真造纯金茶壶（急须）一枚打、铁把

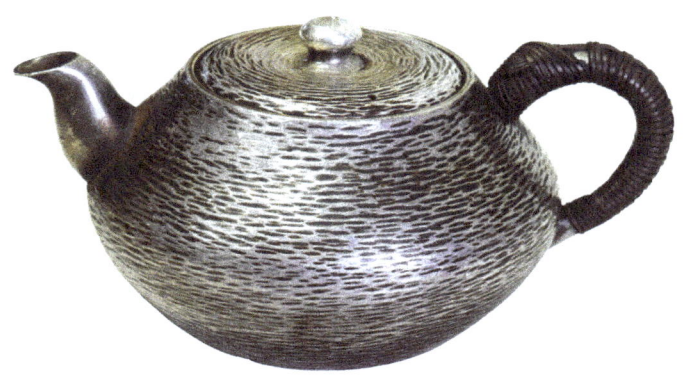

图二十　日本"光秋造"款纯银仿宜兴茶壶式急须

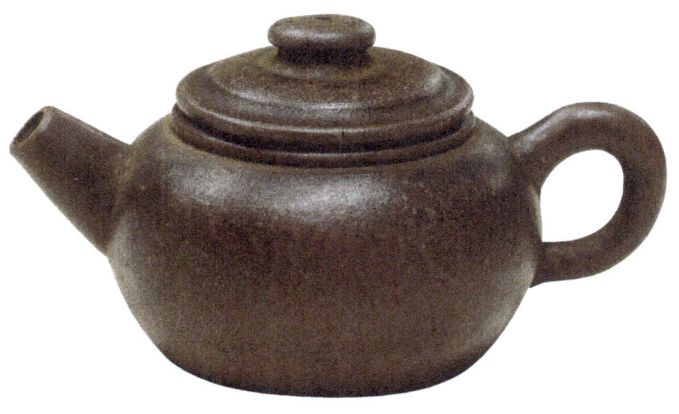

图二十一　清"孟臣"钤印楷书款紫砂壶

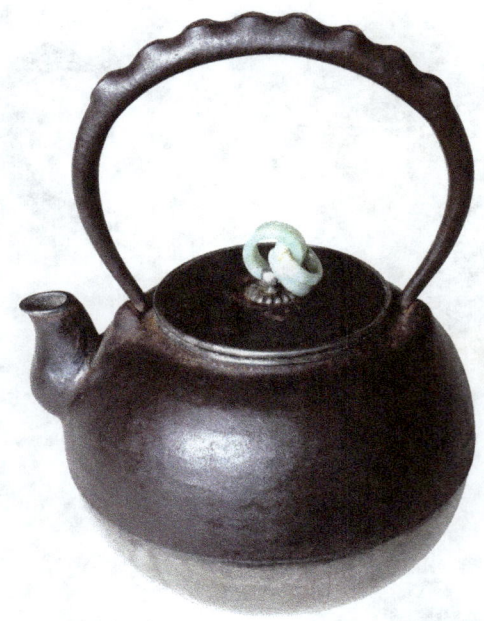

图二十二　日本一代宗师山田宗美（1871—1916）制铁包银汤沸

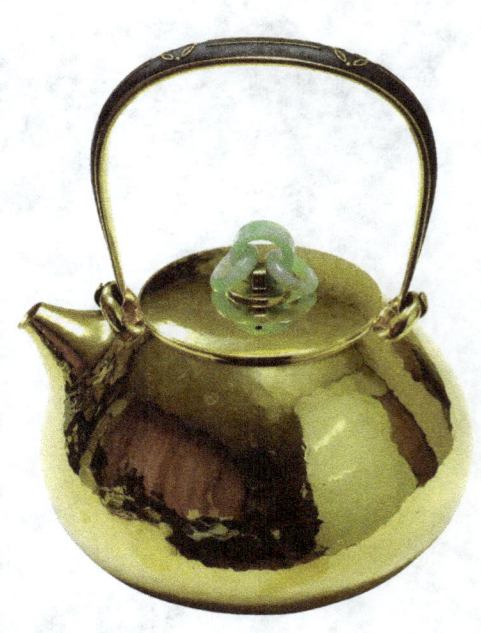

图二十三　竹影堂荣真制一枚打纯金翡翠摘汤沸

不滴沥则茶面不破。"(12)宋代尚金、银瓶。明屠隆《考槃余事》引蔡襄《茶录》所论云："凡瓶要小者，易侯汤，又点茶注汤相应。若瓶大啜存，停久味过，则不佳矣。所以

(１２)见《茶经·续茶经》，（唐）陆羽、（清）陆廷灿著，中州古籍出版社 2015 版，P167。

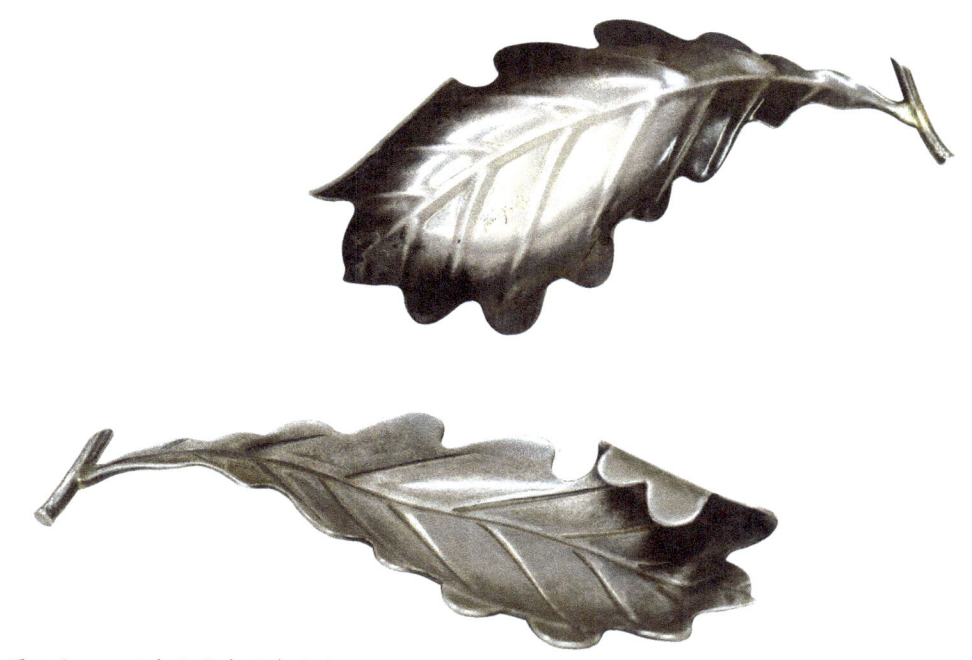

图二十四　日本十代中川净益造

策功建汤业者,金银为优,贫贱者不能具,则瓷石有足取焉。"(13)《长物志》云:"汤瓶,铅者为上,锡者次之,铜者不可用。形如竹筒者,既不漏火,又易点注。瓷瓶虽不夺汤气,然不适用,亦不雅观。"(14)水壶向来不太受重视,笔者浅见寡闻,宋元明代金、银水壶之前也未曾见过实物,民间多铜壶、铁皮壶以及锡、土瓶之类,近世多用暖水瓶,也有电水壶等等,不甚雅致,而不为文人墨客以及藏家所关注。日本煎茶道盛行一时,相关器具得到发展,加之彼有铸造铁壶风俗,又有锤打金银水壶工艺,更有铁包银、一枚打等极具难度的工艺制作,使得日本水壶成为当今茶道具的一个亮点。近年,金、银、铜、铁水壶大量流往中国,成为中国茶文化的一个特殊的外来品种。

茶则（图二十四、图二十五、图二十六、图二十七、图二十八）,又称之为"茶合""茶量""茶计""茶媒"等,是用来量取茶叶的茶具。一般将茶叶从茶叶罐中舀出或倒出到茶则中,然后倒入茶壶或茶杯,这样可以比较精确地测定茶叶量。陆羽《茶经》:"则以海贝、蛎、蛤之属,或以铜、铁、竹匕策之类。则者,量也,准也,度也。凡煮水一升,用末方寸匕。若

（13）见《长物志·考槃余事》,（明）文震亨、屠隆著,浙江人民美术出版社2011年版,P332。
（14）同上,P160—161。

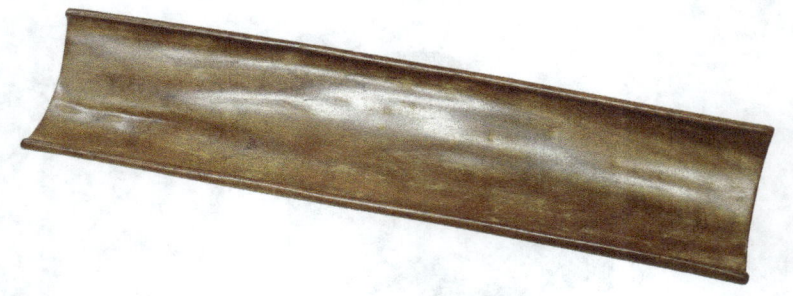

图二十五　老红梅树制作的茶量

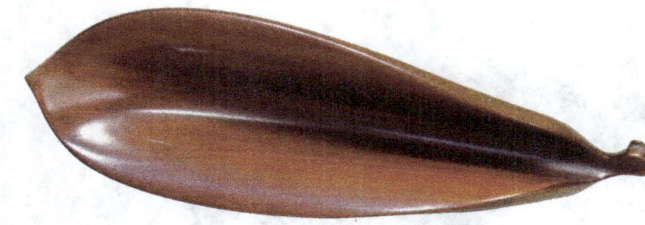

图二十六　珍竹制茶量

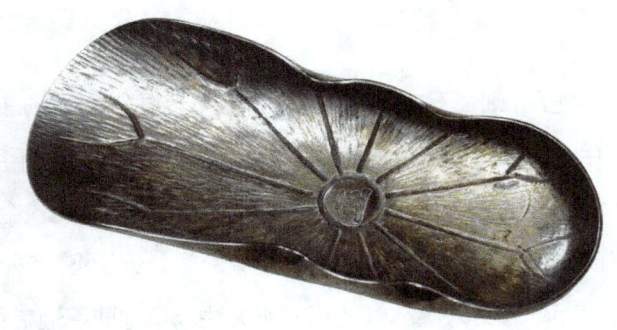

图二十七　日本金工大师北村静香制银莲叶形茶则

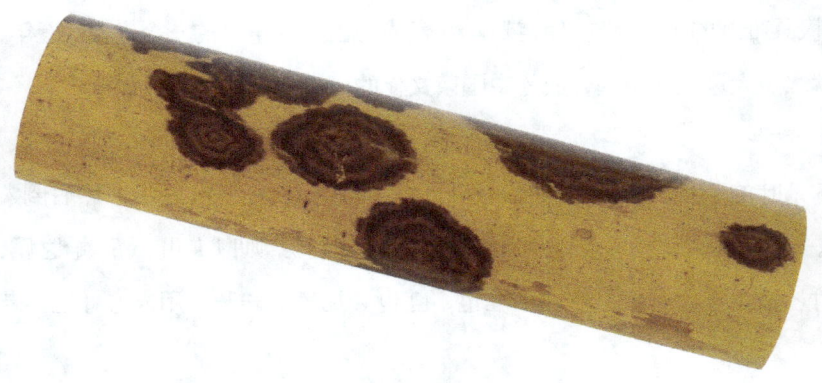

图二十八　湘竹茶量

好薄者减之，嗜浓者增之，故云则也。"（15）茶则形制多样，制作多精美巧妙。材料上看，以竹制为主，兼有象牙、金银铜铁等金属类，中有与臂搁相类者，往往与臂搁混用。这种情况在日本尤为常见。因日本人多不知臂搁，故将臂搁归为茶则。对此，笔者在"臂搁"一章中有详述，可参考。观实物，除了形状很特别，明显是茶量的以外，茶量和臂搁确实有交叉，部分式样相同的，有时比较难以区分。笔者以为，除明显属于茶量的形制外，尺寸明显偏小的，应当视为茶量，而非臂搁。

茶叶罐（图二十九、图三十、图三十一），是用来盛茶叶的容器。茶叶是一种干品，极易吸湿受潮而产生质变，它对水分、异味的吸附很强，而香气又极易挥发。因此，茶叶的鲜度保管就显得尤为重要，茶叶罐就应运而生。茶叶罐形制多样，以大肚收口为主，双层盖，以便密封不使透气。常见的有锡制、银制、陶瓷、玻璃、铁皮、硬纸等，以银罐、锡罐为佳。玻璃罐虽利于保存，而大多因材料局限，难入文房。现在又有了塑料罐、塑料袋，则别论。茶叶罐分大小两类，大者可存放一定的量，备数月之用，小的作为日常用具，少者三五日，多则十日八日，用完从大罐中取出放入小罐即可。

茶托（图三十二），就是放茶杯的底座，小碟子。由于茶杯茶盏盛茶发烫，人手及桌面容易被烫，也容易碰翻，这样就发明了底托。古时瓷器茶杯、茶盏往往配带有底座，由于瓷器底座生产、使用都有易碎问题，逐渐底座与杯盏分离，使用不易碎的木器、漆器、银器、锡器等等。茶托独立分离之后，款式开始多样化，有的工艺性强，集工艺实用于一身，颇受文人雅士喜好。

茶盘、茶台。茶盘是放茶杯、点心的托盘；茶台是泡茶、沏茶的台子，置于桌上，也可以是专用的茶桌；茶盘可大可小，小者一人使用，大者两三人合用。茶盘与茶台不同，现在往往把茶台与茶盘相混，或合而为一，不够雅致。茶盘以竹制为多见，如湘妃竹镶嵌如荷叶状者，或湘妃竹边框紫檀底板者，皆属上品。之外，有红木等木材类、大理石、端石类，制作以简朴为宜。茶台以便于主人泡茶为主，若置于明式坐桌之上，则饮茶又有了古思，而茶桌又以黄花梨、紫檀为胜。

其他如公道杯（图三十三），本是酒具，转为茶海又称"茶冷"，属分茶器。茶勺，往往以茶则代之。还有茶壶盖置（图三十四）、茶壶垫（图三十五），凡此等等，茶道具为数不少。（图三十六）日本茶道用具种类更多，与文房所及的茶道具略有偏离，此略。

（15）见《茶经·续茶经》，（唐）陆羽、（清）陆廷灿著，中州古籍出版社2015版，P26。

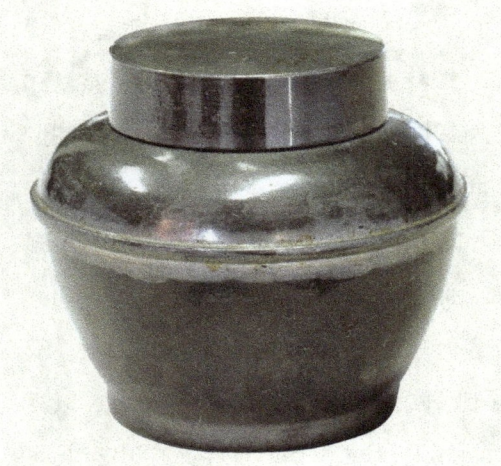
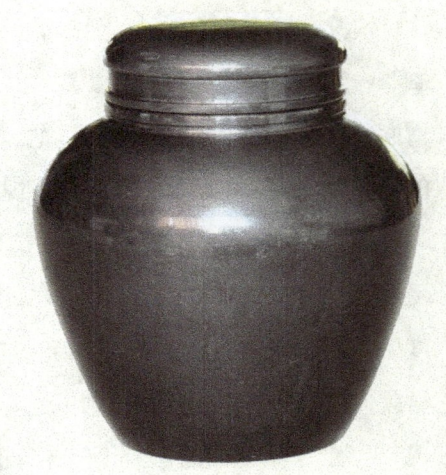
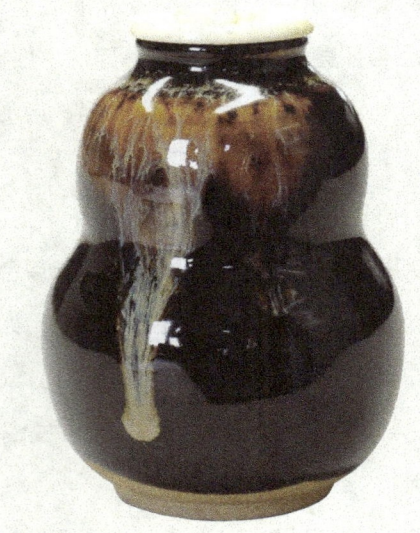
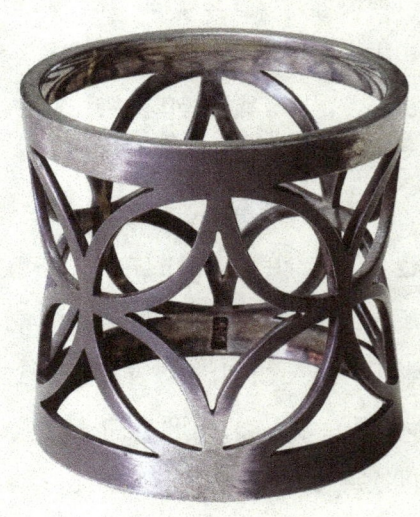

图二十九　锡制茶叶罐　　　图三十　锡制茶叶罐
图三十一　日本茶叶罐（茶入）　图三十四　中川净益造纯银盖

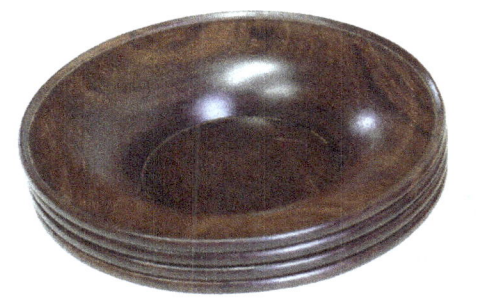
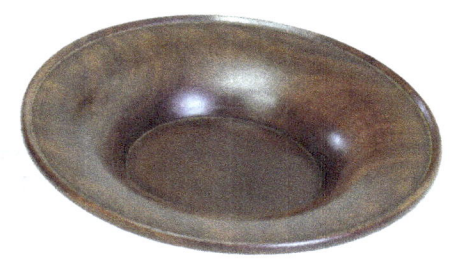

图三十二　黄花梨茶托

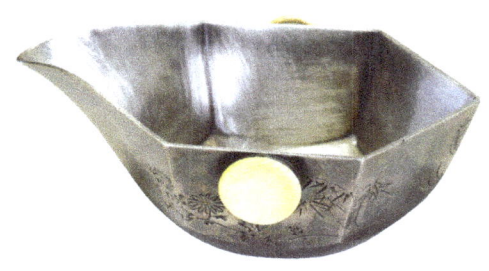
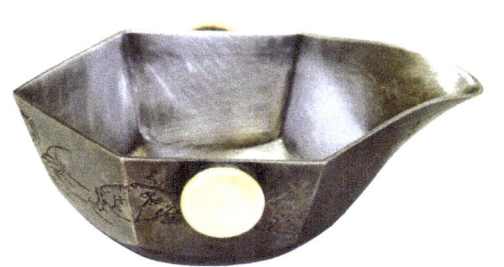

图三十三　宫本造纯银象牙手梅兰竹菊四君子刻花茶海

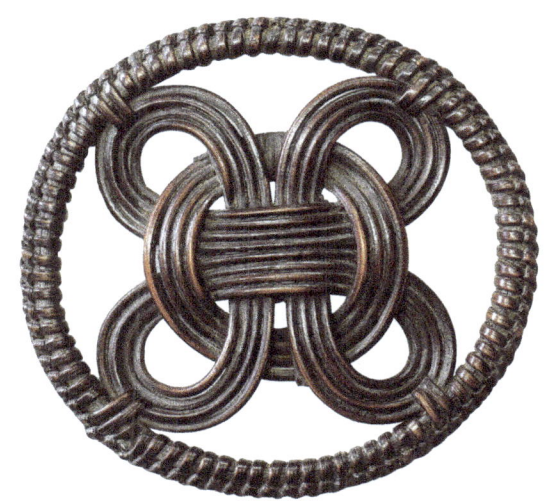

图三十五　日本"玩玩斋造"款藤制壶垫

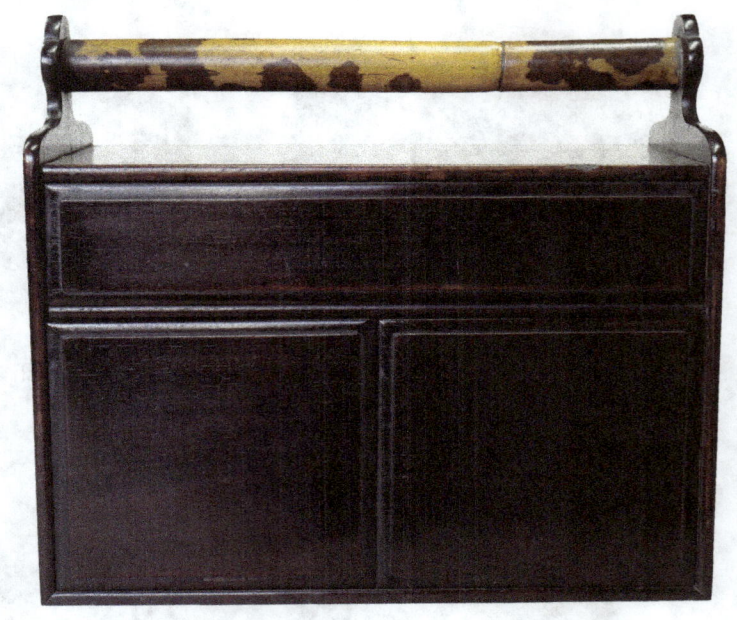

图三十六　茶具箱（红木、湘妃竹手把）

《考槃余事》云："茶之为饮，最宜精行修德之人。"又云："饮茶以客少为贵。客众则喧，喧则雅趣乏矣。独啜曰幽，二客曰胜，三四曰趣，五六曰泛，七八曰施。"饮茶乃文人雅事，故其器具不可不讲究。

文房其他必备杂件

文房雅玩，除了上述介绍的内容外，还有一些比较琐碎的必备或应备的杂件，在这简单介绍。

毛毡

文房虽然说是读书、雅玩兼与好友清谈之处，通常与工作室不同，不在文房创作书画篆刻作品。不过，难免也要写写画画，诸如日常抄写诗文手稿等等。有雅兴时，吟咏也是常有的事，与友饮茶，和诗对句，可能需要随手笔录，这种时候，这种氛围，去工作室（画室）书写似乎也不尽合理。因此文房设有书案，自然也就需要一块白净、上好的纯羊毛制作毛毡一块备用。

裁刀

文房所用纸张多半信札、尺牍之属，也有根据情况裁剪，因此需要备有裁刀，即裁纸刀。《遵生八笺》"燕闲清赏笺"记载有"裁刀"云："姚刀之外，无可入格。余有古刀笔一把，青丝裹身，上尖下环，长仅盈尺。古人用以杀青为书，今入文具，似极雅称。近有崇明裁刀,亦佳。"⁽¹⁾"姚刀"在明时当是裁刀品牌。文震亨《长物志》载:"裁刀:有古刀笔,青绿裹身,上尖下圆,长仅尺许,古人杀青为书,故用此物,今仅可供玩,非利用也。日本所制有绝小者,锋甚利,刀靶俱用鸂鶒木,取其不染肥腻,最佳。滇中掺金银者,亦可用。溧阳、昆山二种,俱入恶道,而陆小拙为尤甚矣。"⁽²⁾屠隆的《考槃余事》也有相近的记载。当今,裁纸刀种类甚多,各种现代刀具应有尽有。笔者以为古旧象牙、竹、木等裁刀更为文雅可爱,适合文房的环境。

剪刀

《考槃余事》载:"剪刀,有宾铁剪刀,制作极巧,外面起花镀金,里面嵌回回字者,如潘铁,所遗。倭制折叠剪刀,古所未有,有则宝之,后世必有好尚之者。"⁽³⁾明代时剪刀种类不多,剪刀也并不发达,所以才有此类记载。现代剪刀种类繁多,从传统格式到最新制作,一如裁刀,可挑选余地极大。选合适的备用即可。这类东西,不属于古玩类,古剪刀不适用。

拂尘

拂尘,又称尘拂、拂子等,是一种于手柄前端附上兽毛(如马尾、麈尾)或丝状麻布的工具或器物,一般用作扫除尘迹或驱赶蚊蝇之用。《考槃余事》载:"麈古人以玉为柄,用以对客清谈者。近有天生竹边,若灵芝、如意形者,有小万岁藤,傍枝玲珑透漏,俨肖龙形者,制为麈柄,甚雅。其拂以白尾为之妙。"⁽⁴⁾拂尘古时多用,唐宋诗词中也常有吟到。现在拂尘往往被道教、佛教所用,成为道士、和尚的一种法器,与文人渐远,因此文房置之,也只是作为一种古玩,可有可无,很少被使用。

如意

清厉荃原辑、关槐增辑的《事物异名录》云:"如意者,古之爪杖也。"高濂《遵生八笺》"起居安乐笺"云:"如意,古人以铁为之,防不测也,时或用以指画向往,后有雕竹为之。近得天生树枝,摩作如意,精巧入神。复得竹鞭,树枝屈结,如意肖生,而柄亦天成,不事琢磨,无一毫斧凿痕,执之光莹如玉,其坚比铁,惜不多得。"⁽⁵⁾《考槃余事》也载:"古人用以指画向往,或防不测。炼铁为之,长二尺有奇,上有银错,

---

(1)见《遵生八笺》,(明)高濂著,赵立勋、阙再忠等校注,人民卫生出版社1994年版,P493。
(2)见《长物志·考槃余事》,(明)文震亨、屠隆著,浙江人民美术出版社2011年版,P105—106。
(3)同上,P292。
(4)同上,P295。
(5)见《遵生八笺》,(明)高濂著,赵立勋、阙再忠等校注,人民卫生出版社1994年版,P246。

或隐或现，真宣和旧物也。近有天生树枝、竹鞭、磨弄如玉，不事斧凿者，亦佳。"⁽⁶⁾

经过历史发展，用途逐渐退化，徒有其名，而其用途已无古时爪杖、防身武器等功能，往往置于文房案头，以寓意吉祥。因此，制作上多作灵芝、云头结。⁽图一、图二、图三、图四⁾

这种器物古即有之，南朝宋刘义庆《世说新语·汰侈》有记载："石崇与王恺争豪，并穷绮丽以饰舆服。武帝，恺之甥也，每助恺。尝以一珊瑚树高二尺许赐恺，枝柯扶疏，世罕其比。恺以示崇，崇视讫，以铁如意击之，应手而碎。恺既惋惜，又以为疾己之宝，声色甚厉。崇曰：'不足恨，今还卿'。乃命左右悉取珊瑚树，有三尺、四尺、条干绝世、光彩溢目者六七枚，如恺许比甚众。恺惘然自失。"⁽⁷⁾文中所提及的"铁如意"，便是早期的铁制如意。

明清两代，如意颇为帝王将相乃至文人墨客所钟爱，因此传世如意实物颇多。观其制作，有竹木牙雕类，以黄杨木、紫檀、象牙等为多见，也有不少多种工艺材料配合镶嵌者，更多金、铁、银、玉，以及珐琅、瓷器制作者，还有好事者根据天然形状巧妙运用者，或夺得天工，或妙造自然，传世颇多精美之作。也正是由于多数"如意"制作颇有妙思，至今仍为大家喜爱，成为文房雅玩的重要收藏品之一。

葫芦

葫芦，最早称瓠、匏、壶。《诗经·邶风》载："匏有苦叶，济有涉深"；⁽⁸⁾《诗经·卫风》："齿如瓠犀"；⁽⁹⁾《诗经·豳风》云："七月食瓜，八月断壶。"⁽¹⁰⁾《诗经·小雅》云："南樛有木，甘瓠累之。"⁽¹¹⁾其中的"匏""瓠""壶""甘瓠"均指葫芦。大约到了唐代，"葫芦"这一名称开始流行起来。⁽图五、图六⁾

古人常用葫芦装酒或装药，因其轻便易携，又不湿耐腐，其形状也颇为可爱，因此为人所喜爱。葫芦可剖为瓢，或用以饮水等等，可作为实用器使用。宋以后，渐为文人所喜爱，列为文房雅玩之一。明清更因其发音类似于"福禄"，而又为达官显贵乃至民间所钟爱。此偏于俗事，与文人文玩似又不甚相合。

（6）见《长物志·考槃余事》，（明）文震亨、屠隆著，浙江人民美术出版社2011年版，P295—296。
（7）见《世说新语》，（南朝）刘义庆著，中州古籍出版社2015版，P417。
（8）见《诗经》，甘肃人民出版社1997年版，P56。
（9）同上，P100。
（10）同上，P260。
（11）同上，P309。

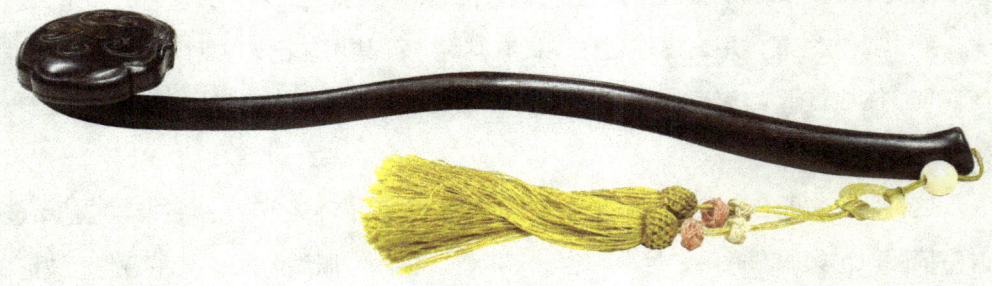

图一 紫檀如意

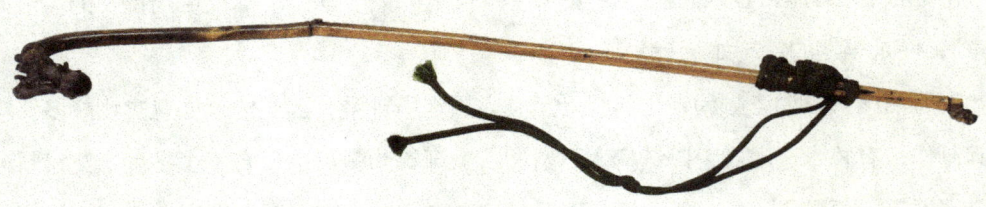

图二 龙形竹节如意

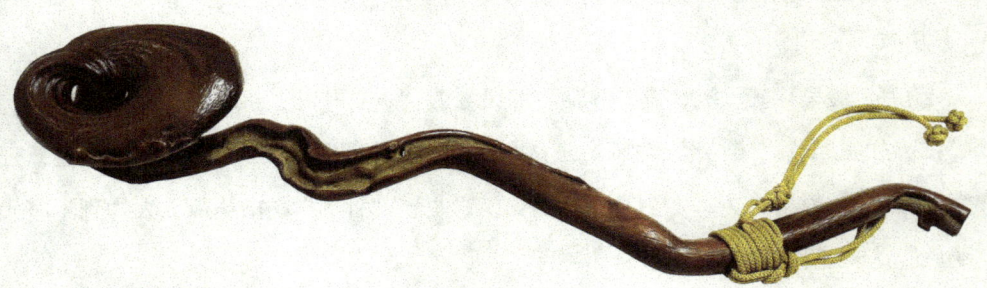

图三 黄杨木雕如意

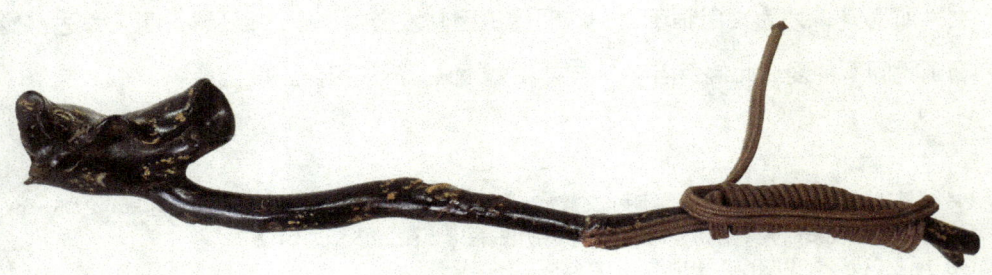

图四 龙头形海松(黑珊瑚)如意

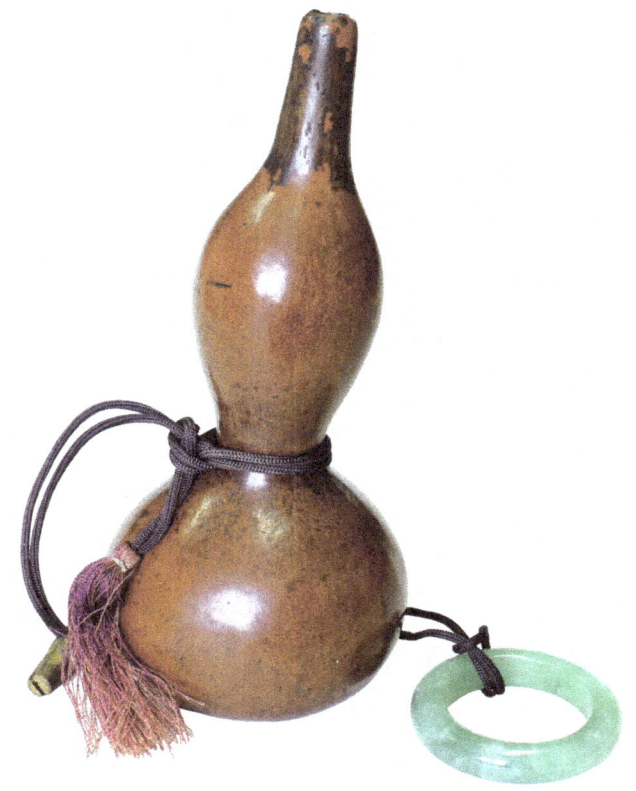

图五 葫芦（附翡翠环）

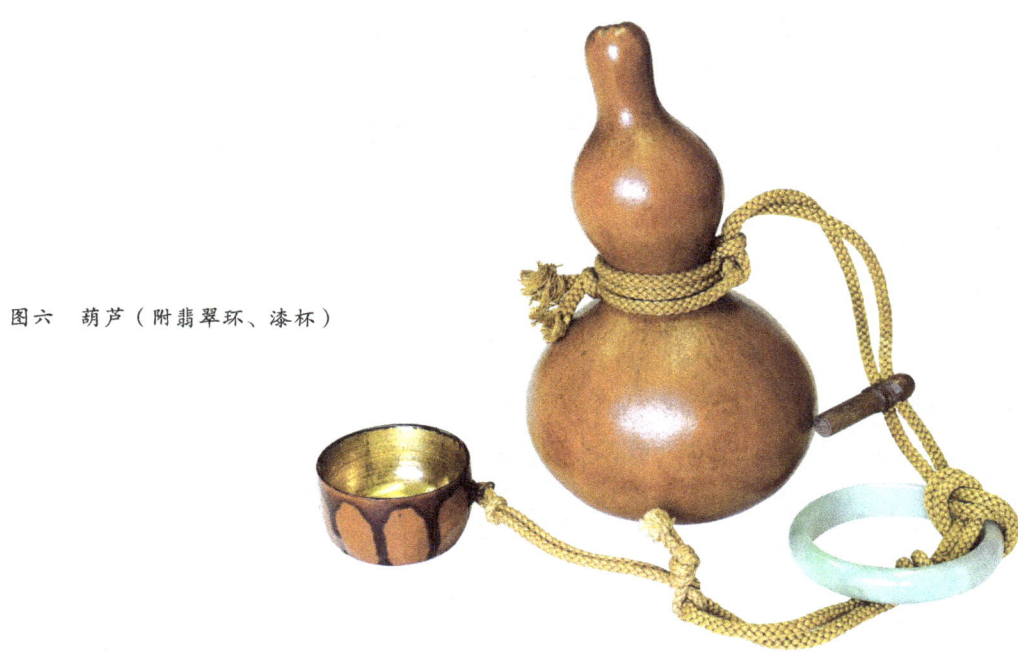

图六 葫芦（附翡翠环、漆杯）

明文震亨《长物志》载："得小匾葫芦，大不过四五寸，而小者半之。以水磨其中，布擦其外，光彩莹洁，水湿不变，尘污不染，用以悬挂杖头，及树根禅椅之上，俱可。更有二瓢并生者，有可为冠者，俱雅。其长腰、鹭鹚、曲项，俱不可用。"(12)

屠隆《考槃余事》载："有癭瓢，形如芝如瓠者，山人携以饮泉，大不过四五寸，而小者半之……"(13) 又："有天生一寸小葫芦，用以缀为衣纽，又可悬于念珠，有物外风致，若用杖头挂带盛药，二三寸葫芦亦妙。其长腰鹭鹚葫芦，可悬药篮左畔，又可为鹭瓢吸饮，有小匾葫芦可为冠及瓢，俱以生相周匝，摸弄精神，无汗气方妙。"(14)

日本还有"六瓢无灾"一说，认为六瓢可避邪。

传世明清古葫芦不在少数，越来越为文人们所喜爱，而收入文房。

花器

花器，即用以养花、插花的器皿，其种类较多，当今更为多样，只要可以用于养花、插花的道具，即可归为花器类。有花瓶、盆钵、花篮、花盘、吊篮、花插等等。从材质上看，有古铜器、瓷器、陶器、竹木器、玉石器、玻璃器等等。

文人养花或插花，以雅致为优，因此并不讲求豪华富丽，而是选择古质淡雅。比如四君子类、菖蒲类、时令花卉等等，用以装饰文房，多数花卉，香气芬芳之外，还可以点缀文房的清雅氛围。(图七、图八、图九、图十、图十一、图十二、图十三、图十四)

养花、插花自古有之，与人类对美丽芳香的天生爱好有关。明清北京宫廷内，更有能工巧匠制作的人造花卉，实际上是北方冬令不能养花时对花卉的憧憬向往。宫廷制作的花器，更是精妙绝伦。文人们所爱用的花器，往往追求古朴简素，这与文人"文雅"二字有关。明高濂《遵生八笺》"瓶花之宜"条云："瓶花之宜有二，用如堂中插花，乃以铜之汉壶、大古尊罍，或官、哥大瓶如弓耳壶、直口敞瓶，或龙泉蓍草大方瓶，高架两旁……若书斋插花，瓶宜短小，以官、哥胆瓶、纸槌瓶、鹅颈瓶、花觚、高低二种八卦瓶、茄袋、各制小瓶、定窑花尊、花囊，四耳小定壶、细口扁肚壶、青东磁小蓍草瓶、方汉壶、圆瓶、古龙泉蒲槌瓶、各窑壁瓶。次则古铜花觚、铜觯、小尊罍、方壶、素温壶、匾壶，俱可插花。又如饶窑宣德年烧制花觚、花尊、密食罐、成窑娇青蒜蒲小瓶、胆瓶、细花一枝瓶，方汉壶式者，亦可文房充

（12）见《长物志·考槃余事》，（明）文震亨、屠隆著，浙江人民美术出版社2011年版，P110。
（13）同上，P297。
（14）同上，P302。

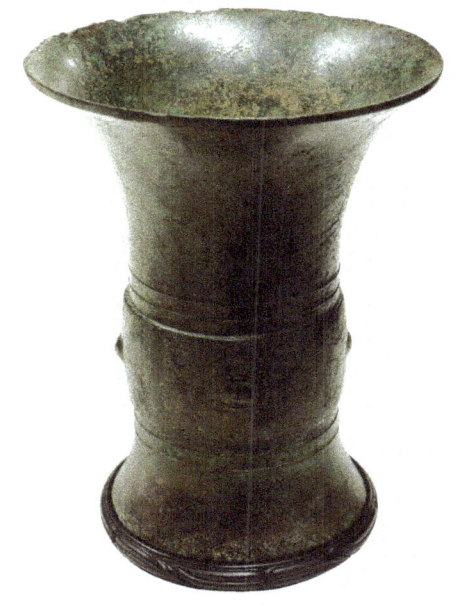
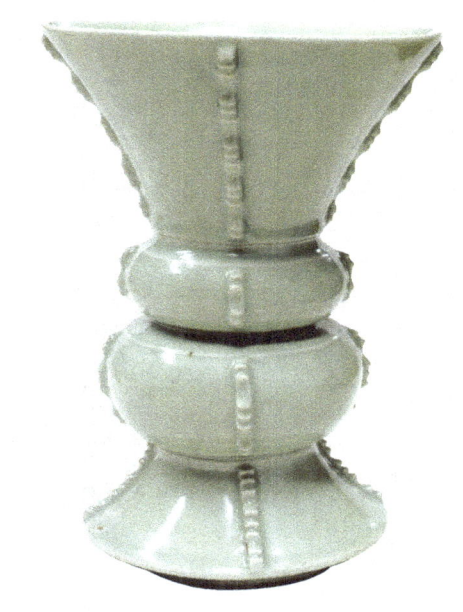
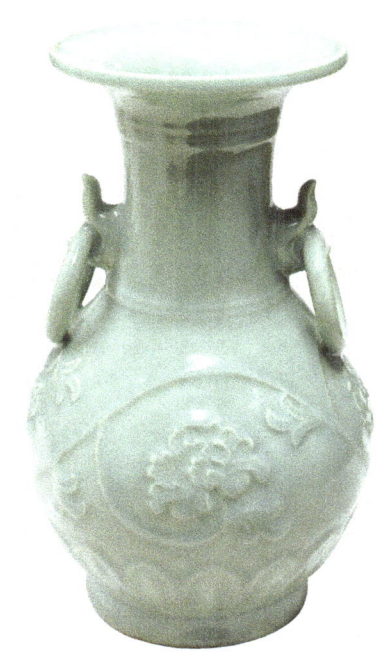
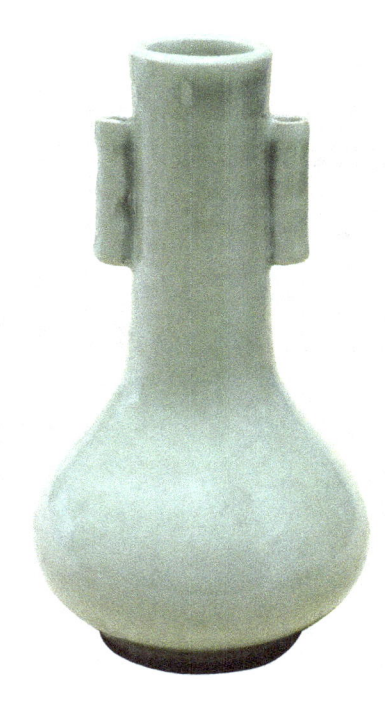

图七　商晚期四瓣耳纹"戈"尊　　图八　南宋龙泉窑青瓷双肚花觚
图九　南宋龙泉窑青瓷牡丹纹环耳瓶　　图十　南宋龙泉窑青瓷贯耳瓶

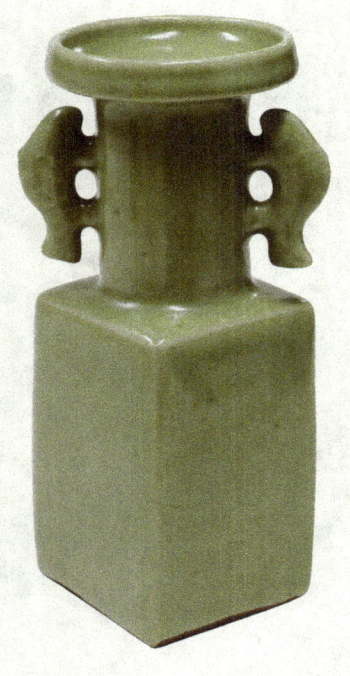
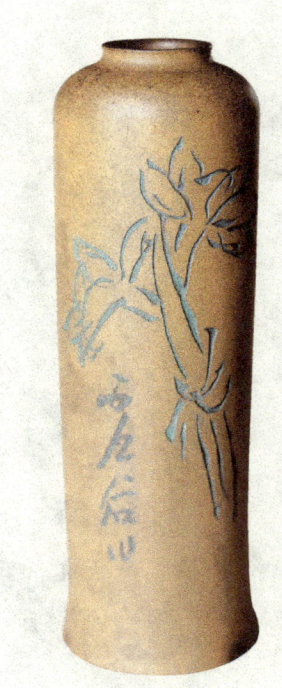
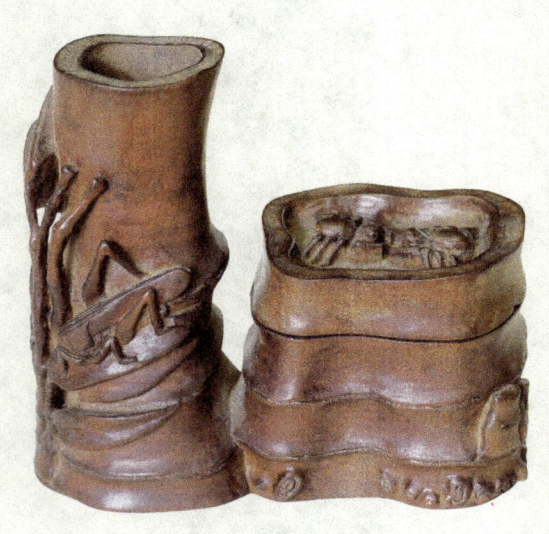
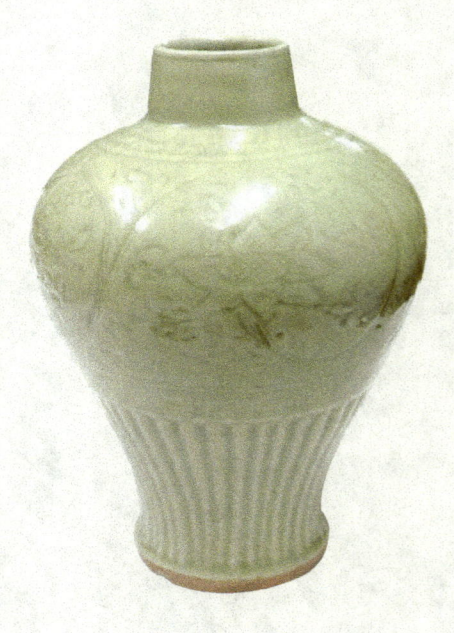

图十一　元龙泉窑青瓷鱼耳方瓶　　图十二　虚谷刻花卉图花插（玉成窑作品）
图十三　清中期黄杨木雕花插　　图十四　元龙泉窑青瓷刻花纹梅瓶

玩。"⁽¹⁵⁾《长物志》"花瓶"一项载："古铜入土年久，受土气深，以之养花，花色鲜明，不特古色可玩而已。铜器可插花者，曰尊、曰罍、曰觚、曰壶，随花大小用之。瓷器用官、哥、定窑古胆瓶，一枝瓶、小蓍草瓶、纸槌瓶，余如暗花、青花、茄袋、葫芦、细口、匾肚、瘦足、药罇，及新铸铜瓶。建窑等瓶，俱不入清供。尤不可用者，鹅颈壁瓶也。古铜汉方瓶、龙泉、均州瓶，有极大高二三尺者，以插古梅，最相称。瓶中俱用锡作替管盛水，可免破裂之患。大都瓶宁瘦无过壮，宁大无过小，高可一尺五寸，低不过一尺，乃佳。"（图十五）（16）

我们不太可能使用官、哥、定、钧等名窑瓷器，但可以收集得到古铜器、宋元明龙泉等瓷器，以及明清各类花器。择用时，以适合时令节气色彩最为重要，淡雅、古质是不可或缺的要素。否则，不仅不能令文房雅致，反使文房俗态。（图十六）

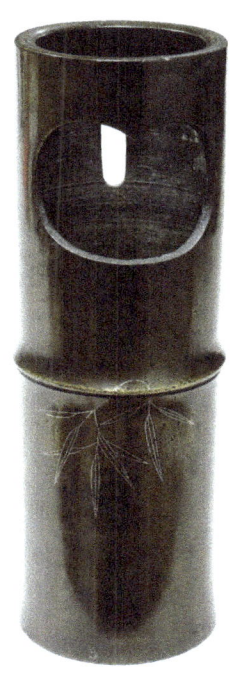

图十五　日本中川净益造铜镶嵌竹形花插

（15）见《遵生八笺》，（明）高濂著，赵立勋、阙再忠等校注，人民卫生出版社1994年版，P610—611。
（16）见《长物志·考槃余事》，（明）文震亨、屠隆著，浙江人民美术出版社2011年版，P111。

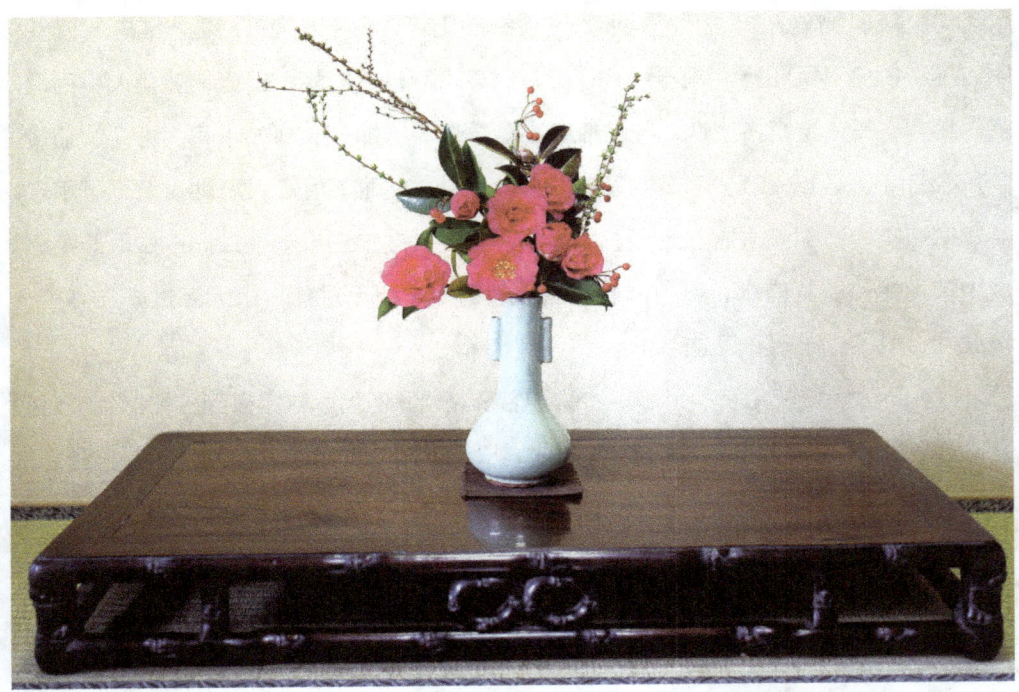

图十六　花瓶插花（南宋龙泉窑青瓷贯耳瓶）

古琴、琴台

"琴棋书画"之于文人,是不可或缺的要素。把"琴"列为"四艺"之首,也可见"琴"的重要性。古琴是中国最古老的乐器之一,称为"国乐之父"。《考槃余事》载:"琴为书室中雅乐,不可一日不对清音。居士谈古,若无古琴,新者亦须壁悬一床,无论能操。纵不善操,亦当有琴。渊明云:'但得琴中趣,何劳弦上音。'吾辈业琴,不在记博,唯知琴趣,贵得其真。若亚圣操《怀古吟》,志怀贤也;《古交行》《客窗夜话》,思尚友也。《猗兰》《阳春》,鼓之宣畅布和;《风入松》《御风行》,操致凉飔解愠。《潇湘水云》《雁过衡阳》,起我兴薄秋穹;《梅花三弄》《白雪操》,逸我神游玄圃。《樵歌》《渔歌》,鸣山水之闲心;《谷口引》《扣角歌》,抱烟霞之雅趣。词赋若《归去来》《赤壁赋》,亦可咏怀寄兴。清夜月明,操弄一二,养性修身之道,不外是矣。岂徒以丝桐为悦耳计哉?"[1]又,论及古琴色、古断纹、古琴灰、古琴材、琴轸、琴徽、琴弦、琴台、琴室、唐琴、宋琴、元琴、国朝琴、蕉叶琴、百衲琴、挂琴、琴匣、抱琴、对鹤、

---

(1)见《长物志·考槃余事》,(明)文震亨、屠隆著,浙江人民美术出版社2011年版,P260—261。

对月、对花、临水、焚香、盥手、露下、饮酒、琴坛十友等等，所论至详。这里谈及的"国朝"，是指明朝。

文震亨的《长物志》也有近似记载："琴为古乐，虽不能操，亦须壁悬一床。以古琴历年既久，漆光退尽，纹如梅花，黯如乌木，弹之声不沉者为贵。琴轸犀角、象牙者，雅。以蚌珠为徽，不贵金玉。弦用白色柘丝，古人虽有'朱弦清越'等语，不如素质，有天然之妙。唐有雷文、张越，宋有施木舟，元有朱致远，国朝有惠祥、高腾、祝海鹤，及樊氏、路氏，皆造琴高手也。挂琴不可近风露日色，琴囊须以旧锦为之，轸上不可用红绿流苏。抱琴勿横。夏月弹琴，但宜早晚，午则汗易污，且太燥，脆弦。"(2)

传世古琴中，日本正仓院藏有一把唐代古琴，日本取名为"金银平文琴"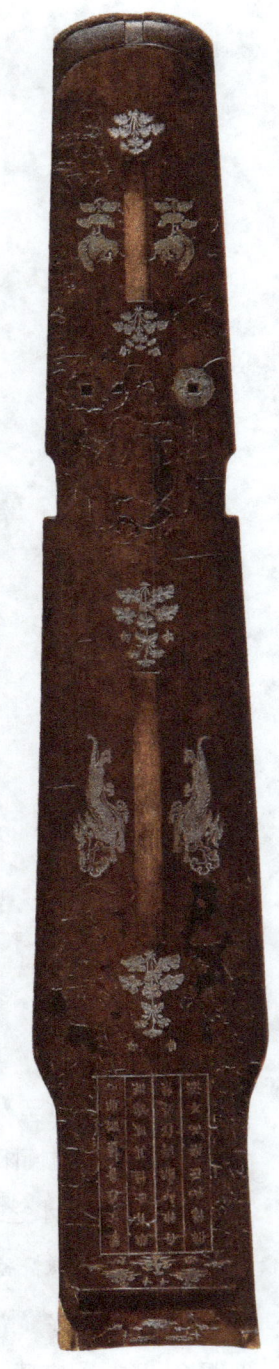〔图一〕，长 114.5 厘米，宽 20 厘米。根据记载，正仓院原藏有"银平文琴"和"漆琴"两把，

(2)见《长物志·考槃余事》，(明)文震亨、屠隆著，浙江人民美术出版社 2011 年版，P115。

图一　日本正仓院藏"唐代金银平文琴"

嵯峨天皇弘仁五年（814）从库中取出，三年后又把"金银平文琴"和一把漆琴入仓，是不是同一琴，不好定论。传世的这把金银平文琴，制作非常精美豪华，背板有"乙亥之年季春造"墨迹，考为唐开元二十三年（735），是唐代传至日本的古琴。此琴流传有序，保存完好，当是目前所能见到的最古的传世琴之一。国内所藏唐代古琴据统计有十余把，大多藏于故宫博物院等机构。著名鉴赏家收藏家王世襄旧藏的唐代'大圣遗音'琴，2011年在中国嘉德春拍上以1.15亿元成交。北宋宋徽宗御制、清乾隆御铭的"松石间意"琴，以1.36亿元创古琴的世界拍卖纪录。

古琴又称瑶琴、七弦琴等，是中国固有的弦乐器，至今有三千年以上的历史。古琴初为五弦，汉代定制为七弦。马王堆3号汉墓出土有汉初七弦琴，其结构比较简单，音箱较小，共鸣声小，尾部为实木，面板无徽位。可见当时还没有完全定型。东汉以后，琴式规范化，已经与我们现在的古琴没什么太多不同。琴定为七弦，且有标志音律的十三个徽。

琴在中国古代文化中，地位很崇高，虽是乐器，也是礼器，为文人雅士所崇尚，列为四艺之一（琴棋书画），被文人雅士视为高雅的代表。自古诗词需要吟唱，也多以古琴伴乐。弹一手好琴，是古代文人的必备本领，懂得琴乐，也是古代文人的必备常识和必修科目。伯牙和钟子期的高山流水成知音的典故一直传诵至今。相传伯牙善弹琴，钟子期善听琴。伯牙弹到志在高山的曲调时，钟子期就说"峨峨兮若泰山"；弹到志在流水的曲调时，钟子期又说"洋洋兮若江河"。钟子期死后，伯牙不再弹琴，以为没有人能像钟子期那样懂得自己的音乐。

在《诗经》等古典文学中，也多有关于"琴"的记载。建安七子、竹林七贤等等，都是著名的琴人，嵇康的《长清》《短清》《长侧》《短侧》，合称"嵇氏四弄"，是著名的琴曲。古琴在唐宋时期进一步发展，而成为文人生活中必不可少的一个内容。据载，李白、白居易等都是著名的琴人。故宫博物院藏有宋徽宗《听琴图》名作，也可见宋代士大夫、文人们好琴之一斑。范仲淹、欧阳修、苏东坡等，都是宋代琴人。而元代，倪云林、耶律楚材，也是著名的琴人。

明代，从《考槃余事》《长物志》等记载，即可以看出，琴对于文人书室的意义。历代名画，特别是明清古画中常常可以看到，主人携童子访客，童子多半抱一古琴，而横琴弹曲，也是常见的人物画面，由此也可知古人的雅好。

古代文人爱古琴有因。首先，古琴很早就被神圣化，七弦都有特别解说和含义。

代表着君君臣臣的礼仪思想，为封建士大夫们所尊崇。其次，古时乐器种类较少，古琴音域宽广，音色超绝，相比其他民乐器而言，其演奏曲谱较多，音色纯正，音调变幻无穷，受人喜爱也属必然。再者，古琴适合独奏，以静取境，既可温文尔雅，又可激扬江山，因此被文人视为高雅音乐的代表。

古琴有三种音：散音、泛音、按音。高濂《遵生八笺》"论琴"云："泛声应徽取音，不假按抑，得自然之声，法天之音，音之清者也。散声以律吕应于地，弦以律调次第，是法地之音，音之浊者也。按声，抑扬于人，人声清浊兼有，故按声为人之音，清浊兼备者也。"[3]天地人三籁，既可状人情幽思，又可达天地宇宙大观。嵇康作《琴赋》曰："众器之中，琴德最优。"宋代朱长文《琴史》云："昔圣人之作琴也，天地万物之声皆在乎其中矣。"

只可惜，晚清民国古琴开始式微，一段时间，连民乐都算不上，被淘汰出局。现在懂得古琴者可谓稀而又稀，传世古琴成为收藏爱好者的古董雅玩，大多已经不再是实用乐器，而被珍藏。

当今，文化多元化，古典音乐不断退化，随着西洋乐器的渗透，钢琴、小提琴、吉他等等西洋乐器成为日常生活的主流，而传统乐器已经远离了大众生活，能见到的，唯有民乐演奏会，或民歌演唱时的伴奏乐器。尽管如此，古琴超越"民乐"概念，在迅猛恢复元气。然而，本来就不多的传世古琴，经过战乱、破四旧等等毁灭性摧毁，其数量非常稀少，难得一见。新制"古琴"开始慢慢受到欢迎。随着爱好者日增，新制古琴也常常供不应求，这在民族乐器中是唯一的现象。传世宋元明古琴价昂而难求，新制古琴尚易得之，作为文人特别喜爱的中国古典乐器，应该受到文人雅士的重视，也应该重新进入文房，成为文房雅玩之一。

古琴，一般长度为三尺六寸左右，象征一年的时光，从这个说法看，正仓院藏唐代古琴的尺寸是合理的。当然，由于古代尺法随着时代变迁多少有一些变化，因此，古琴的尺寸也不完全一致。故宫博物院藏有唐代至德元年的"大圣遗音"琴(图二)，通长120厘米。

古琴有格式，称为琴式。大体上有十四种琴式：仲尼式、伏羲式、列子式、连珠式、灵机式、落霞式、伶官式、蕉叶式、神农式、响泉式、凤势式、师旷式、亚额式、

（3）见《遵生八笺》，（明）高濂著，赵立勋、阙再忠等校注，人民卫生出版社1994年版，P601—602。

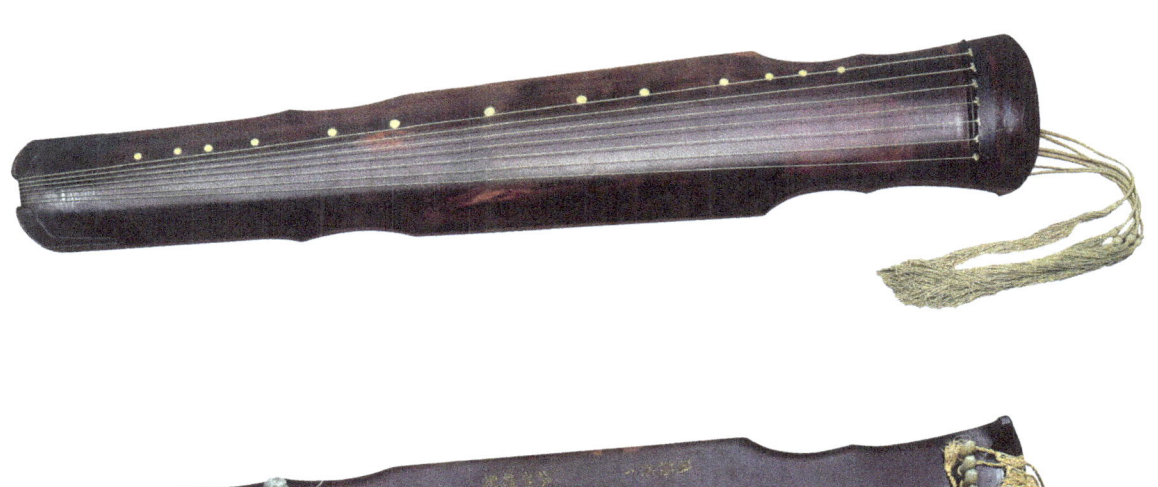

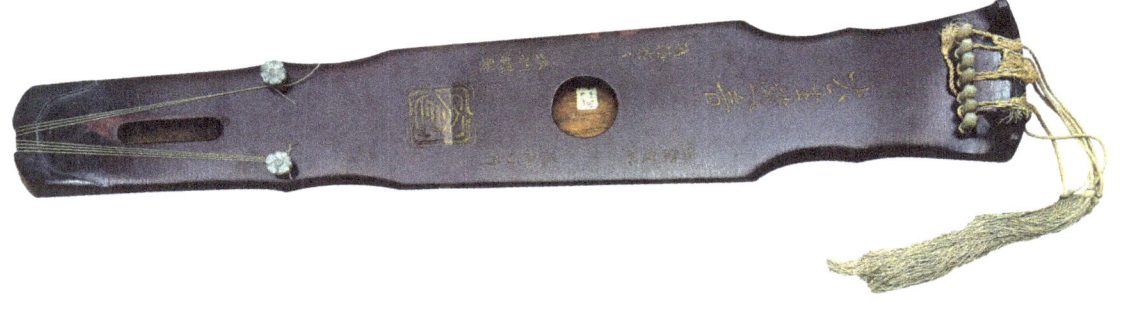

图二　故宫博物院藏唐至德元年的"大圣遗音"琴

鹤鸣秋月式。《遵生八笺》云："琴唯仲尼、列子二式为古制，余皆后世式样。"(4)

　　古琴通常配专用琴台，也有称"琴案""琴桌"，从古人记载看，似稍有小别。古人好携琴访友，常于景色优美的地方弹琴。这种时候，往往没有专用的琴台。我们从古画中也常见有弹琴图，横于膝上，或置于石上等等。可见，室外抚琴，多可变通。文房室内置琴，则琴台颇为重要。南宋赵希鹄《洞天清录集·古琴辨》云："琴案：须作维摩样，庶案脚，不碍人膝，连面高二尺八寸，可入膝于案下而身向前，宜石面为第一，次用坚木厚为面，再三加灰漆，亦令厚，四脚令壮，更平，不假坫扱，则与石案无异。永州石案面固佳，然太薄，板须厚一寸半许，乃佳。若用木面，须二寸以

（4）见《遵生八笺》，（明）高濂著，赵立勋、阙再忠等校注，人民卫生出版社1994年版，P605。

上，若得大柏大枣木，不用胶合，以漆合之，尤妙。又见今人作琴桌，仅容一琴，须阔可容四琴，长过琴三之一，试以案较琴声，便可见。琴案上切不可置香炉杂物于前。吴自强《云山集》云："于案面作一小水槽，不必尔也。"《长物志》云："琴台，以河南郑州所造古郭公砖，上有文胜及象眼花者，以作琴台，取其中空发响，然此实宜置盆景及古石。当更置一小几，长过琴一尺，高二尺八寸，阔容三琴者为雅。坐用胡床，两手更便运动，须比他坐稍高，则手不费力。更有紫檀为边、以锡为池、水晶为面者，于台中置水蓄鱼藻，实俗制也。"(5)因清代以后琴台逐渐变窄，仅容琴一台，因此宽能容三琴者，渐改为他用。所见明式家具中，有宽桌，类似于琴台，但被定名为桌，而不称为台。《故宫博物院藏文物珍品大系·明清家具（上）》刊有一件明代填漆戗金云龙纹琴桌^(图三)，高70厘米，宽45厘米，长97厘米，适合置琴一床。另一清早期描金番莲纹琴桌，^(图四)基本上相同尺寸。同《明清家具（下）》刊有一件清乾隆紫檀方胜纹琴桌^(图五)，高85厘米，长135厘米，宽39厘米，可置琴一床。然此等高桌，适宜摆观，而不适宜演奏。

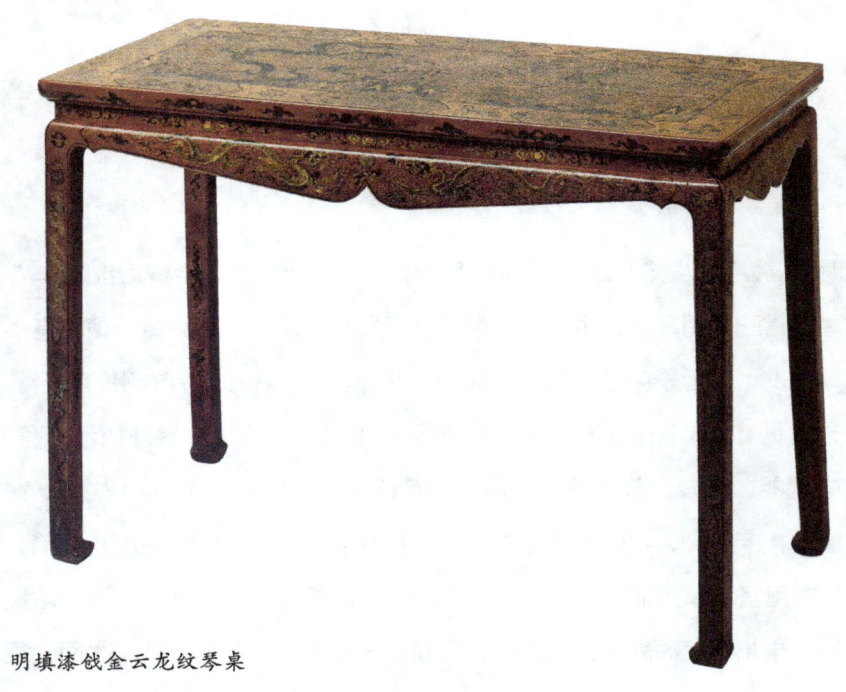

图三　明填漆戗金云龙纹琴桌

（5）见《长物志·考槃余事》，（明）文震亨、屠隆著，浙江人民美术出版社2011年版，P116。

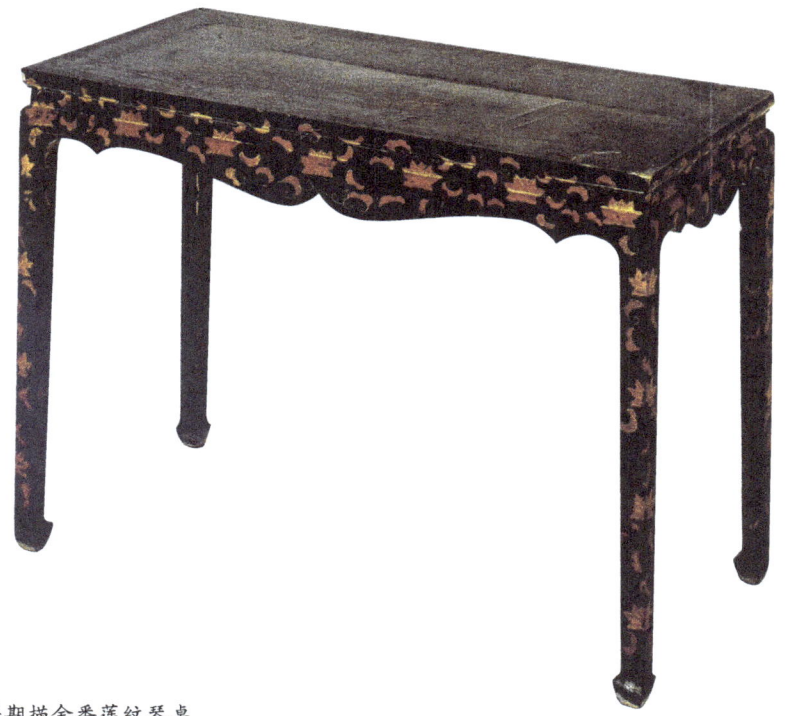

图四 清早期描金番莲纹琴桌

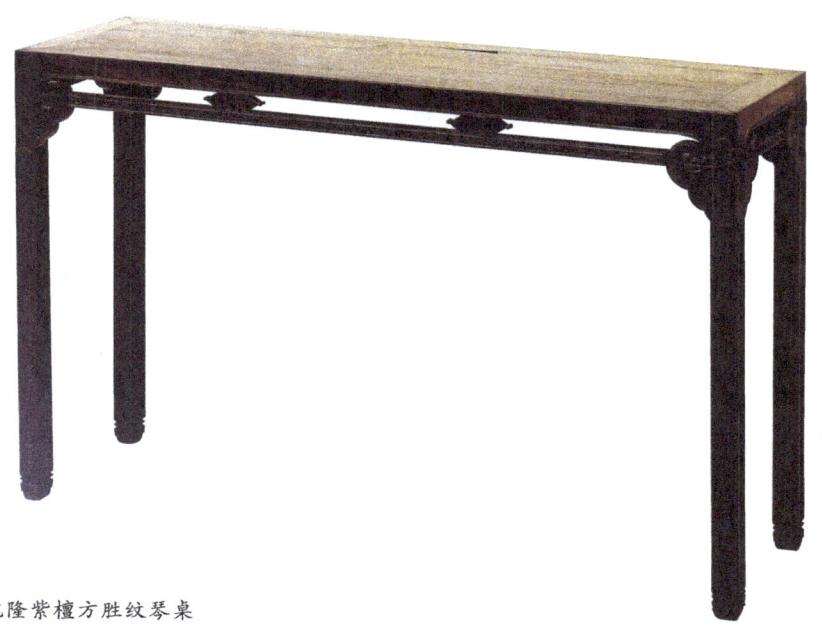

图五 清乾隆紫檀方胜纹琴桌

奇石（文房供石）

奇石，即文房供石，也称雅石、怪石、水石等等，奇石生于天然，千姿百态，无一重复，无一雷同，虽奇形怪状，却因其清雅，得大自然灵秀，或苍古，或灵动，或雄浑，或清峻，皆具人文韵味。白居易所谓的"百仞一拳，千里一瞬"[1]，表达了爱石家的精神寄托。米芾的"皱、瘦、漏、透"相石法，成了宋以来奇石品定的标准。奇石合于文人清高尚古之志，故而历来为文人雅士所钟爱，成为文房清供必不可少的一个种类。

奇石的赏玩自古有之，唐代白居易作有《太湖石记》，描述了当时宰相牛僧孺嗜石的精神境界，也论及自己的许多想象和精神寄托，从赏石中引发出种种对人生的感悟，对后人好石、赏石有着深远的影响。

苏轼写过两篇《怪石供》《后怪石供》，将玛瑙卵石一类置于盆中，供于书房，此后，雨花石类便成了文房清供之一。米芾的拜石故事千古盛传不衰，也使之成为一代好石代表。历代画家多有以此题材作画传颂，尤以陈洪绶所作为著名，虽为庭院奇石类，但对后世文房供石爱好倾向有着巨大影响。宋徽宗作有《盆石有鸟图》，现存日本根

---

[1] 白居易《太湖石记》，见清汪立名编《白香山诗集》卷三十五。

津美术馆。图中有椭圆形盆一只，放置带有洞穴的奇石，类似于太湖石类，根基部分植有菖蒲，一个侧面显示宋徽宗对奇石的雅好。历史上著名的"花石纲"以及由此引发的水浒传的故事，更是在民间广为流传。

宋绍兴年间，杜绾《云林石谱》问世。该书是我国历史上最早的石谱，对当时的奇石雅玩做了详尽记述，汇载了一百一十六种奇石。南宋赵希鹄的《洞天清录集》对奇石也有相关记载，且把灵璧石、英石、太湖石列为文房雅玩，云："怪石小而起峰，多有岩岫耸秀欹嵌之状，可登几案观玩，亦奇物也。"其中怪石辨十条，对奇石之特点乃至工艺制作也做了描述。明代文震亨《长物志》载："斋中……桌可置奇石……"(2) 又卷十载："小室……或置古奇石……"(3) 凡此等等，历史上对奇石的记载多且详。

中国古代封建社会是皇权集中制以及官本位的体制，某些文化一旦受到皇家赏识，进而进入皇家生活体系，则必然影响深远。奇石，便是其中比较典型的文化现象之一。由于宋徽宗等皇家喜爱，加之白居易、苏东坡、米芾这样具有影响力的文人雅士广泛参与，唐宋元明清，朝代更替，而文脉不断，继承并发展，奇石成了历代文房必不可少的摆设种类。特别是清宫制作，更是搜尽天下奇品，使奇石的摆设、雅赏达到了历史的巅峰。倘若我们走进故宫，细心观察故宫的陈列不难发现宫廷内有大量的奇石摆设，这也说明了清宫对奇石的偏爱。宋以后皇权，以及清宫的偏爱，大大促进了奇石的人文普及。当然，文人的雅好，决定了奇石的人文性格，这是奇石进入文房的决定性因素。

奇石出于天然，因此普通士人，或者文人雅士们都可亲赴深山溪谷寻觅，往往巧遇得之，并非必需重金方可购得。奇石的佳构，出自偶然，亦可视为因缘所聚。大量传世奇石佳品也正可说明文人们对奇石的雅爱以及普及程度。

《长物志》卷三"品石"载："石以灵璧为上，英石次之。然二种品甚贵，购之颇艰，大者尤不易得，高踰数尺者，便属奇品。小者可置几案间，色如漆，声如玉者，最佳。横石以蜡地，而峰峦峭拔者为上。俗言'灵璧无峰'、'英石无坡'，以余所见，亦不尽然。他石纹片粗大，绝无曲折、岈岬、森耸、崚嶒者。近更有以大块辰砂、石青、石绿为砚山盆石，最俗。"(4) 这里讲的奇石，主要用于园林景观装饰，故云"高逾数尺者，便

（2）见《长物志·考槃余事》，(明) 文震亨、屠隆著，浙江人民美术出版社 2011 年版，P136。
（3）同上，P138。
（4）见《长物志·考槃余事》，(明) 文震亨、屠隆著，浙江人民美术出版社 2011 年版，P56。

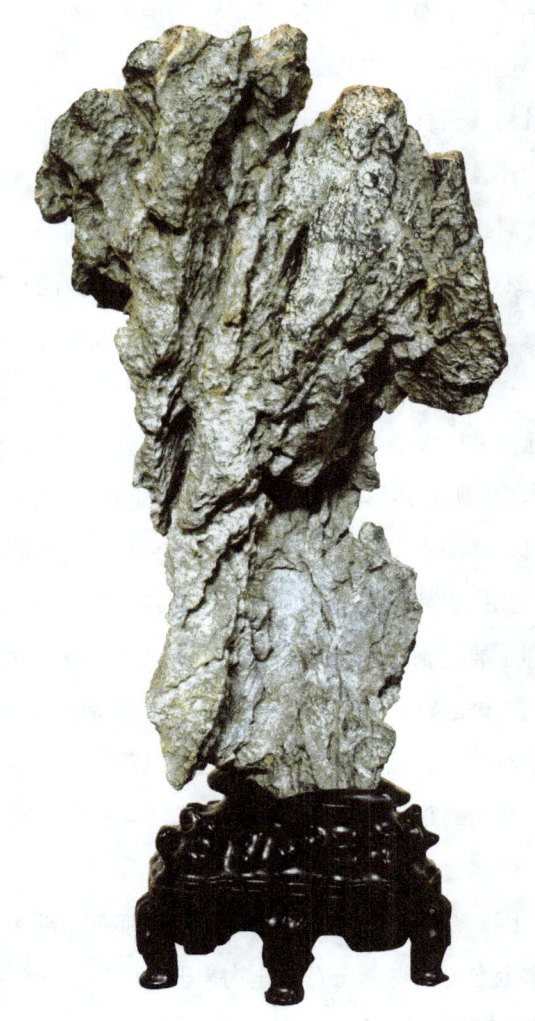

图一　灵璧石

属奇品",但小块奇石,多可用作布置文房。

从传世的奇石看,灵璧石、英石、太湖石的量与质最多且佳。

灵璧石 ^{图一}

灵璧石的发现与开发比较早,古代石磬多以灵璧石为原料加工制作,以其有金声之故,因此灵璧石有"玉振金声"之誉。

宋代诗人方岩《灵璧磬石歌》云:"灵璧一石天下奇,体势雄伟何巍峨。巨灵恕拗天柱掷，平地苍龙卷首尾。两片黑云腰夹之，声如青铜色如玉。秀润四时岚岗翠，乾坤所宝落世间。"《云林石谱》汇载石品一百一十六种，首推灵璧石。《洞天清录集》也将灵璧石列为"怪石辨"第一石。《长物志》载："灵璧，出凤阳府宿州灵璧县，在深山沙土中，掘之乃见。有细白纹如玉，不起岩岫。佳者如卧牛、蟠螭、种种异状，真奇品也。"[5]灵璧石主要产于安徽省灵璧县境内。由于灵璧石掘沙得之，故多为独石，当是千百万年山岩风化坠落山谷后埋入泥沙而形成。石质坚硬，扣之有金声，且有余韵。色泽多以黑、灰、褐黄为基调，间有暗红、白、五彩等色，或庄重，或斑斓。表面肌理粗犷，巉岩嶙峋、沟壑交错，皱且瘦，颇具仙风道骨。形状诡异，或峰峦变幻，或别有洞天，多以上重下轻为造型，不稳中求稳，配以紫檀、红木、黄花梨、金丝楠等名贵木座，可置于文房几案间。明末王守谦《灵璧石考》云："海内王元美（世贞）之祇园、董玄宰（其昌）之戏鸿堂、朱兰嵎（之藩）之柳浪居、米友石（万钟）之勺园、王百穀（穉登）之南有堂、曾莲生之香醉居、刘际明之吾石斋、刘人龙之梦觉轩、彭政之啬室，清玩充斥，皆以灵璧石作供。"明代文人如此，清代及至民国亦然，皆以灵璧石为文房供石之首选。

英石（图二、图三、图四）

英石又称英德石，因产于广东英德市望埠镇的英山而得名。宋代，英石作为贡品，与灵璧石、太湖石等"怪石"列入文房供石。《云林石谱》载："英州含光、真阳县之间，石产溪水中。有数种：一微青色，间有白脉笼络；一微灰黑；一线绿，各有峰峦嵌空穿眼，宛转相通。其质稍润，扣之微有声。又一种色白，四面峰峦耸拔，多棱角，稍莹彻，面面有光可鉴物，扣之无声。"[6]黄庭坚任象州太守时喜欢英石，不惜"万金载归"，苏东坡获一对英石，一绿一白，极为欢喜，取杜甫《秦州杂诗》中"万古仇池穴，潜通小有天"的佳句，名此对英石为"仇池"。[7]《洞天清录集》载："英州出石。如铜矿，声亦如铜。倒悬岩下，以锯取之。故底有锯痕。大者或长七八尺，起峰至二三寸，亦几案奇玩。然色润者可爱，枯燥者不足贵也。"[8]陆游在《老学庵笔记》中写道："英州石山，自城中入钟山，涉锦溪，至灵泉，乃出石处，有数家专以取石为生。其佳者

（5）见《长物志·考槃余事》，（明）文震亨、屠隆著，浙江人民美术出版社2011年版，P56。
（6）见《说石》，桑行之等编，上海科技教育出版社出版，P701。
（7）同上，P701。
（8）见《说石》，桑行之等编，上海科技教育出版社出版，P637。

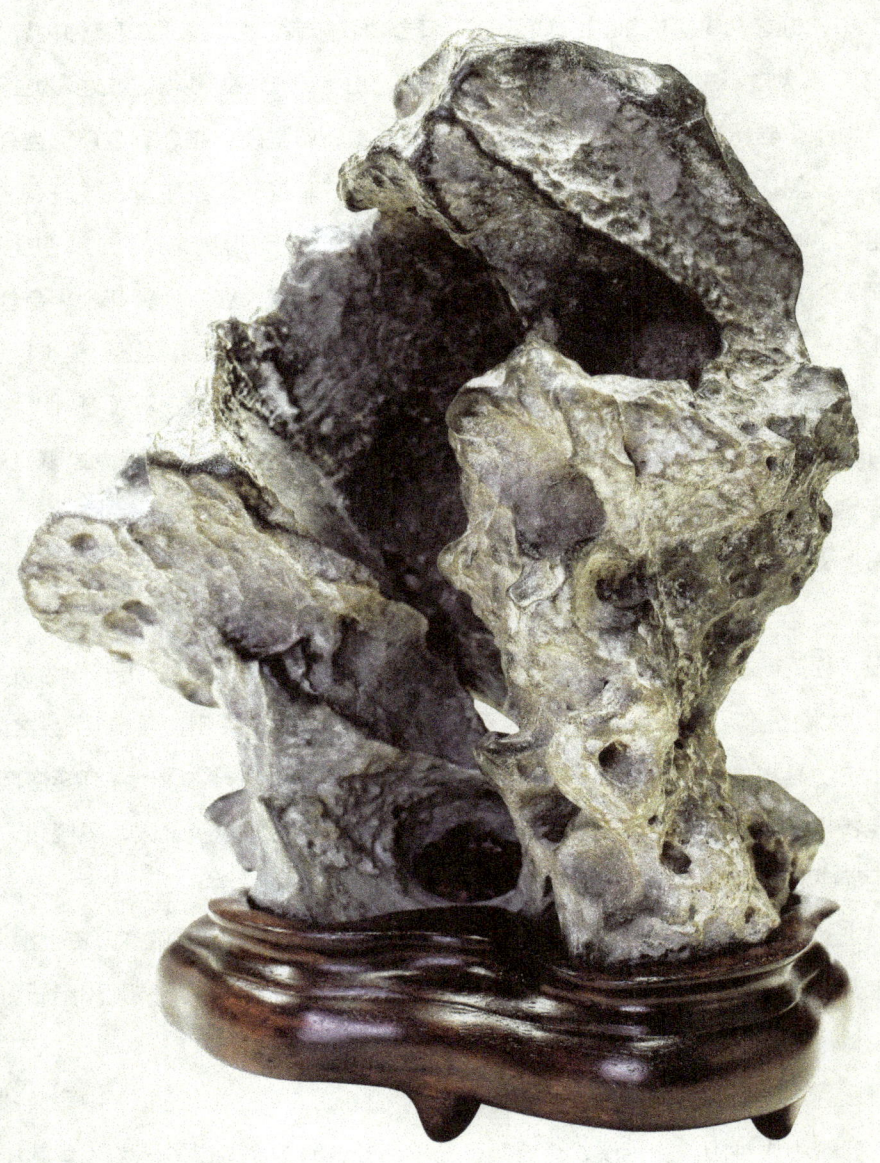

图二 英石

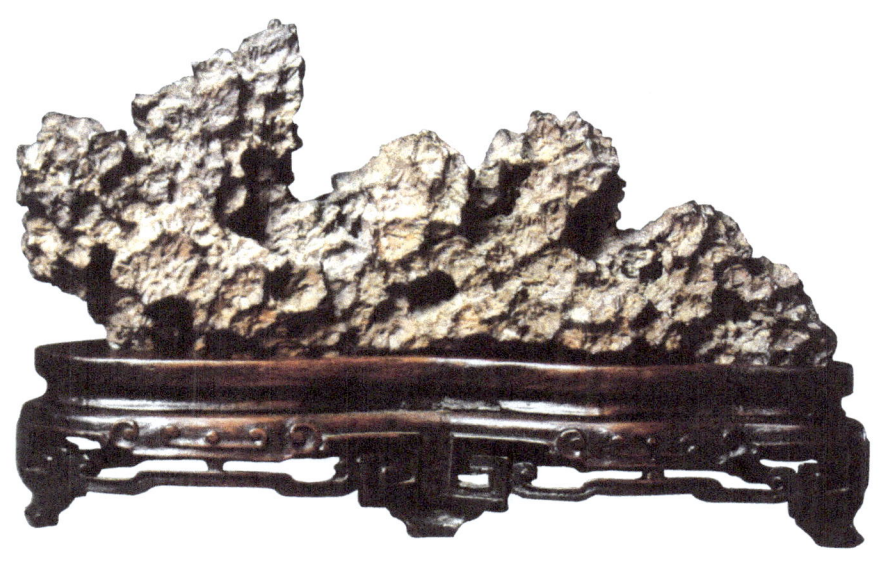

图三　故宫博物院藏清唐英监制仿英石瓷笔山

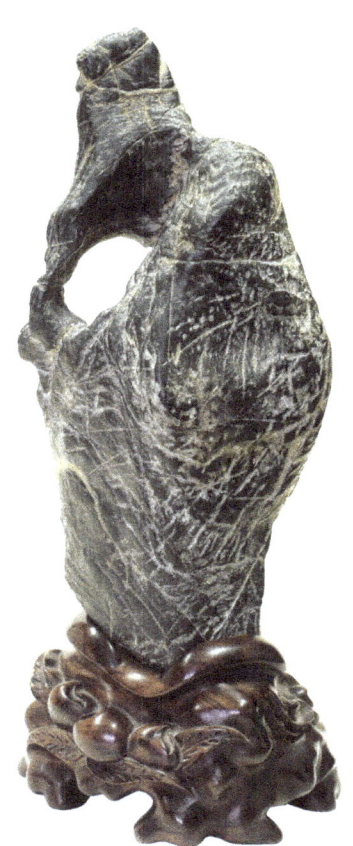

图四　手形英石

质温润苍翠，叩之声如金玉，然匠者颇秘之。常时官司所得，色枯槁声如击朽木，皆下材也。"《长物志》云："英石，出英州倒生岩下，以锯取之，故底平起峰，高有至三尺及寸余者。小斋之前，叠一小山，最为清贵，然道远不易致。"⁽⁹⁾明计成所著《园冶》，介绍英石的产地、颜色等大体与《云林石谱》相同，但强调了英石的作用"大者可置园圃，小者可置几案，亦可点盆，亦可掇小景"。

英石与灵璧石颇为相近，通常，英石底平起峰，故别于灵璧石，然而英石也有独石者，非知二者肌理、质地者，常常不能辨。

太湖石

太湖石，顾名思义，石出太湖之故。太湖石又名窟窿石，是一种石灰岩。太湖石也是最早最常见的文房供石之一，太湖石乃大自然鬼斧神工之物，造型奇崛、异彩纷呈。或玲珑通透，或奇巧色艳，或浑穆古朴，皆超凡脱俗，令人赏心悦目。通常评判奇石用米芾"瘦、皱、漏、透"相石法，形容太湖石最为贴切。由于太湖石可采出巨石，适合园林布景。因此，太湖石历来被视为最佳园林观赏石。除巨型太湖石之外，也常见有中小型乖巧奇崛者，用于文房供石。

江浙皖交界的太湖一代，属江南石灰岩地质，经亿万年波浪、风雨侵袭，石灰岩风化而形成各种奇形怪状，且多洞穴。人们取其造型奇特者，大型石作为造园之用。而形小者，多作文房供石之用。从实际产出地看，江苏、浙江、安徽最多。出于太湖内者为水石，空洞多，造型巧，质坚润，多名品。而产自山上者为旱石，质干枯，乏润泽。

《长物志》云："太湖石：石在水中者为贵，岁久为波涛冲击，皆成空石，面面玲珑。在山上者名旱石，枯而不润，赝作弹窝，若历年岁久，斧痕已尽，亦为雅观。……"⁽¹⁰⁾

太湖石作为观赏石，自古有之。水浒传故事中北宋末年的"花石纲"指的就是太湖石，由此可看出当时皇家造园的取向以及对太湖石的情有独钟。也因此，增加了太湖石的人文厚度。唐吴融的《太湖石歌》云："洞庭山下湖波碧，波中万古生幽石。铁索千寻取得来，奇形怪状谁得识。……"白居易《太湖石记》云："(太湖石)有盘拗秀出如灵丘鲜云者，有端俨挺立如真官神人者，有缜润削成如珪瓒者，有廉棱锐刿

（9）见《长物志·考槃余事》，（明）文震亨、屠隆著，浙江人民美术出版社2011年版，P56—57。
（10）同上，P57。

如剑戟者。又有如虬如凤，若跧若动，将翔将踊，如鬼如兽，若行若骤，将攫将斗者。风烈雨晦之夕，洞穴开颏，若欲云喷雷，嶷嶷然有可望而畏之者。烟霁景丽之旦，岩呀霁，若拂岚扑黛，霭霭然有可狎而玩之者。昏旦之交，名状不可。撮要而言，则三山五岳、百洞千壑，覼缕簇缩，尽在其中。百仞一拳，千里一瞬，坐而得之。"把太湖石的奇形怪状描绘得绘声绘色，也道明了爱石、观石、赏石、藏石的缘由。

由于太湖石受众性广泛，佳石日渐难采，人工加工者便应运而生。明代林有麟著《素园石谱》记载："平江（今苏州）太湖土人取大材，或高一二丈者，先雕置急水中舂撞之，久久如天成，或以熏烟，或染之色。"明代已如此，则近世更有过之。若如《长物志》所指出的，虽为人工而历年岁久，斧痕已尽，亦为雅观。新工，则无古韵，不可不察。

除上述三大类奇石之外，还有不少名石用作文房供石。《长物志》列有尧峰石、崑山石等等。"尧峰石：近时始出，苔藓丛生，古朴可爱。以未经采凿，山中甚多，但不玲珑耳。然正以不玲珑，故佳。"(11)"崑山石：出崑山马鞍山下，生于山中，掘之乃得。以色白者为贵。有鸡骨片、胡桃块二种，然亦俗尚，非雅物也。……唯不可置几案及盆盎中。"(12)此处论及崑山石虽为园林造景石之一，但不适合文房供石之用，这种说法其实亦不尽然。崑山石颇多佳构，足可作为文房供石之一。

其他有：锦川、将乐、羊肚，土玛瑙、大理石、永石（即祁阳石）、木化石^[图五]等，还有苏东坡提到的雨花石类及其他木质类山形摆件^[图六]。笔者家乡衢州有常山石，根据《云林石谱》及《素园石谱》记载，出常山县思溪水底，石质近灵璧石，亦甚佳。凡此等等，虽不及灵璧石、英石、太湖石之名贵，亦属地方佳石，作为一个奇石品种，为爱石家们所崇尚。

（１１）见《长物志·考槃余事》，（明）文震亨、屠隆著，浙江人民美术出版社2011年版，P57。
（１２）同上，P57—58。

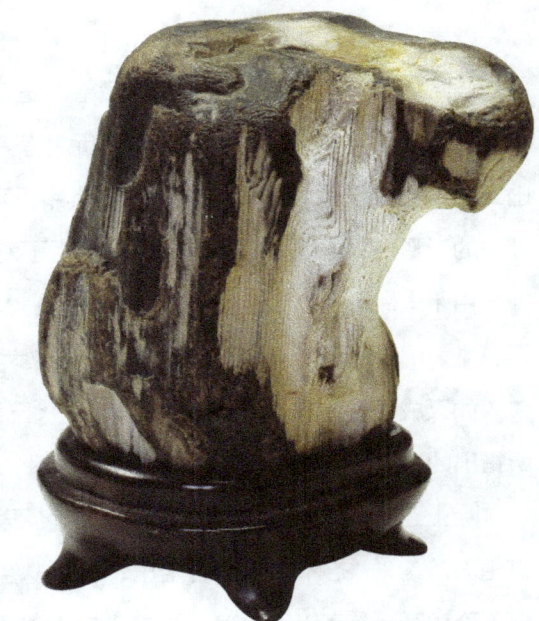

图五　天然木化石

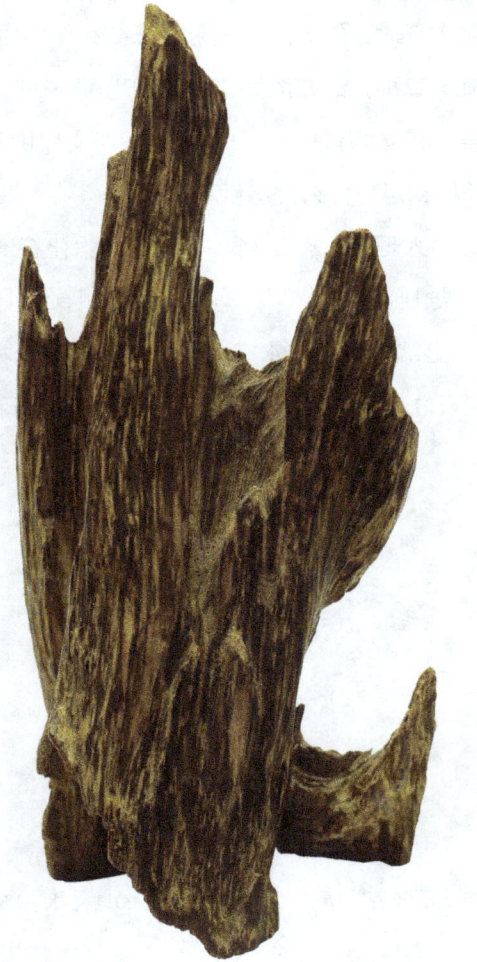

图六　石型沉香木

古青铜器、玺印

前面曾讲到花器，一年四季不太可能天天都有花可插，虽说花开四季，但若园中无花，或不适宜插，又无闲暇去花市，则花器必然空置。这种情况可能会有不少时日。此时的花器，便成了文房的摆设之一。这从另一个方面也要求我们，择器之重要，除了常备插花之用外，单独摆设也需美观文雅。

实际上，何止花器一项，各类文玩均可作为文房摆件。《长物志》《考槃余事》《遵生八笺》中都载有各类文房具，除日常使用外，平时大多可作为文玩摆件摆设，甚至把玩。这其中尚未详细介绍的还有不少，古器，特别是青铜器，尤为文人雅士所钟爱。

上古青铜器物，在当时属于科技先端的发明创造，所制器物，大概与祭祀、礼仪、战争有关。当时政治的最大核心需求，也是对内安抚百姓，对外战争。得民心者得天下，安抚好百姓，则百姓归心，民心向，人口众、国土广。拥有先进武器装备者，加之人口众多，则往往可赢得战争，所谓"国之重事，在祀与戎"。因此，上古的青铜器物，多有象征意义。比如象征着权力、尊严等级的鼎，有"一言九鼎"之成语。"九鼎"，在当时礼仪制度中有所规定，属于权利级别的象征，有天子九鼎，诸侯七鼎，卿大夫五鼎，元士三鼎之说。又，传说夏禹曾收九牧之金铸九鼎于荆山之下，以象征九州，并在上面镌刻魑魅魍魉的图形，用以辟邪。鼎是传国重器，国灭则鼎迁，夏朝灭，九鼎迁于商都亳京；商朝灭，九鼎又迁于周都镐京。"九鼎"具有了极端的权威之故，后来"一言九鼎"，便成为信用、信誉的代名词。

除了权力、尊严等级外，古青铜器物上多有铭文，以便在彰显权力、尊卑的同时，记事耀功，以期流传万世。因此，青铜器承载了文字、工艺、美术、生活、战争以及书法等各个方面的历史与文化。可以说，自夏商至秦汉以后纸的普及近四千年有文字的中华文明史中，除传说、典籍外，实物印证历史，多半依靠传世出土的青铜器。

随着铸造技术的进化，财力的集聚，夏商周时代，青铜铸造发展到了一个顶点。之后，随着铁器的发明创造而渐渐式微。然而，铁器易于生锈腐烂，而难以传世，因此，古器物流传于后世的，首先是青铜器。

青铜器的制作工艺极其复杂而精致，造型气势宏伟，美观奇妙乃至诡异，纹饰初为饕餮，春秋战国后为龙虎等，铭文优美古典，字法规范而多变，凡此等等，承载了上古时代的历史和辉煌的文化精髓，也正因为它的文化历史意义，而为历朝历代被以皇权为中心的权力人物、机构以及文人雅士所重视、收集。

由于皇权的强大有力，青铜器中的重要器物，向来为皇家所有。宋徽宗大观初年（1107），设置议礼局"诏求天下古器，更制尊、爵、鼎、彝之属"。（《宋史·礼志二》）从此，宋人开始收集整理古青铜器物，编辑出版了皇家藏青铜器《宣和博古图》《宣和印谱》等，从两万多件的宣和殿藏品中遴选出八百三十九件，予以详考。北宋吕大临著《考古图》，书中列举器物"所藏姓氏"除秘阁、太常、内府外，共三十余家。私人藏家中藏器以庐江李伯时为最，共六十多件，其余藏家多者十余件，少者一二件。可见，除皇家外，私人收藏也不在少数。

元明清，一直延续这样的一个格局，重器基本上交皇家、重臣，而民间则多为小型器物。乾隆年间，清宫整理编辑了西清四鉴：《西清古鉴》《西清续鉴甲编》《西清续鉴乙编》《宁寿鉴古》，收录了四千多件青铜器，这是中国古代青铜器物的大宗。清代兴起金石学，清中晚乃至民国年间好古之风极盛，陈介祺（1813—1884）的收藏，某些方面富可敌国，著有《簠斋传古别录》《簠斋藏古目》《簠斋藏古册目并题记》《簠斋藏镜全目钞本》《簠斋吉金录》《十钟山房印举》《簠斋藏古玉印谱》《封泥考略》（与吴式芬合辑）等。著名的毛公鼎便是陈家的秘藏。江南的吴云、吴大澂等收藏也富，这些金石收藏成就了吴昌硕等金石艺术家。

由于青铜器物的权力象征，器形巨大者，虽贵为国宝，似亦不适合作文房雅玩摆件。大概也因为此，许多文人雅士大多只能望而却步，也有的只是有选择性地收集部分种类，以配合文房的布置。屠隆的《考槃余事》、文震亨的《长物志》只介绍了几种古器：布泉、钩^{〔图一〕}、花瓶〔尊^{〔图二〕}、罍、觚、壶、爵^{〔图三〕}〕、钟^{〔图四〕}、镜^{〔图五、图六、图七、图八、图九〕}等。

《长物志》"花瓶"项记载："古铜入土年久，受土气深，以之养花，花色鲜明，

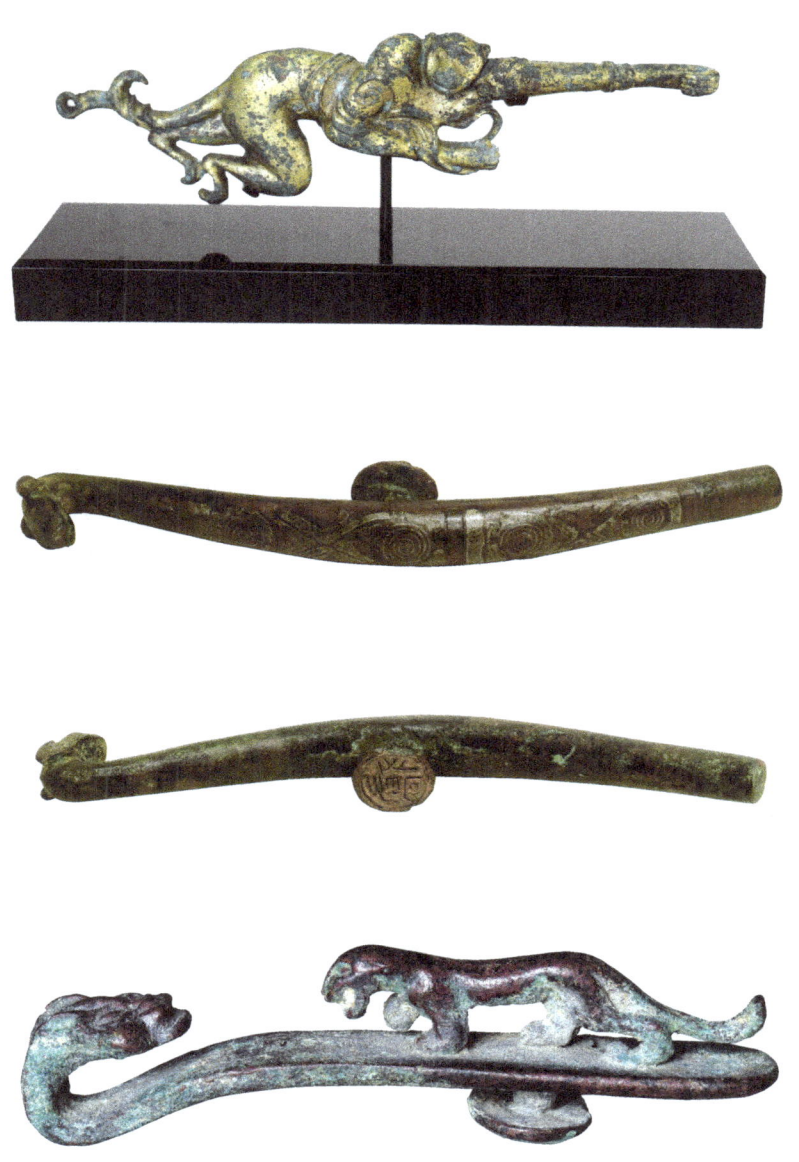

图一　战国、秦汉带钩一组

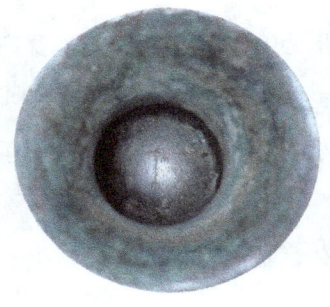

图二　戈尊（商晚期四瓣目纹尊）

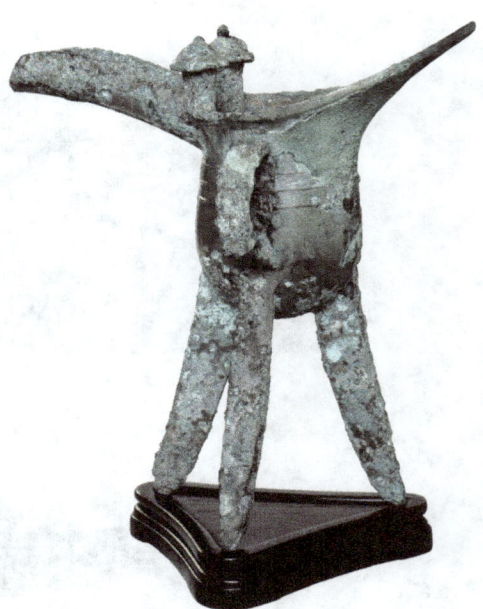

图三　西周青铜爵（铭文不详）

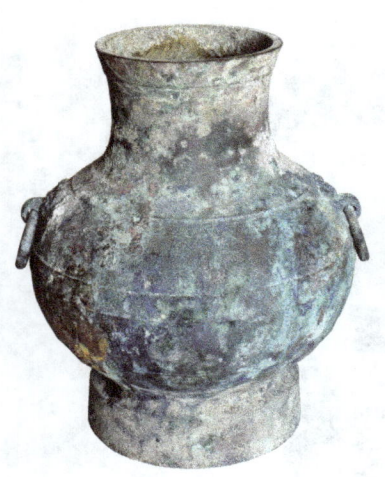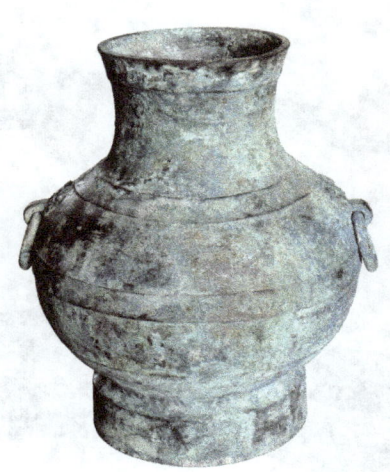

图四　汉代阳信家青铜钟一对

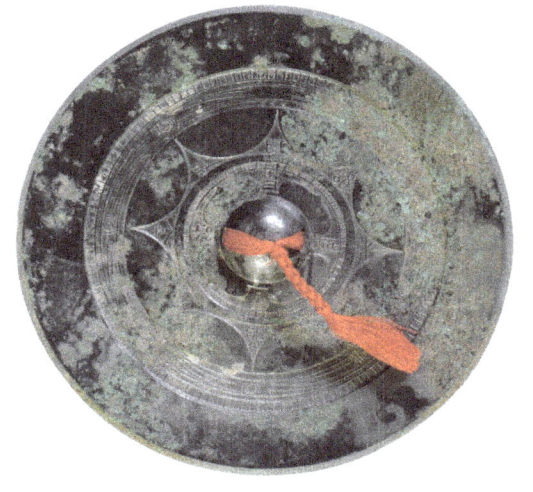
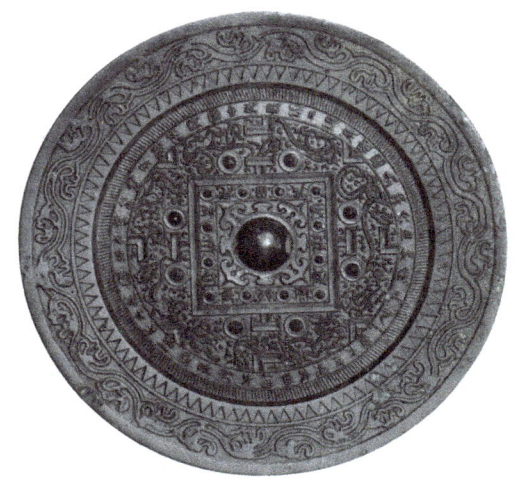
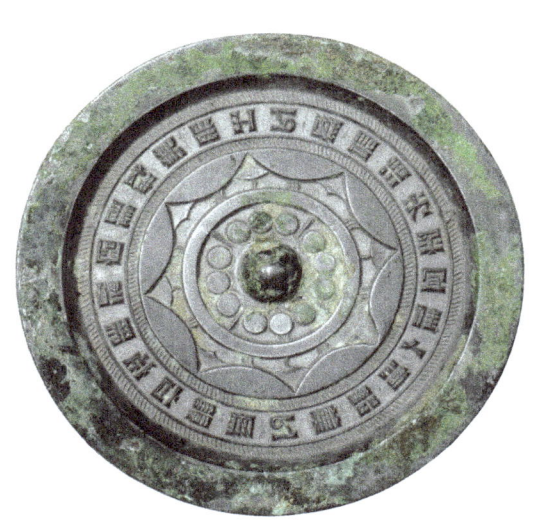
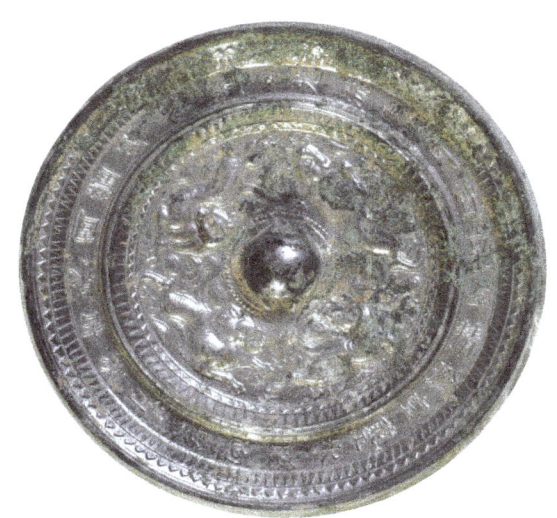

图五　汉"长宜子孙寿如石金佳且好兮"八连弧云雷纹镜

图六　汉"尚方四神博局"御镜（尚方御镜大毋伤左龙右虎辟不祥朱鸟玄武顺阴阳子孙备具居中央长保二亲乐富昌寿敝金石如侯王兮子丑寅卯辰巳午未申酉戌亥）

图七　汉"铜华连弧"铭带镜（湅铜华以为镜古衣服亲容貌好美服之以为信清光年宜佳人）

图八　隋"光流四瑞兽"铭带镜（光流素月质禀玄精澄空鉴水照回凝清终古永固莹此心灵）

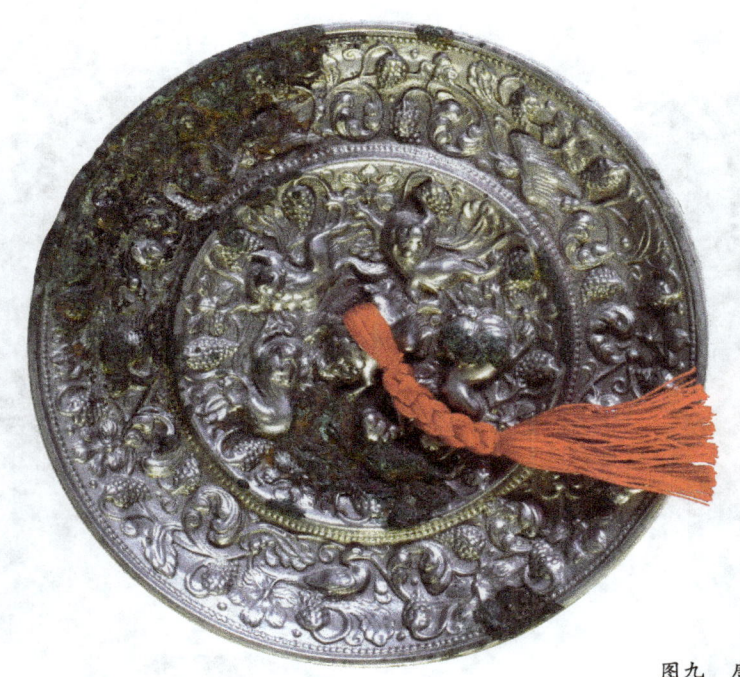

图九 唐"五瑞兽"葡萄镜

不特古色可玩而已。铜器可插花者,曰尊、曰罍、曰觚、曰壶,随花大小用之。"⁽¹⁾"钟磬"项载:"不可对设,得古铜秦汉铸钟、编钟,及古灵璧石磬,声清韵远者,悬之斋室,击之清耳。"⁽²⁾"镜"项载:"秦陀:黑漆古、光背、质厚无文者为上,水银古、花背者次之。有如钱小镜,满背青绿,嵌金银五岳图者,可供携具。菱角、八角、有柄方镜,俗不可用。"⁽³⁾"钩"项载:"古铜腰束绦钩,有金、银、碧填嵌者,有片金银者,有用兽为肚者,皆三代物也。有羊头钩、螳螂捕蝉钩、镥金者,皆秦汉物也。斋中多设,以备悬壁挂画,及拂尘、羽扇等用,最雅。自寸至盈尺,皆可用。"⁽⁴⁾凡此等等,可窥明人喜好古铜器物之一斑。

清末民国以后,青铜古器大量外流,有感于国宝的流失,各界有识之士开始致力于收集整理。上述花瓶等几项外,中小型的鼎、簋、彝、鬲、豆、钫、缶、爵、斝、匜、觯、权、量、尊、洗、炉等等,也均适合文房。泉量、汉镜等多有铭文,属古文字,也便

---

(1)见《长物志·考槃余事》,(明)文震亨、屠隆著,浙江人民美术出版社2011年版,P111。
(2)同上,P111。
(3)同上,P107。
(4)同上,P107—108。

于书法篆刻学习参考，其他青铜器，如果有铭文，自然更为佳好。收藏古青铜器物虽然有难度，特别是真赝的判断极难，需要相当的专门知识作眼力保障。同时，保管也需要有一定的专门知识。

青铜器中还有个特别的小门类，就是古代玺印（图十、图十一、图十二、图十三）。因其材质以青铜为主，故附于此。

《后汉书·祭祀志》记载："尝闻儒言，三皇无文，结绳以治，自五帝始有书契。至于三王，俗化雕文，诈伪渐兴，始有印玺，以检奸萌，然犹未有金玉银铜之器也。"这里的说法是"闻儒言"，只是听说而已，实际上如何，则没有实证。汉代《春秋运斗枢》一书也载："黄帝时，黄龙负图，中有玺章。"这里的"玺章"就是我们说的印章，但也是一种传说，不足以为信。传为安阳殷墟出土的三件铜器，一般认为就是殷商古玺，现有两方藏于台北故宫博物院，另一方释为《瞿甲》的印，目前不明下落。1935年黄濬把这三方古玺著录于《邺中片羽》中，后来于省吾在《双剑誃古器物图录》中也作了著录。这三方古玺应该是最早的印章实物。春秋战国时期，墓中屡有出土，数量极多，可以说春秋战国时期印章已经广泛使用。秦汉时期，随着文字的统一，国家版图扩大，使用人数增多，印章在大篆转小篆进而演化为隶书的秦汉时期得以长足发展。通常所说的"印宗秦汉"，即可证秦汉印影响之广泛。秦汉印章实物出土数以万计，也说明了这一点。

印章出现之初，用以表信。《说文解字》中"印"字释为："执政所持信也。"《尔雅》："印，信也，所以对物以为信验也。"《周礼·地官·掌节》："门关用符节，货贿用玺节，道路用旌节。"郑玄注："玺节者，今之印章也。"古时无纸，发送文书信札时，多为竹木简牍，以绳捆后，在结处施以黏土，然后以印加封。现在大量封泥印的出土，证明了这一历史记载的真实性。此外，亦用于佩带以表信。《战国策》载有"苏秦佩六国相印"等等，当可佐证。又，印章均有钮制，中有穿孔，乃穿绳佩带之用。

随着时代的发展，科技的进步，纸的发明和广泛应用，使得封泥表信之印章也发生了变革，汉印逐渐衰落。与此同时，印泥被发明，印章亦改变了其使用方式，被钤盖于纸上。进而，被钤盖于书画作品上，成为书画艺术的产物。

现在，书画篆刻家都缺不了印章，而作为始祖的先秦古玺和秦汉以后的古印，最受文人雅士特别是书画篆刻家们的喜爱。宋以后的古器物收藏，也少不了这一门类。即便是皇家，也有不少印章的收集。由于印章体积小，文化艺术内涵丰富，因此，文

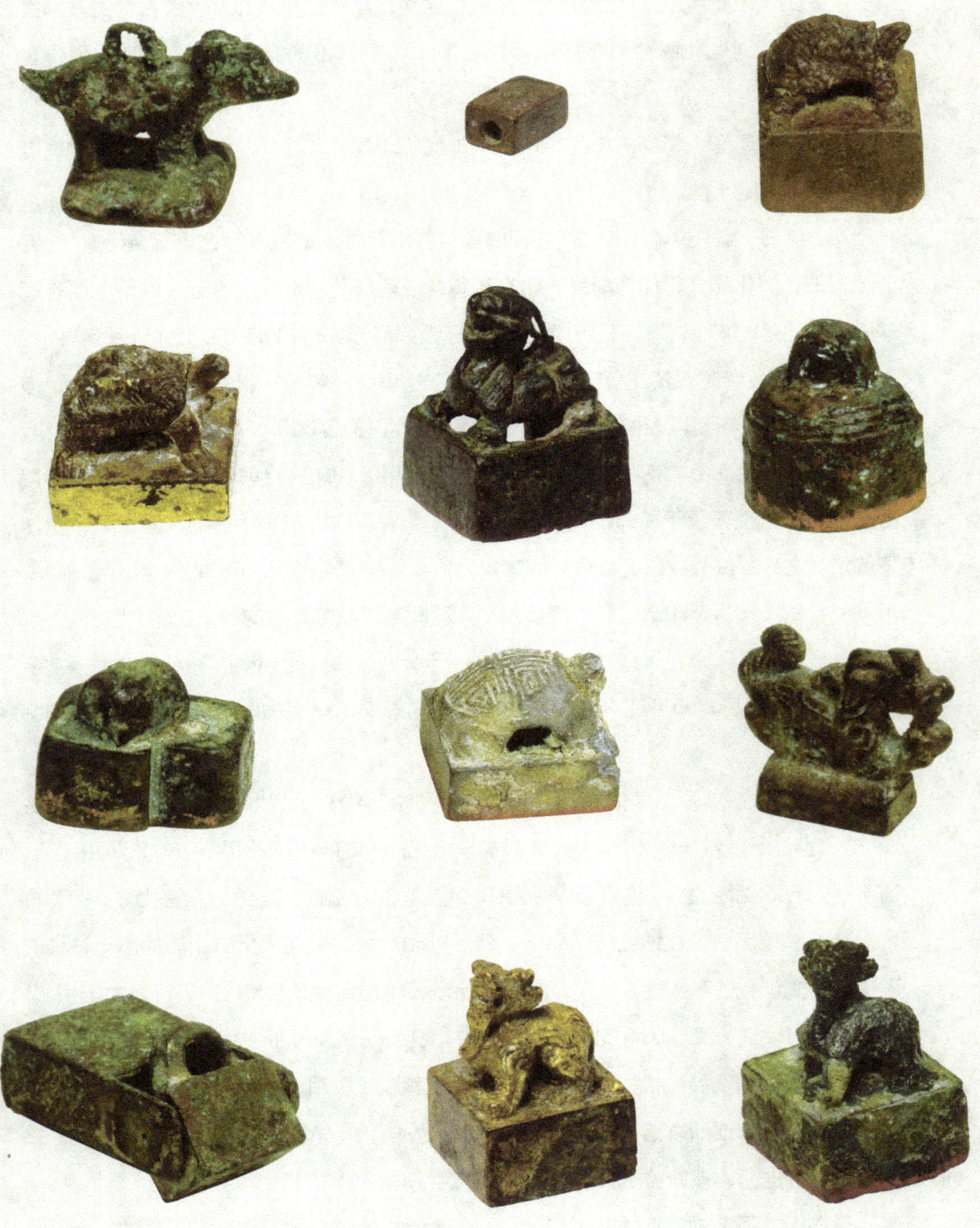

图十　古玺、秦汉私印一组

房案头若能添置古玺印,则有益于文房内涵的提升。古玺印中还有不少吉语印、肖形印等等,也可以根据需要钤盖于书画作品之上。

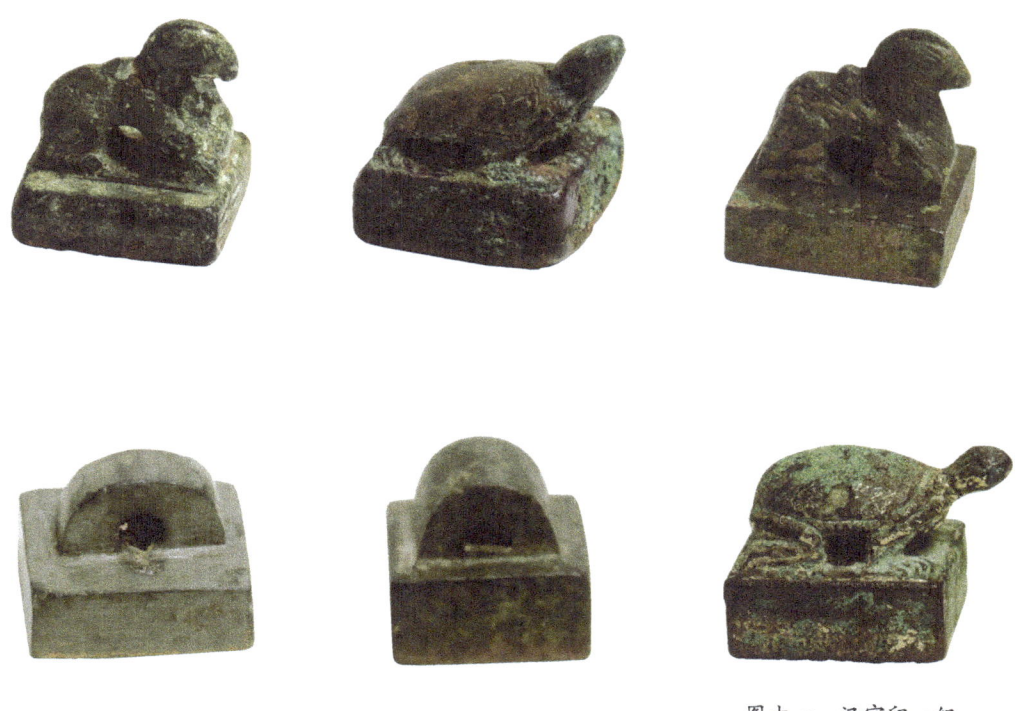

图十一　汉官印一组

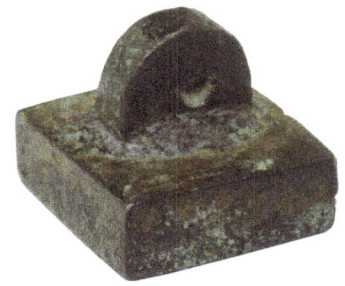 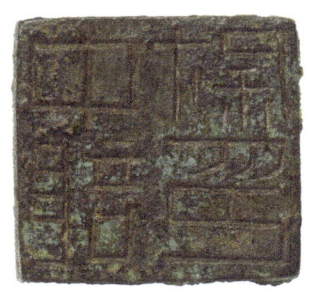

图十二　六朝官印(中部厨印)

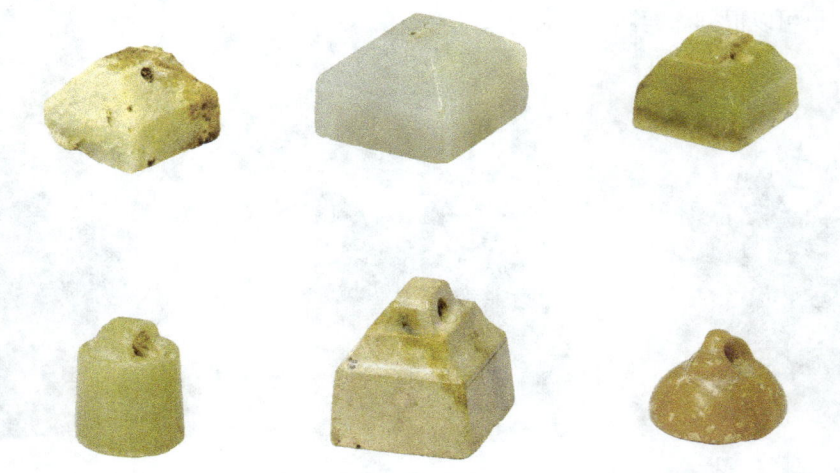

图十三　古玺、秦汉玉印一组

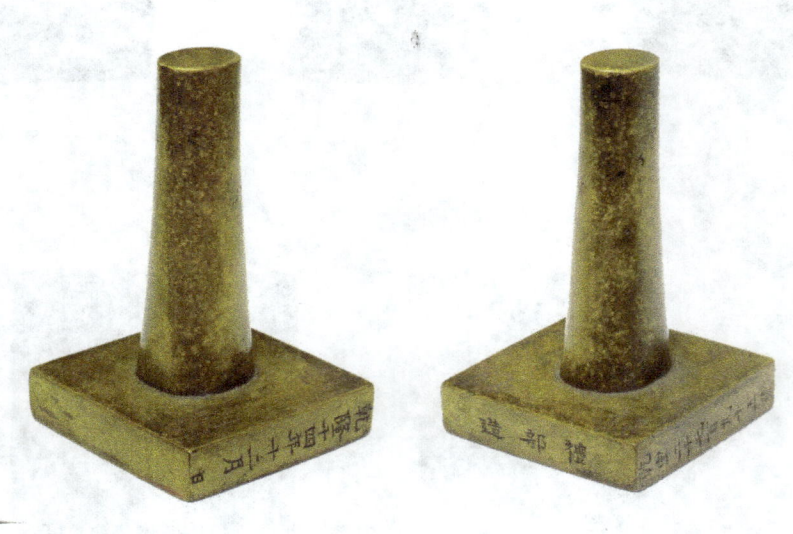

图十四　乾隆十四年礼部造鎏金官印

通常文房中有关玺印的收藏，大多以古玺、秦汉为主，隋唐宋元明清古铜官私印章从前并不为人所重，只有各地博物馆、图书馆等官方收藏偶有部分选入。其实我国印章制度随着纸张的普及而改变了形式，由原来用于泥封的使用方法逐渐在南北朝隋唐时期改变为纸上钤用。这是社会文明的象征和进步。印章的佩带印信作用逐渐丧失，公文张榜示告钤印成为新的用途。古代泥封的局限（用泥是专用泥，通常由中央集权分发，因而稀缺，又因泥封尺寸若过大则容易开裂，因而不能大量使用，印章的大小也一直控制在方寸间，约 2.3-2.5cm）由此解放，隋唐以后印章渐大，四五公分乃至七八公分以上，印文由阴刻转为阳刻。这类印章特别是隋唐印章是印章制度转变过程中的重要组成部分，极有文化意义。近年深为印章爱好者的格别喜欢。他们率先看到了从前不为重视的巨印的价值。文房若能有此宝物，也会格外增色。传统官印制度一直延续到清末，而尤以清代官印豪华亮丽（图十四）。皇家玺印更是注重材质、雕琢、制作，极其精美。博物馆外偶见拍卖，皆为天价。御玺还特别配有精美紫檀盒（图十五），非民间印章所可比。这些特别玺印、印盒，别可作为文房摆件，与明清宫庭文房一样，文化意义之外，具有极高的工艺美术价值，广为各界人士所爱。

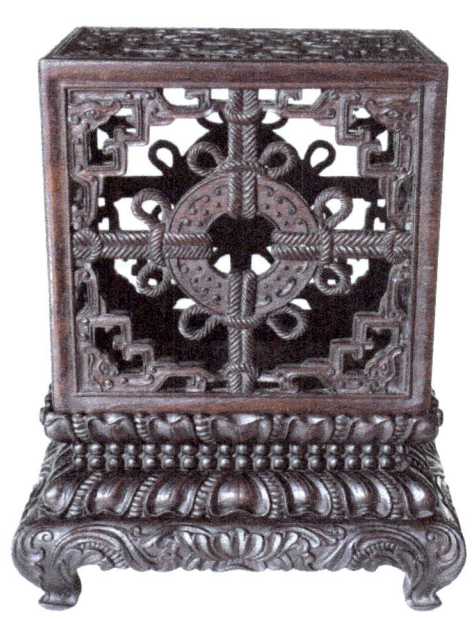

图十五　紫檀雕清宫御玺印盒

陶瓷器

　　文房雅玩中最缺不了的是陶瓷器。其实，从砚台一节我们就谈道过陶瓷砚，之后，瓷笔杆、水丞、水注、笔洗、笔舔、笔筒、砚屏、臂搁、墨床、笔格、笔架、笔山、笔插、镇纸、陶瓷印、印泥盒、香插、香炉、香薰、香盒、茶壶、茶杯、茶碗、茶叶罐、茶入、花瓶、花插、陶瓷仿奇石等等，几乎是各种雅玩都有陶瓷制品。

　　陶瓷是与书画并肩的大门类，其中的陶瓷文玩，只是陶瓷器物中很小的一部分。因此，对于陶瓷本身，无须展开叙述。关于陶瓷，有非常多的专门书籍介绍，在此只谈一下基本常识。

　　陶与瓷有所区别。

　　陶器，是用黏土或陶土经制作成形后烧制而成的器具。陶器历史悠久，人类文明与陶器的发明创造是分不开的，因此，它可以说是人类进化过程中很重要的一部分。根据考古发现，至少在新石器时代就已经烧制出了简单的陶器。距今已经有两万多年。

　　陶器在古代绝大多数是生活用品，比如盛水的器具。最早的陶器经过捏制后在篝火上烧，时间、火的温度都没有具体的讲究，温度偏低，所以，早期的陶器多数硬度不够，容易破碎，考古发掘的完整器非常少。原始陶器，世界范围比较共通，器形、烧制方法也相近。

我国古代的陶器，著名的有仰韶文化陶器（包括半坡文化）、龙山文化黑陶，马家窑文化彩陶等等，最著名的莫过于秦始皇陵出土的兵马俑。

陶俑自古就有，在我国，春秋战国时期较多，秦汉达到了巅峰。从雕刻水平，烧制程度，硬度，都可以看得出，秦代陶器工艺已经非常成熟，且具有极高的艺术性。

古代陶器，除了锅碗瓢盆之类的实用器外，也依据律令，制作成器量^(图一)，这就要求陶器的精确性、稳定性，其烧制的工艺水平可想而知。还有各种仿青铜器制品，最重要的是制成陶范，即制作青铜器所使用的器范，各种钱范^(图二)、镜范等等。另外，还用作为建筑材料，比如砖^(图三)、瓦、瓦当^(图四)等等，工艺极其精美。由于陶制度量衡，各种秦砖汉瓦之上，都有使用当时的文字，因此，对于考古、文字学、书法艺术、历

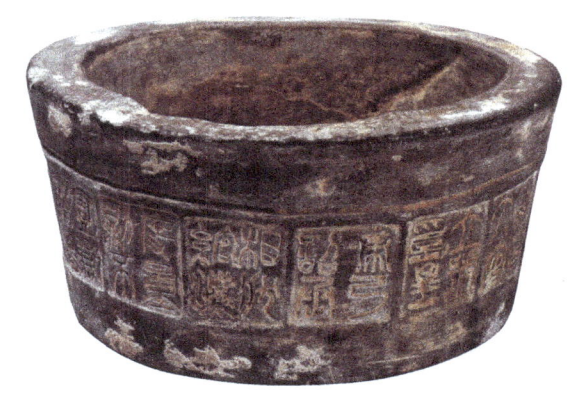

图一　秦陶量

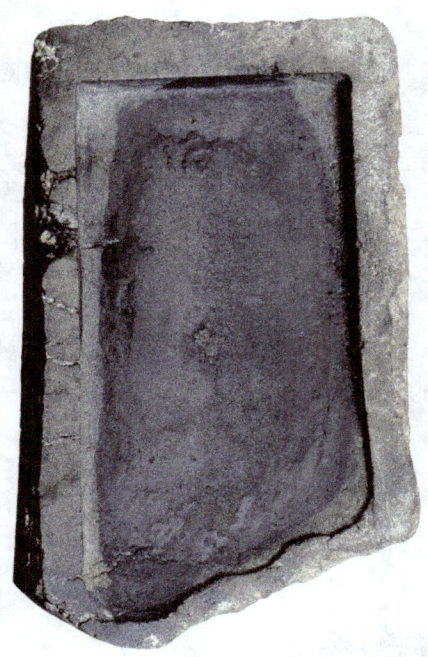
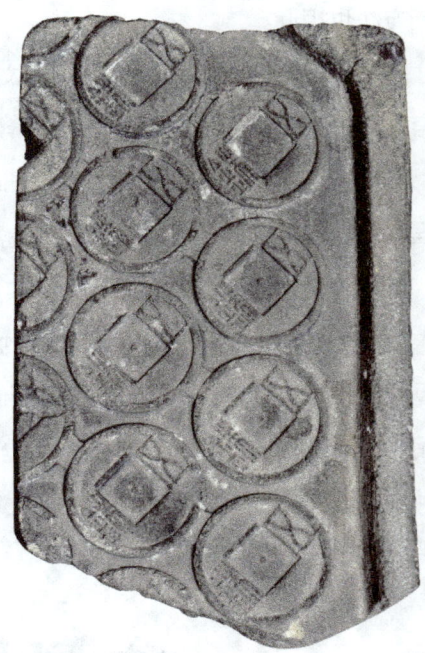

图二　汉五铢钱钱范（砚）

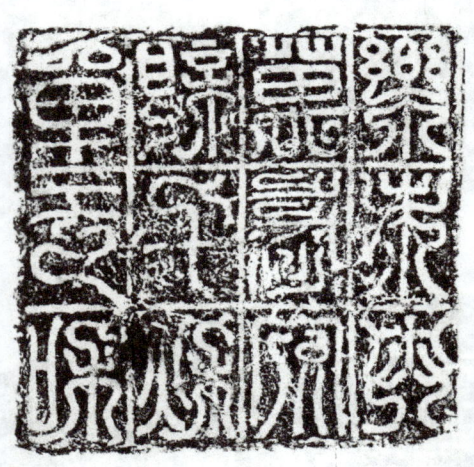
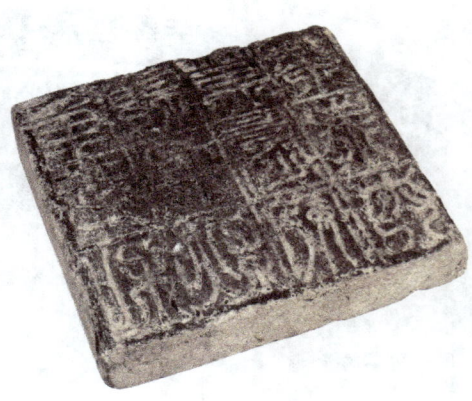

图三　汉单于和亲砖（拓片）

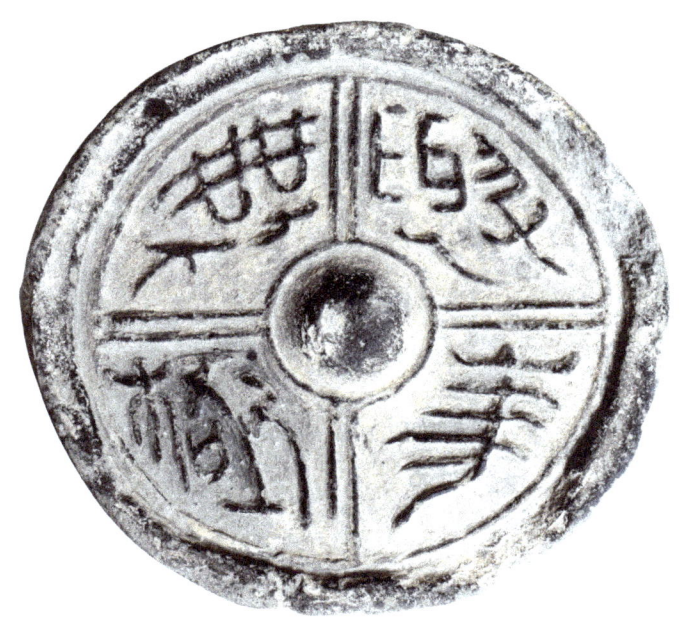

图四 汉"与华无极"瓦当

史演变等等具有极大的文化意义。虽然说古代的彩陶、人物车马俑类中华早期文明器物,具有高古意趣,其中小型的适合文房摆设,但秦砖汉瓦等有文字的陶器则更符合文人取向,故向来为文人雅士所钟爱。

春秋战国之后,出现了在釉中加铅的技术。铅能使陶器的釉面光滑度和平整度增加,还能使铁、铜等着色剂呈现美丽的绿、黄、褐等颜色(图五),与此同时,早期原始瓷器也开始慢慢进化。汉以后陶瓷在交叉中发展。南北朝的人物、动物陶俑、陶塑是这个时期的亮点,之后就是著名的唐三彩了。

唐三彩是盛行于唐代的低温铅釉的彩釉陶器的总称,在同一器物上,黄、绿、白或黄、绿、蓝、赭、黑等基本釉色同时交错使用,形成绚丽多彩的艺术效果。"三彩"是基本色调,也有多色或少于三色的。唐三彩自20世纪初发掘以来,备受关注。因唐三彩属于明器,因此我们能见到的都是出土品。唐三彩造型种类非常丰富,常见的有马、骆驼、人物、神兽、动物、碗盘、水器、酒器(图六)、文房用具等等,雕塑精美、造型生动且釉色绚丽斑斓。

唐三彩在陶瓷史上是一个划时代的里程碑,因为在唐以前,多为单色釉,到了唐代才有了这种多色釉综合运用。而且达到了炉火纯青的境地,前无古人后无来者。辽

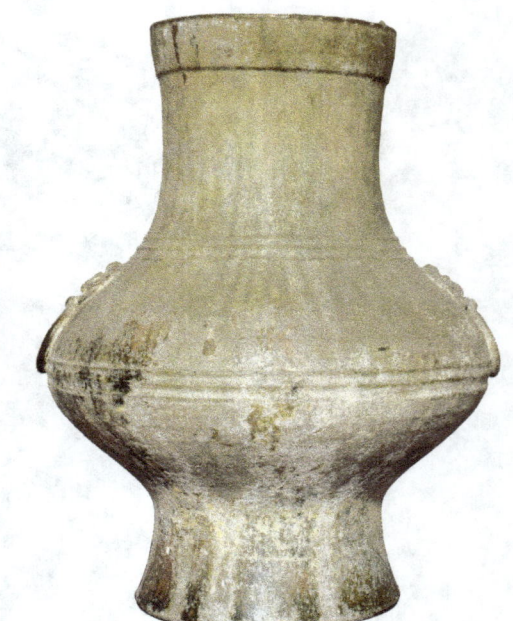

图五 汉绿釉钟

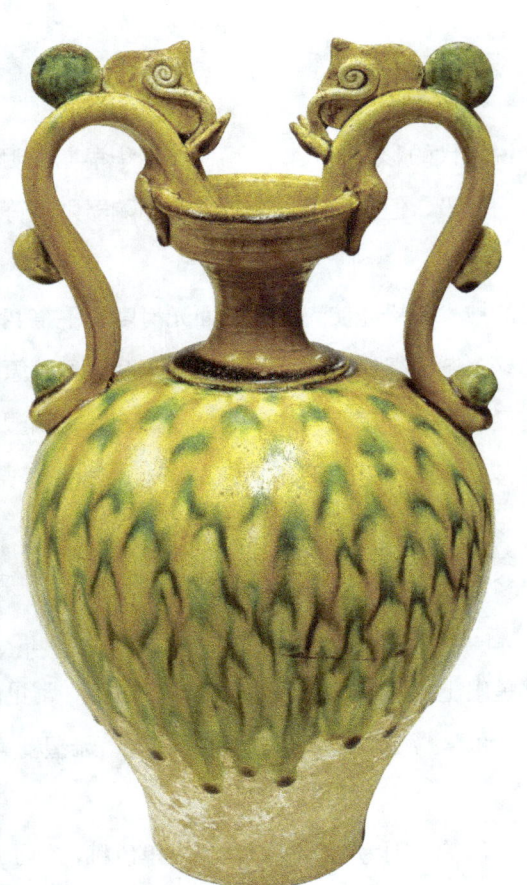

图六 唐三彩龙耳瓶

代承继之，生产出了辽三彩，之后还有明三彩，但已难与之媲美。日本奈良时期曾经仿制中国的三彩制作出过三彩器物，当时被称为奈良三彩，朝鲜的新罗时期也仿造中国的三彩制作过三彩的器物，叫新罗三彩。从一个侧面可以看出唐三彩对周边国家的影响。

唐三彩虽为明器，但深受大家的喜爱，是雅俗共赏之器，其中多文房具，如水丞、茶具之类，皆属于文玩用品、摆件之列。这些在之前的相关文章中，我们曾做过一定的介绍。

唐以后，陶器衰落，瓷器兴盛。在之后的历史中，唯紫砂陶异军突起。

紫砂陶制作原料为紫砂泥，原产江苏宜兴，明武宗正德年间以来紫砂开始制成壶，成为茶道必不可少的重要器具之一。紫砂壶名播海内外，且五百年间不断有精品传世。宜兴也因此被誉为陶都。

笔者在"茶和茶道具"一节中写道：

《长物志》云："壶以砂者为上，盖既不夺香，又无熟汤气。'供春'最贵，第形不雅，亦无差小者，时大彬所制，又太小。若得受水半升，而形制古洁者，取以注茶，更为适用。其'提梁'、'卧瓜'、'双桃'、'扇面'、'八棱细花'、'夹锡茶替'、'青花白地'诸俗式者，俱不可用。锡壶有赵良璧者，亦佳，然宜冬月间用。近时吴中'归锡'、嘉禾'黄锡'，价皆最高，然制小而俗。金、银俱不入品。"尽管文震亨这么说，数百年之后的今日，能得一把供春、时大彬制壶已非易事。明人制紫砂壶名家，还有李仲芳和徐友泉。清代有陈鸣远、惠孟臣、陈鸿寿、杨彭年和邵大亨等。在当代如顾景舟，堪称紫砂壶制作的集大成者，受人追捧。

这里特别值得一提的是陈鸿寿曼生和顾景舟。陈鸿寿（1768—1822）字子远，号曼生，别号种榆道人、别署桑连理馆、阿曼陀室等。他身为书画篆刻家，其篆刻影响极大，为西泠八家之一。然而，陈鸿寿尤喜好制紫砂壶，多与杨彭年合作。陈鸿寿四十四岁，嘉庆十六年（1811）任溧阳知县，得天时地利人和之便，找到杨彭年（1796—1850），与杨彭年一起参与紫砂壶的制作。由曼生出主意，造仿古式，述书画其上，号"曼生壶"。次年，他作花卉十二开，中有《壶菊图》，题曰："杨君彭年制茗壶，得龚时遗法，而余又爱壶，并亦有制壶之癖，终未能如此壶之精妙者，图之以俟同好之赏。"（图七）

传曼生壶有十八式，多有铭文。传世曼生壶多后世仿品，但考为真品的，基本上都是与杨彭年合作者，钤有曼生的"阿曼陀室"及彭年印章。铭文一如陈鸿寿书法，

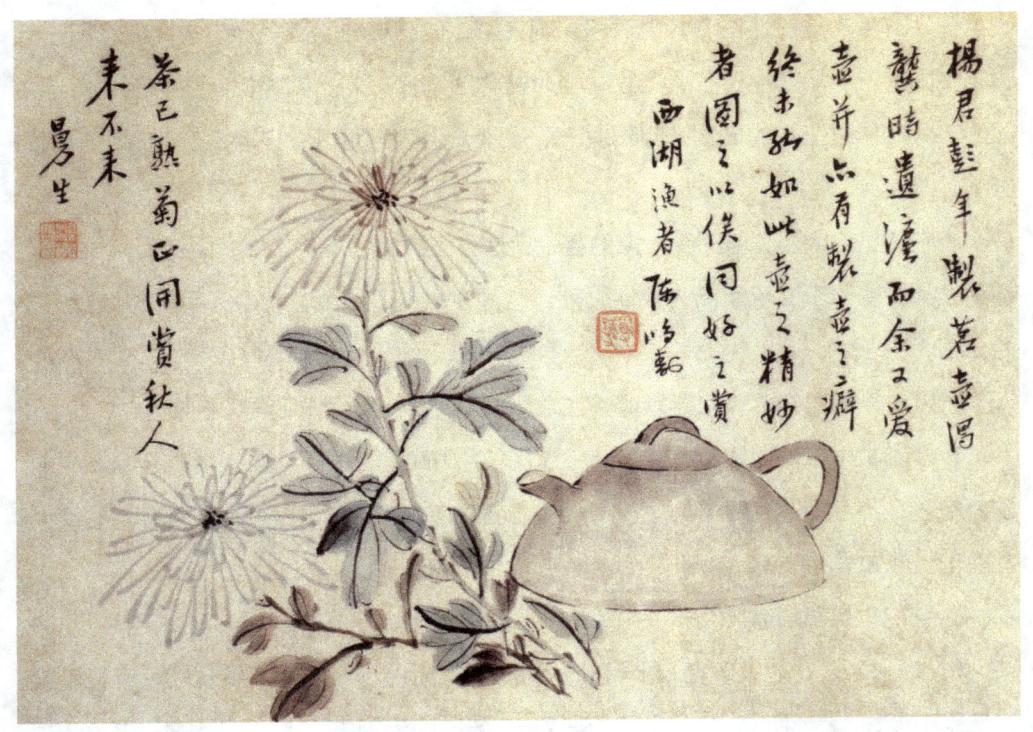

图七　陈鸿寿《壶菊图》

定是陈鸿寿所书，或为曼生亲手所刻^(图八)。这一文人刻铭文的风气，虽非陈曼生发明，但他发扬光大，且所制精美绝伦，铭文切合壶形，隽永雅致。影响到之后的宜兴紫砂陶艺，至今不减。

近人顾景舟（1915—1996）是当代著名紫砂艺术家，与刘海粟、李可染、唐云等文人艺术家合作，是继曼生壶之后的又一次强强合作，把紫砂工艺与文人雅士、艺术名家书画艺术相结合，创造出众多的名作。因此，其作品虽近，却影响极大。作品为文人雅士所珍爱。

明清石湾窑，以仿钧窑著称，但其于陶雕陶塑方面颇有特色。可谓陶器史上的别帜。特别是以"渔樵耕读"等为题材的陶塑，具有较高的艺术性，人物表情丰富，造型夸张，胎色厚实，生动传神。其作品多为岭南等南方及海外人士所喜爱。其通俗之品难入雅室，但文人题材的内容，作为文房摆件算合适。

我们说到，陶与瓷有所区别。陶器，是用黏土或陶土经制作成形后烧制而成的器具。而瓷器，则是一种由瓷石、高岭土等制作成形，胎质细密，高温烧制而成，外表施有

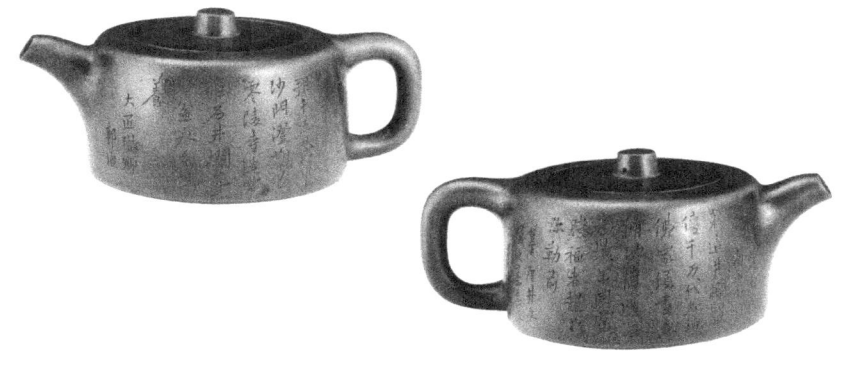

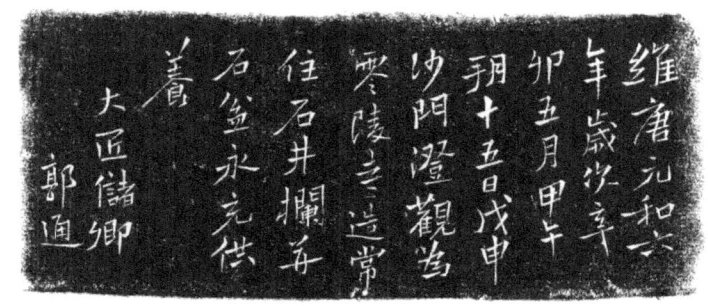

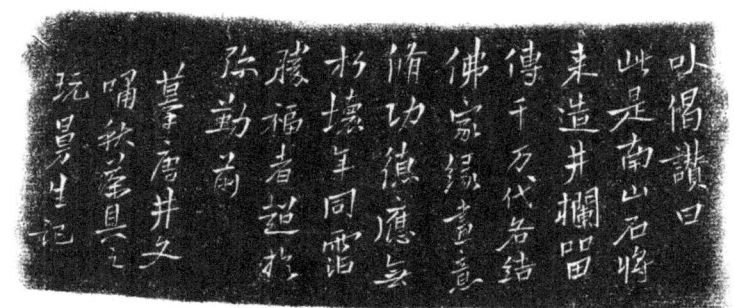

图八　上海博物馆藏曼生壶仿唐井栏壶（含拓片）

釉色的器具。陶器和瓷器往往不能区别，所以通常统称为陶瓷器。而实际上，这两者还是有比较明显的区别。

陶器与瓷器的区别在于：陶器英文名为 pottery，可以使用各种黏土制作，烧成温度较低，多在 700—1100℃ 之间，胎体气孔率和吸水率较高，没有瓷化。而瓷器英文名为china，使用的是氧化铝含量较高的瓷石、瓷土即高岭土烧制，烧成温度至少在1100℃以上，高达1400度，胎质基本瓷化，气孔率和吸水率较低，硬度也远远超过陶器，因此敲击声音清脆。

陶器是人类共通的产物，世界各地都有发现，而瓷器则是中国发明的特种烧制器物。

中国最早的瓷器，当是原始瓷，大约在三千年前发明于长江流域，浙江、江苏为多，尤以浙江上虞等地的质量为佳。这个时期的瓷器，都是青瓷类，严格说还介之于陶瓷器之间，因其地域性比较明显，多产之于浙江一带，故统称为越窑。由于原始瓷结实耐用又美观轻便而深受欢迎。但因其烧制难度较高，数量并不是很多。大约在汉代，原始瓷得到了一个比较大的发展，传世原始瓷器大多也是这个时期的器物。三国两晋时期，浙江的文化极为发达，以王羲之为代表的书法文化正是这个时期达到了空前的程度。与此同时的青瓷文化，在浙江一代广为流行。除了碗、盘、罐、瓶之类的实用器外，砚台、水盂等文房具，灯具、神兽等辟邪物件也随时代而生。南朝时佛教盛行，瓷器上多以莲瓣或莲花作为装饰。从三国到隋统一前的数百年中，以越窑为代表的瓷器生产有了长足的发展。它的品种繁多，式样新颖，已深入到生活的各个领域，开始与陶器形成对抗。白瓷等其他瓷种在这一时期也开始出现。白瓷是由青瓷发展而来的，两者的区别仅在于胎、釉中含铁量的不同。瓷土含铁量少则胎呈白色，含铁量多则胎色较暗，呈灰、浅灰或深灰色。就瓷器本身的发展而言，是从单釉瓷向彩瓷发展的，无论是宋元白地黑花、元青花、釉里红，还是明清斗彩、五彩、粉彩、珐琅彩，都是以白色为衬托，来展现各种色彩的艳丽与美妙的。所以，白瓷的产生，对后来瓷器的发展有着深远而广泛的影响。

隋唐时期国家进入盛世，各类事物都得到了普遍而广泛的发展，陶器出现了三彩这样的多色釉，而瓷器，得到南方的青瓷进一步发展，生产出了秘色瓷，法门寺地官出土的唐代皇室供奉的秘色青瓷精品可见一斑。这类皇家供奉的秘色瓷，都是浙江地方官制之贡品，具有官窑的性质。在北方，以邢窑为代表的白瓷也得到迅猛发展。唐代陆羽（733—804）在《茶经》里写道："邢瓷类银，越瓷类玉"，"邢瓷类雪，越瓷类冰"，[1]这是他对唐代瓷器生产成就的一个高度概括。五代承继了这种态势，使得陶瓷器并重

---

[1] 见《茶经·续茶经》，（唐）陆羽、（清）陆廷灿著，中州古籍出版社2015年版，P27。

的时代向瓷器时代过渡。

宋代，是中国瓷器最繁荣的时代。由于宫廷的特别嗜好，从北宋到南宋，由北方向南方，生产出了各种釉色的瓷器。其中最著名的有汝窑、定窑、钧窑、哥窑、官窑五大名窑。皇家尤其偏爱汝窑，有记载称，定窑有芒口而不合用，于是专门在汝州设置瓷厂烧制青瓷，一时间，北方出现很多青瓷系瓷器，而以汝窑为魁首。

由于皇家的经济实力和无限的权力，使得皇家瓷器烧造不计成本，器形、质量，都非商业瓷器所能比。皇家制器，无论是汝窑、官窑，还是其他搭在民间各窑烧造的瓷器，从传世宋代瓷器看，造型规范，以青瓷为主，工艺上精益求精，烧制的瓷器极为精美，也严禁民间使用。后人，包括海内外藏家喜爱收藏唐宋以后的历代皇家瓷器，与其质量之高，器形之美，烧造之精有直接关系。

除了五大名窑之外，还有耀州窑、龙泉窑（图九）、磁州窑、建窑、吉州窑、湖田窑等等，耀州窑的刻花，磁州窑的白地黑花，龙泉窑的翠绿晶润的梅子青，景德镇湖田窑青白瓷的色质如玉等，各具特色。奠定了瓷器在中国的至尊地位。

元代蒙古人统治了中原，社会结构也发生了变化。中西方的大融合，也带来了中东、西亚、欧洲的理念。元代皇家也非常重视瓷器的生产，在江西景德镇设立了"浮梁瓷局"机构，管理瓷器的制作。所用瓷土特别精制，且专门规定瓷土专用，皇家器物烧成之

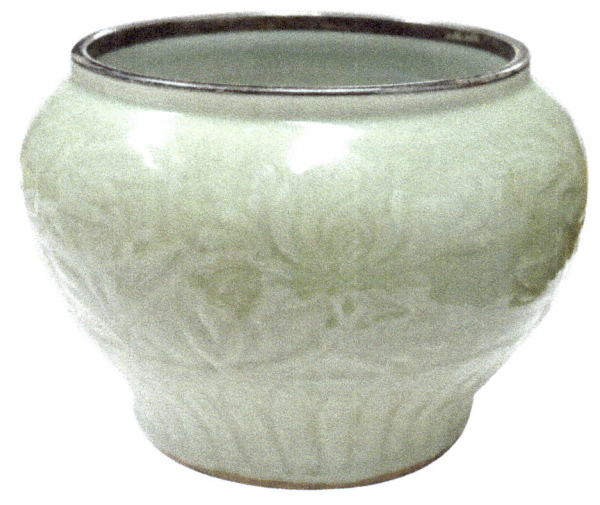

图九　元龙泉窑青瓷缠枝牡丹纹罐

后便要封土。皇家的特别参与，这也为景德镇瓷业生产发展创造了有利条件，青花瓷的发明和普及，使青花瓷成了中国瓷器的象征。景德镇因青花瓷的生产，一跃成为中国的瓷都，直至当代。

贮藏量巨大而优质的高岭土，也助长了景德镇迅猛发展的势头。由于瓷土等材质细腻，使得制作成薄而轻的胎质成为可能。高温烧制，绘工典雅，也使得青花色彩素雅而华丽，更加上外来文化在理念上的促进，青花瓷在宋代瓷器的基础上别开生面。从传世的元代青花器可知，这时期的青花瓷釉质透明如水，胎体质薄轻巧，蓝色纹饰，素雅清新，符合东西方各民族国家的喜好。青花瓷一经出现，便风靡世界。釉里红的发明也是极具意义的，只可惜烧制不易，而难与青花并驾齐驱。其他瓷器，虽然继承了宋代南北各个主要瓷窑的生产，但基本上没有什么创新，因此在数量与质量上均不如宋代。南方的龙泉窑因波斯人和日本人的喜爱，大量出口，使得龙泉窑数量上超越了宋代，质量上看则走向了"厚重"一路，别有生机。

明代沿袭元制，在元的基础上，又进一步大规模研制官窑器。洪武二年（1369）设厂于景德镇之珠山麓，烧制各种官窑器，以别民窑。（《景德镇陶录》）除景德镇外，也在景德镇以及龙泉的民窑搭烧官器。明代历时二百七十六年，十七个有帝王年号，但由于政治原因，洪武、建文、洪熙、正统、景泰、天顺、泰昌七个帝王年号的纪年款瓷器至今未曾被发现，故已证实有明代纪年款十个，依次为：永乐、宣德、成化、弘治、正德、嘉靖、隆庆、万历、天启、崇祯。明代纪年款的流行，为后人研究、学习、了解、收藏明代官窑器提供了极大方便。

由于皇家重视，加之"官搭民烧"等情况，民窑也得到普遍发展，景德镇除了官窑之外，还出现了大量的民窑，所烧制的产品广销海内外。由此，景德镇成为全国乃至世界瓷器的烧造中心。

明代永乐、宣德时的青花瓷器，色调浓艳，具有元代青花的许多特征。明成化时，在釉下青花的瓷器上，再加上红、绿、黄、紫等彩，这就是著名的成化"斗彩"。明嘉靖、万历时，又兴起了"五彩"。

清代也在景德镇设御瓷厂，但烧瓷主要都在民窑。清康熙时继承与发展了五彩，并创烧了"珐琅彩"。清雍正时期又烧制出"粉彩"。清乾隆时的突出成就是转心瓶的烧制，以及成功地仿烧漆、木、铜器物和各种果品等。清三代的瓷器，集历代烧瓷之大成并创造性地加以发展，达到了中国瓷器烧造的历史高峰。

从原始瓷至今，传世、出土的历代瓷器亿万，时代、种类、造型难以计数，这么多的瓷器并非都可以列入文房雅玩范畴。这需要我们甄别、挑选。什么才是文房所应收入摆放的瓷器？笔者以为，与前述文房四宝、各类雅玩相关的器物方好。

其一，文房四宝中的瓷笔、瓷砚是首选。而瓷笔瓷砚中，晋唐瓷砚以及明清瓷笔砚较为多见。

其二，与文房四宝有关的各类附属器物，种类较多，如：水盂、水滴、水注，笔筒、笔洗、笔舔、笔架、笔搁，墨台、墨盘、调色盘，砚屏等。

其三，与香、花有关的器具，如香炉、花瓶、花插等。

其四，与茶有关的器具，茶碗、茶盏、茶杯、茶壶、茶则、茶盘等等。

其五，适合布置文房的仿古器摆件。

各类瓷器较多，特别是宋元明清各种官窑器最受珍重。宋汝窑、哥窑笔舔、臂搁、官窑闷、笔筒等等，在之前的各讲中都已列举，大家可以参阅。

文房的书画悬挂与赏玩

文房的壁面自然少不了张挂书画作品；闲坐文房时也少不了展玩书画卷、册。书画是文房最重要的内容，且不说在文房进行小品书画创作，题跋眉批，各类雅玩其实都是围绕书画展开的。

书画范围极其广泛而庞杂，类同于瓷器杂项，即便专撰一书，也难言尽。如此庞杂的书画，适合于文房张挂、赏玩的自然不少，此处仅就常见常识者言之。通常所言文房书画大体有两类，一类古代书画，一类包括自家书画在内的当代作品。

对于古书画，历代论述极丰。高濂的《遵生八笺》、屠隆的《考槃余事》、文震亨的《长物志》等也皆有详论。其中《长物志》载："金生于山，珠产于渊，取之不穷，尤为天下所珍惜。况书画在宇宙，岁月既久，名人艺士，不能复生，可不珍秘宝爱？一入俗子之手，动见劳辱，卷舒失所，操揉燥裂，真书画之厄也。故有收藏而未能识鉴，

图一　故宫博物院藏王珣《伯远帖》
图二　唐《大宝积经》局部
图三　辽宁省博物馆藏宋徽宗《瑞鹤图》

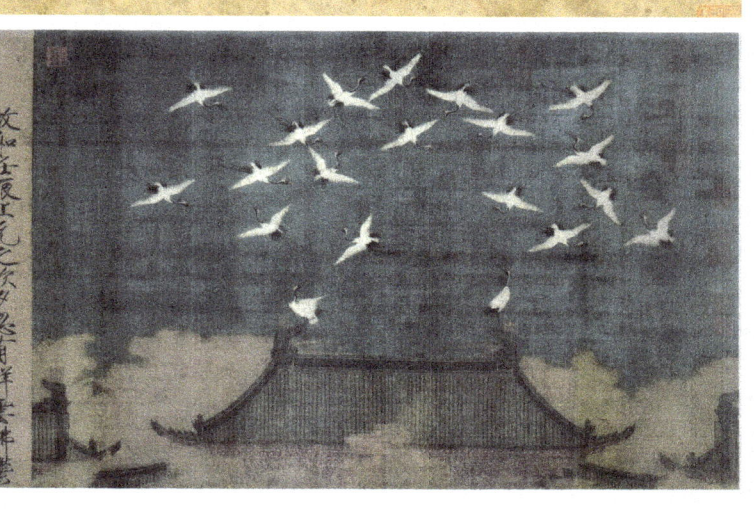

识鉴而不善阅玩，阅玩而不善装裱，装裱而不能铨次，皆非能真蓄书画者。又蓄聚既多，妍媸混杂，甲乙次第，毫不可讹。若使真赝并陈，新旧错出，如入贾胡肆中，有何趣味？所藏必有晋〔图一〕、唐〔图二〕、宋〔图三〕、元名迹，乃称博古。若徒取近代纸墨，较量真伪，心无真赏，以耳为目，手执卷轴，口论贵贱，真恶道也。"（1）就是说，金银珠宝乃大自然之恩惠，取之不尽用之不竭，即便这么多的数量，仍旧为世人所宝，那么古代名人书画，承载历史文化艺术，且不能复生复作，当然应该得到人们的珍重。文房是文人研习文化艺术的精神居所，兼做文人雅士的待客场所，岂能少得了书画？只不过，历来书画真赝难定，优劣难分，因此很多人爱之却颇惧怕之。古代真迹数量有限，《长物志》所谓的晋、唐、宋、元名迹，距今已千百年，历经社会动荡、变迁，这些名作或已亡佚，或归藏于各大博物馆，以及部分私人美术馆。一介文人雅士私家财力有限，焉能轻易聚得？虽说堪称"博古"，现实中与我们当代文房有相当距离。

《长物志》书成于明末，至今也经历了清代、民国，已三百余年矣。因此，今日我等能聚集到他所谓的"近代纸墨"，也就是当时的明代纸墨，已是相当不易了。就目前情况看，即便有一定的经济实力，想要收集到宋元名家名作，堪比登天。而明代诸如沈周、吴宽、文徵明、祝枝山、唐伯虎、仇英、徐文长、董其昌〔图四〕、张瑞图、黄道周、倪元璐、王铎、傅山、渐江、石溪、龚贤、四王、石涛、八大山人等等，已是天价，但机会尚存。清代如扬州八怪、西泠八家等，存世量不少，价格分化，机会更多于明人以及明清间高人。皇家如康熙、雍正、乾隆皇上的御笔，具有富贵气，金石家如邓石如、伊秉绶、赵之谦具有金石气，皆为人追捧。清晚期至民国如任伯年、吴昌硕、齐白石〔图五〕，以书画为生，作品存世量极大，价格虽贵，依旧为人喜爱。近人如康有为、梁启超、罗振玉、郑孝胥、于右任、弘一法师、黄宾虹、徐悲鸿、傅抱石、

（1）见《长物志·考槃余事》，（明）文震亨、屠隆著，浙江人民美术出版社2011年版，P67。

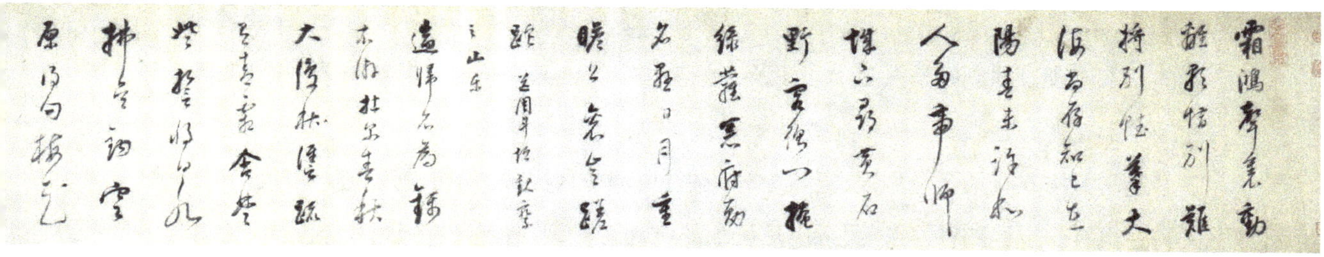

图四　董其昌《行草自作诗卷》

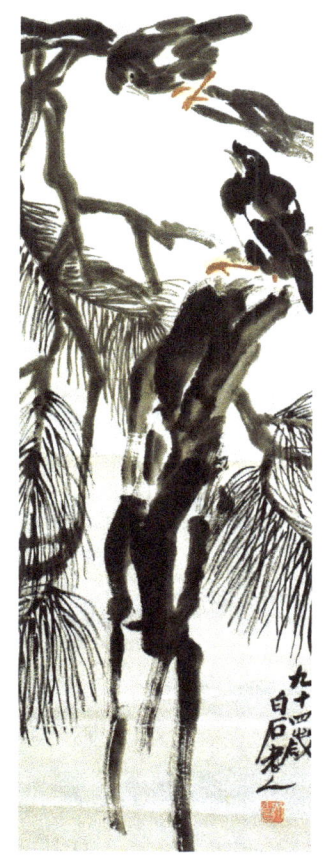

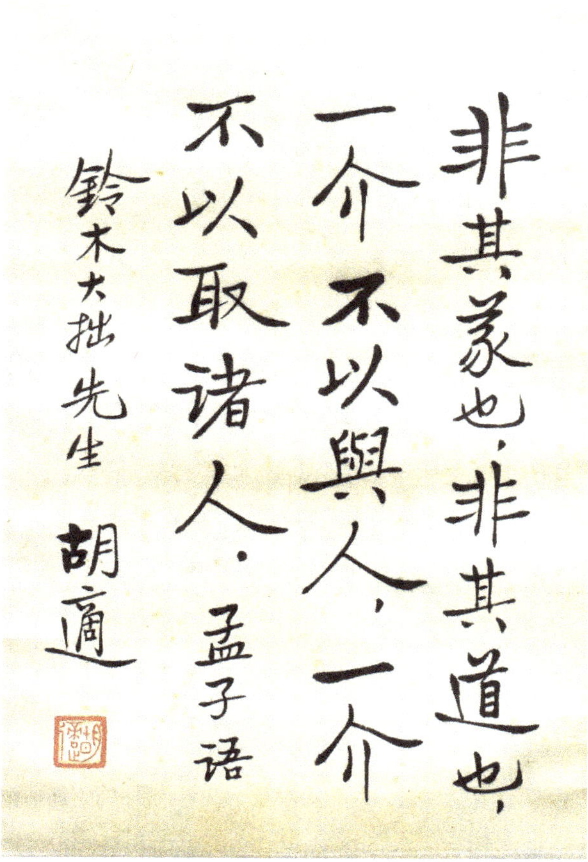

图五　齐白石《松树八哥图》　　图六　胡适《书法小品》

吴湖帆、沈尹默、沙孟海、李可染、启功等等，或书或画，都值得赏玩。还有相当数量的文人墨迹，他们的书法艺术虽不及专门书画家，但其文化意义非常重要，所作往往颇合于文房，近代如王国维、鲁迅、胡适（图六）、老舍等等。

　　通常文物界或拍卖界古代、近代之分，往往以清末为界限。清以前的定为古代（交叉时，也有一定的随意性），民国以后已故的定为近代，在世的定为现代。笔者以为，古代、近代书画最值得珍重，因其不能再生且有基本定论故也。这些历史上的书画作品，因其所具有的历史、文献、艺术价值，若为我们所得之，悬之于文房壁面，可增文房古雅之气。若能常常展玩赏析，则有助于我们艺事精进。学习、欣赏不可或缺。

　　在世名家书画，因作者还有机会创作，且多未有历史定论，多少有别于"古代、近代书画"。当然，如果根据艺术、文化价值来认真、公正地考察作品，则不可以时代早晚或在世与否论高低贵贱，现代作品中也颇有超越前贤者。因此，若能悬挂现代精品且适合于文房内容者，也极有意义。

　　这里所说的"适合文房悬挂"，是非常重要的一项。其一是内容，其二是形式。比如前卫艺术思潮不同于传统文房理念，前卫作品就适合客厅、工作室悬挂，而不适合于文房。

　　悬挂现代书画作品，有时可能会掺杂某种特殊原因。比如珍重与作者之情分，或碍于某种面子，更有显摆某些与某某官职人物之不平常关系等等，很难免俗。而此，可能会与传统"文房"二字相违。倘若有某种因素不得不悬挂时，其实不妨考虑挂于客厅等处。而文房，笔者还是推荐适合文房格式、内容的作品为宜。《长物志》所谓的"若徒取近代纸墨，较量真伪，心无真赏，以耳为目，手执卷轴，口论贵贱，真恶道也"之论，恐怕是有针对性的。

　　至于文房悬挂书画的内容，喜好不同，因人而异。传世历代佳作数量之大，内容之丰富，既不能尽列，也颇难划一规定。笔者以为，文房本身建筑面积不大，则可悬挂小型匾额、斋堂号、励志文辞以及小尺幅书画作品。古文诗歌词赋、格言、警句、故事等，平心静气，不急不躁者为宜，画则梅兰竹菊、岁寒三友、花草虫鱼、山川丽景为雅。悬挂其中不抢人眼，与文房中其他装饰、布置、摆件相协调统一为最佳。至于手卷、册页，装帧后置于博古架上，也可当文房摆件（图七）。匾额框架、卷轴装帧，当用些心思。匾额边框宜细边硬木制作，紫檀、红木等最佳，曾见有硬木镶嵌斑竹者，亦雅。轴头或用象牙、紫檀，或粉彩、斗彩、青花、珐琅彩瓷器皆可用，装饰虽然属

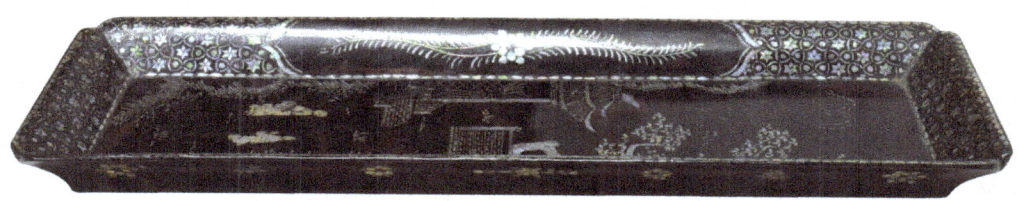

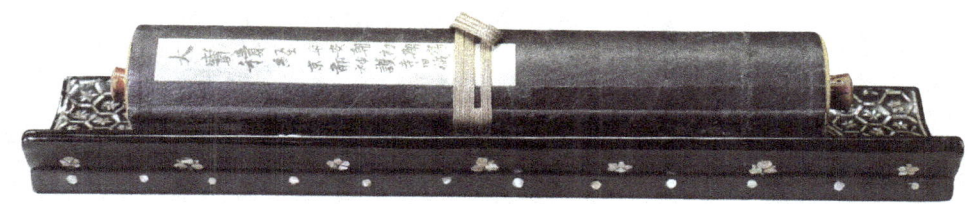

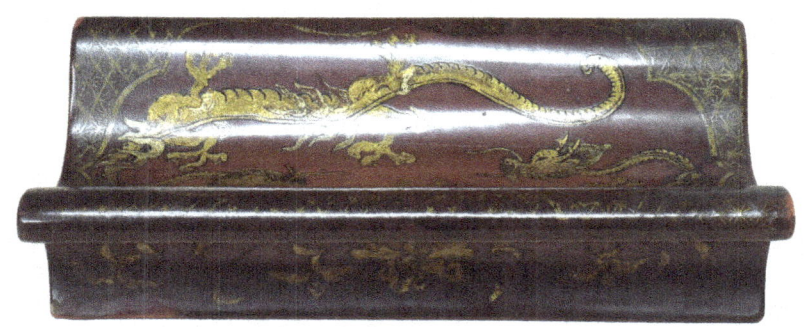

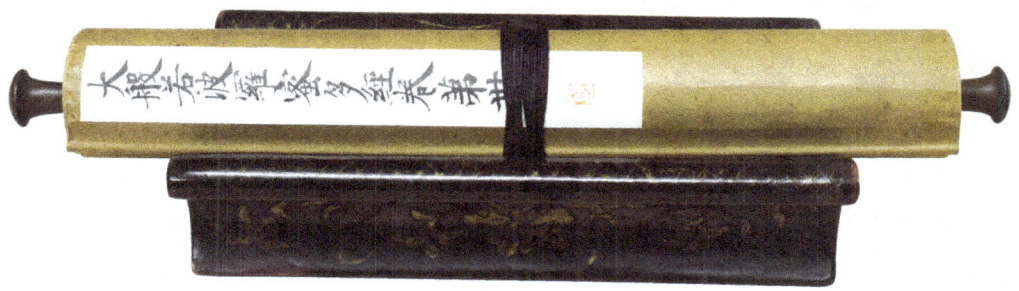

图七　明代轴盆、轴台（唐人写《大宝积经》《大般若波罗蜜多经》）

于书画之外，但要避免粗恶。卷盒、册盒古时以紫檀红木为精美，近时有效仿东瀛桐木者，虽贵重不及紫檀红木，因其保湿性能优越，且轻便，又可直接以墨题盒，颇具实用性。若制作精雅，待使用一定时日，火气全消，也颇入雅格。（图八、图九、图十）

　　时令方面，若有可能，也应该考虑，特别是绘画方面。《长物志》"悬画月令"条载："岁朝，宜宋画福神及古名贤像。元宵前后，宜看灯、傀儡。正、二月，宜春游、仕女、梅、杏、山茶、玉兰、桃、李之属。三月三日，宜宋画真武像。清明前后，宜牡丹、芍药。四月八日，宜宋元人画佛及宋绣佛像。十四，宜宋画纯阳像。端午，宜真人玉符，及宋元名笔端阳景、龙舟、艾虎、五毒之类。六月，宜宋元大楼阁、大幅山水、蒙密树石、大幅云山、采莲、避暑等图。七夕，宜穿针乞巧、天孙织女、楼阁、芭蕉、仕女等图。八月，宜古桂，或天香、书屋等图。九、十月，宜菊花、芙蓉、秋江、秋山、枫林等图。十一月，宜雪景、蜡梅、水仙、醉杨妃等图。十二月，宜钟馗迎福、驱魅、嫁妹。腊月廿五，宜玉帝、五色云车等图。至如移家，则有葛仙移居等图。称寿，则有院画寿星、王母等图。祈晴，则有东君。祈雨，则有古画风雨神龙、春雷起蛰等图。立春，则有东皇、太乙等图。皆随时悬挂，以见岁时节序。若大幅神图，及杏花、燕子、纸帐梅、过墙梅、松柏、鹤鹿、寿星之类，一落俗套，断不宜悬。至如宋元小景，枯木、竹石四幅大景，又不当以时序论也。"（2）说得这么细，都以宋元绘画为主，这在今日连大型博物馆也难做到，何况我们平头百姓，一介文人呢！不过，所述内容，倒是值得参考。总之，时令节气悬画，以敬天地合自然为主。

　　书法虽无此要求，但春夏秋冬的内容也是不妨考虑搭配。至于吉语警句无季节分类者，倒不必勉强更换。比如"寿无量""花好月圆人健"（图十一）、"美意延年""有万熹"之类，则终年都适合。

　　书画卷、册（图十二），自古为文人雅士所珍爱，平日赏玩，不可或缺。所藏书画，通常应存于专门库房，选取时令相关题材的书画数卷、册置于文房即可。若有友人来访，可与友人共赏。

　　另，在文房创作书画，题跋眉批等等，则是另一个话题，不属于文房雅玩本身的内容，在此略之。

（2）见《长物志·考槃余事》，（明）文震亨、屠隆著，浙江人民美术出版社2011年版，P83—84。

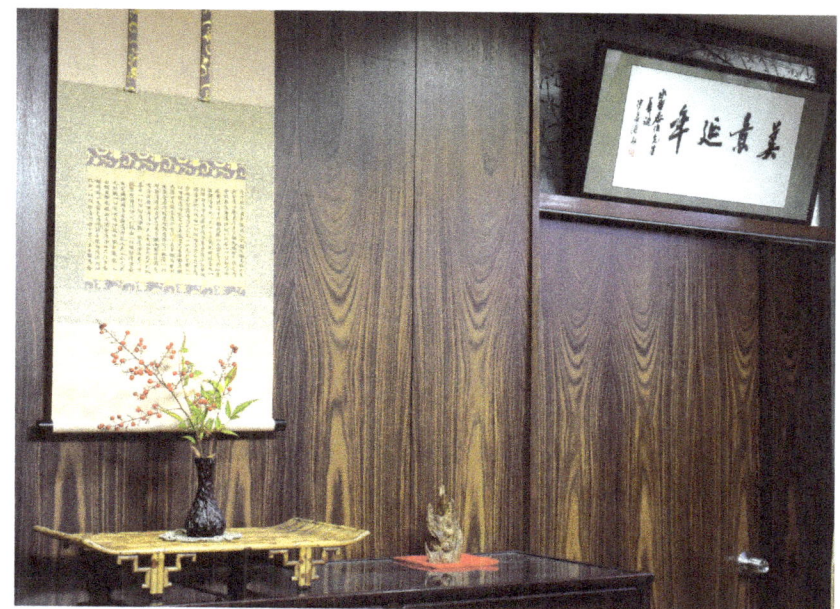

图八 文房匾额例（唐人写经和沙孟海书"美意延年"额）

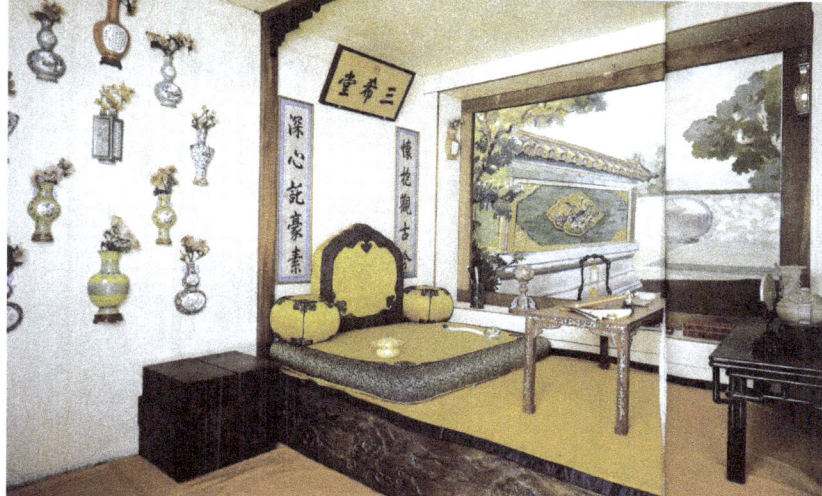

图九 故宫三希堂从内往外景观

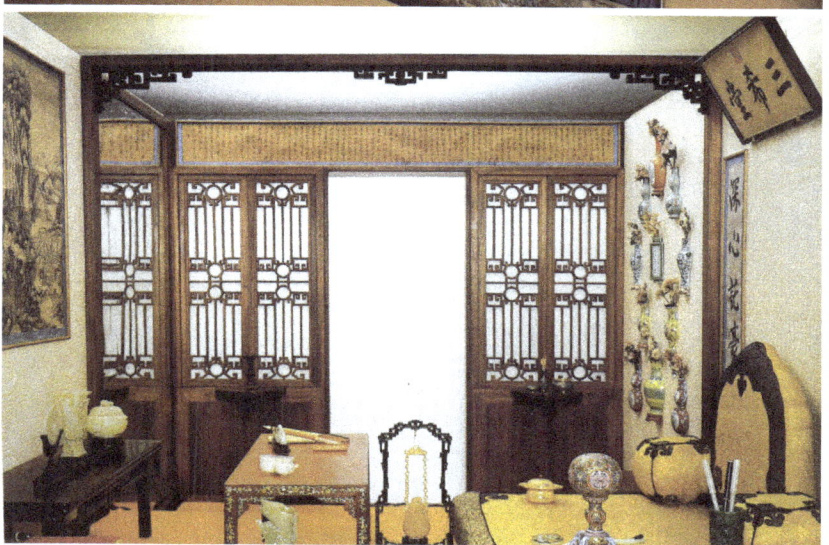

图十 故宫三希堂从窗外往内景观

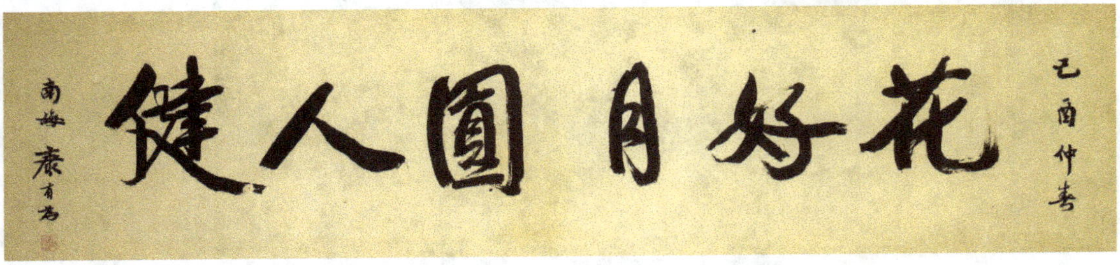

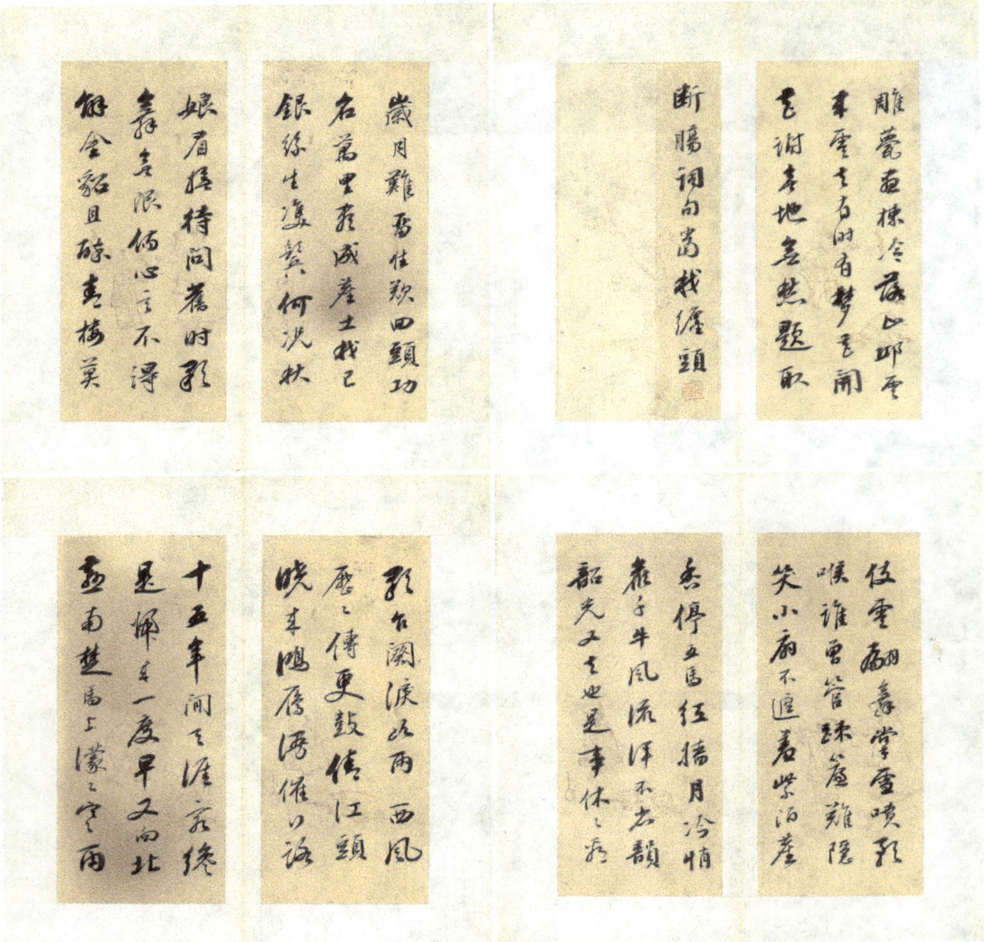

雅室清赏——文房杂项

图十一　康有为匾额《花好月圆人健》
图十二　日本私人藏查昇《行书清人词册》

古籍与碑帖

文房是文人的精神居所,而"文人"通常指饱读诗书有传统文化的人。那么,理所当然,文房缺不了"书",即传统书籍。

远古时代的书籍,是木简、竹简,偶尔也有帛书。《说文解字·序》载:"皇帝之史仓颉初造书契,依类象形故谓之文,其后形声相益即谓之字。著于竹帛谓之书,书者,如也。"大家看到《孔子》电影、电视剧,木简一捆一捆的,那是纸张发明之前的真实写照。著作写在木简、竹简以及绢帛之上,成为历史上早期的书籍。纸张发明于汉,魏晋南北朝时期得到普及。从此,书籍的概念改变了。纸张的发明,使得书写、记录、著作有了崭新的载体。著名的东晋王羲之书写的《兰亭序》,是在永和九年癸丑暮春之初,即公元353年,是写在纸上的雅集序文。想象那时,纸张的制作应该已经相当发达了。只可惜,兰亭序未能传世,不知这件天下第一行书的纸张的真实面貌。不过,大约那个年代的经卷,还能有机会见得到,也能推想得出当时的纸张的制作情况。只是那时的典籍还不是我们现在所见到的书籍样式,是卷装形式,是一张张不大的纸张连接而成的长卷。直到唐代,雕版印刷术的出现,使得现代意义上的书籍变成了可能。宋代活字印刷,彻底改变了原始的抄书历史,印刷技术发达,文献著作大量印刷,纸张文化得到广泛传播，传统依靠原始性手抄的时代一步跨进了现代的行列，真正意义上的书籍出现了。这方面，我们领先世界数百年！

　　纸张书籍从唐宋至今，有千余年历史，书籍数量巨大，绝大多数早期的古籍被收藏在国家图书馆、各省市图书馆以及北京大学等各大学图书馆及各类博物馆里，民间收藏也不在少数，且日益受到重视。2012年北京匡时拍卖有限公司曾拍出一个两亿多元人民币的标的：江南著名私家藏书楼——过云楼旧藏的一百多种古籍书，有宋版书两种，元版书三种，其中《锦绣万花谷》是完整的宋版书，具有极高的文献价值、历史价值和善本藏书价值。现在传世的书籍中，宋版元版书已是凤毛麟角，极其难得一见。即便是明版书，也非常珍贵。

　　当然，我国历史文化悠久，历代流传至今的图书绝大多数是有文化、历史价值的，包括各种门类，各种版本。当然，也有一些没有太大价值甚至属于糟粕类的书籍。作为文房必备的书籍，理应是具有正能量且具有较高文化历史价值的书类，也就是专业所谓的"善本书"。

　　"善本"，就是历史上流传下来的好书籍。善本本来的概念是指经过严格校勘、无讹文脱字的书籍。唐宋以前的书籍都是写本，把原稿或抄本认真缮写下来，经过与原文校核无误，就成为善本。这类善本实际传世极少。唐宋雕版印刷术的发明、普及，书籍数量大增，不同的版本，所据的原本不同，校勘精确与否，出现了各种版本的差异。根据时代概念，就有了宋版、元版、明版以及清代各个时期的版本。而以年代久远的宋版、元版为最珍贵。根据出版者的不同来区分的又有官刻本、监刻本、内府本、书局本、私刻本、坊刻本等等，通常以官刻本为佳。个别图书，由于内容涉及政治等官府敏感题材，则私刻本往往又具有特别意义。还有一种古籍是抄本，包括稿本和抄本两类。稿本自然难得，而抄本又分名家抄本与普通抄书匠的抄本，以稿本和名家抄本为重。自古以来，文人喜好藏书，更致力于著书，也常常在书中眉批题跋之类，其中名家批注本，可考察到批注者的学习心得，更增加了书籍的文化价值乃至艺术价值。（图一）古籍的传承，使得诸多宝贵的书籍、墨迹得以传世，对保存、传播中国传统文化起到了无可替代的巨大作用。

　　从当今图书馆学的角度看，善本书当具有以下三方面的属性：具备较高的历史文物性、学术资料性和艺术代表性。一般来说，"善本"的时代下限在清乾隆六十年（1795）。不过，对于文人来说，时代概念不是唯一性的，而当以内容为优先。文房毕竟不是图

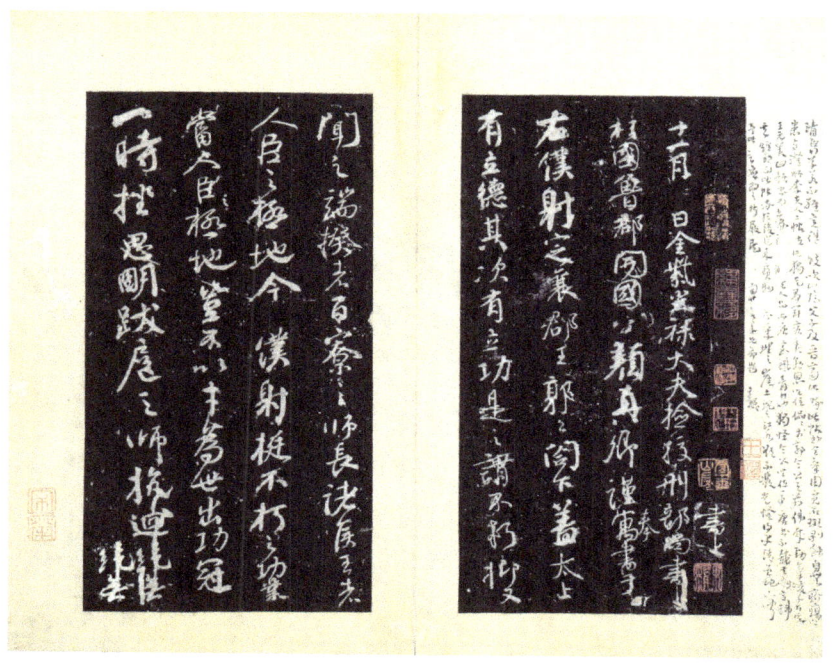

图一 日本有邻馆藏王铎题跋宋拓本颜真卿《争座位帖》

书馆,甚至也不是书房,书籍对于文房的概念,差不多就是陶瓷器、书画之于文房的概念,是主人在文房读书时,日常需要摆放在文房的书。因此,文房的书籍,必须具有一定的针对性,而关键是内容。

文房的书籍当然可以是四书(《大学》《中庸》《论语》《孟子》)五经(《诗经》《书经》《礼经》《易经》《春秋经》),也可以是十三经(《诗经》《尚书》《周礼》《仪礼》《礼记》《周易》《左传》《公羊传》《谷梁传》《论语》《尔雅》《孝经》《孟子》),但这些书籍恐怕当今的"文人"们未必会有时间和精力去读,甚至还可能读不懂。文学类书籍比较具有实用性,比如唐诗宋词元曲,以及更早时代的诗词文赋,甚至清人诗词,如龚定庵诗集等等。艺术类的,《宣和书谱》《宣和画谱》、欧阳修《集古录》、赵明诚《金石录》,明代小说有版画插图的书籍,以及《十竹斋画谱》(图二)、《十竹斋笺谱》《芥子园画谱》《晚笑堂竹庄画传》,各朝书画名家诗文集、书论、画论,文艺类随笔如董其昌《画禅室随笔》等。文房杂项专论如宋苏易简《文房四谱》、赵希鹄《洞天清录集》、杜绾《云林石谱》、元鲜于枢《纸笺谱》、明程君房《程氏墨苑》、方于鲁《方氏墨谱》、文震亨《长物志》、屠隆《考槃余事》、宋应星《天工开物》《钦定西清砚谱》、

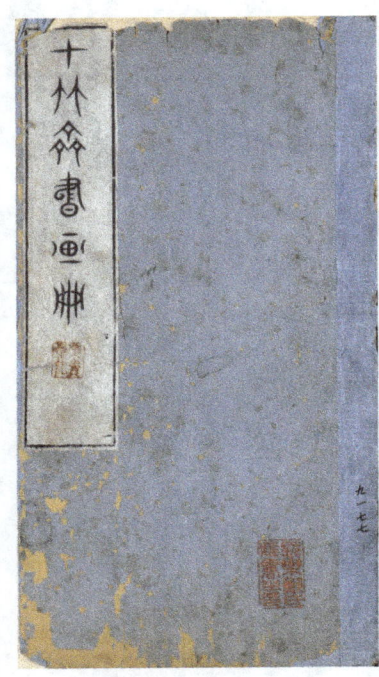
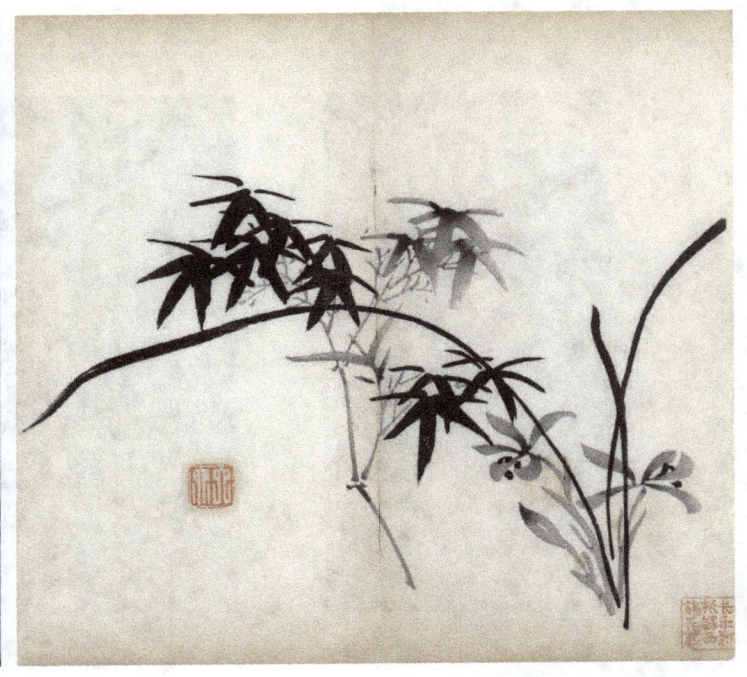

图二　国家图书馆藏《十竹斋书画谱》

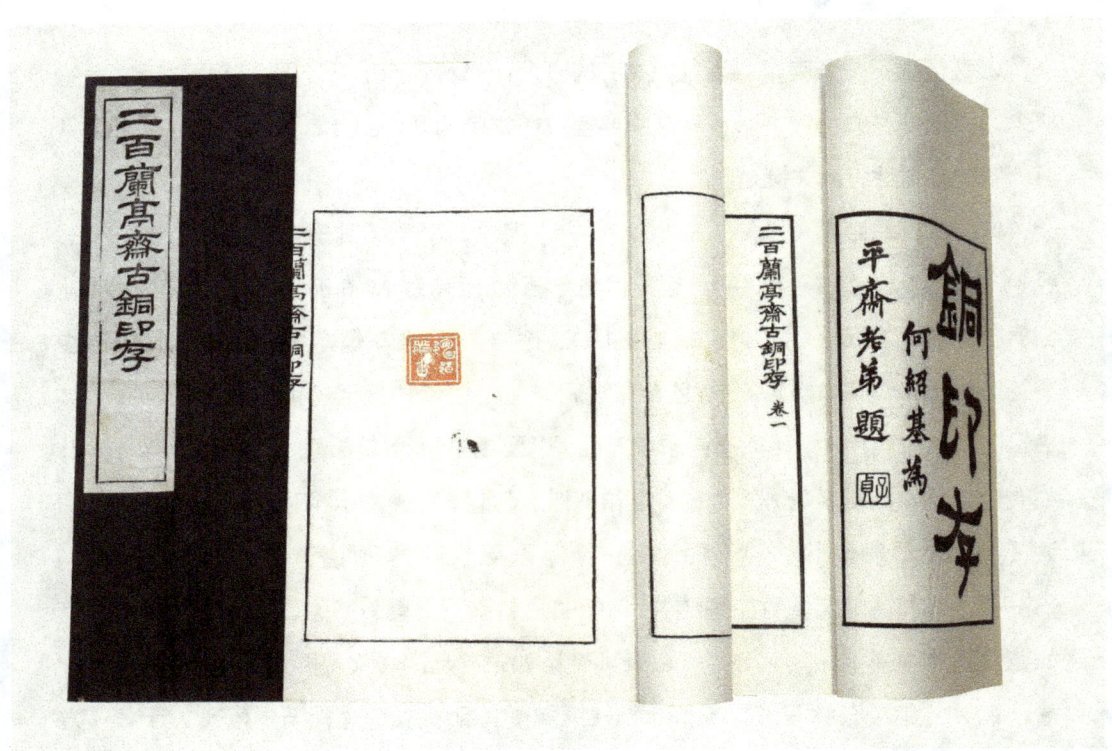

图三　《二百兰亭斋古铜印存》十二卷

西清四鉴、清纪晓岚《阅微草堂砚谱》、高凤翰《砚史》、金元钰《竹人录》、褚德彝《竹人续录》、沈石友《沈氏砚林》等等，不一而足。

有喜爱佛经的，可选放一些相应的经书。如禅宗七经(《心经》《金刚经》《圆觉经》《楞伽经》《楞严经》《维摩诘经》《六祖坛经》)，净土五经(《无量寿经》《阿弥陀经》《观无量寿经》《普贤行愿品》《大势至菩萨念佛圆通章》)，其他如《华严经》《地藏经》《药师经》《妙法莲华经》等等。

还有一类书籍非常特殊，也与文人息息相关，又常常不为重视的重要金石书类，就是"印谱"。

印谱，就是把印章钤拓下来编成书籍。大约可分为集古类印谱和篆刻家作品印谱两大类，最早的印谱大约始自北宋，都是集古类印谱。据韩天衡先生的考证，北宋大观元年（1107）杨克一所辑《集古印格》是目前所知的第一部印谱，之后还有著名的《宣和印谱》。明代有复古之风，顾从德辑的《顾氏集古印谱》(六卷)是现存最早的一部印谱。西泠印社藏有四卷残本，为张鲁盦旧藏本，颇为珍贵。此谱之后，明清两代出过不少集古类印谱，而以万印楼陈介祺《十钟山房印举》一百九十一册本为极，收古印一万零两百八十四方，洋洋大观，前无古人后无来者。惜所辑甚少，笔者曾于东京著名书法家谷村憙斋家见一部，其时商贾正在求售，一百九十一册，皆钤拓精美。其他如吴云《二百兰亭斋古铜印存》十二卷^{图三}等，近代有黄宾虹集《宾虹集印》《宾虹集印存》等，余藏有四册黄宾虹手批本^{图四}，年代虽近，却足堪入文房，极具艺术文化价值。

文人篆刻的历史，一般认为始自文彭（1498—1573），文彭一生刻印不少，却没有自集成一部印谱。周亮工曾在《印人传》中说道，"印至国博（文彭）尚不敢以谱传"，而真正辑篆刻作品成谱的，始于与文彭在师友之间的何震（约1530—1604）。有《何雪渔印选》传世。成谱年月不详，当是何震晚年所成。自此，文人篆刻家集成自己篆刻作品或由他人辑篆刻名家成谱之风盛行。在明末这一短短的时间里，先后辑成三十多部印谱，其中汪关的《宝印斋印式》《宝印斋印谱》、苏宣《苏宣印册》《苏氏印略》、张灏《学山堂印谱》等等比较著名。清代早期有周亮工《赖古堂印谱》、汪启淑《飞鸿堂印谱》，而真正把篆刻艺术推向新的高度的，当是浙皖两派的出现，浙派的丁敬《龙泓山人印谱》、蒋仁《吉罗居士印谱》、黄易《种德堂集印》、与丁敬合谱《丁黄印谱》、陈鸿寿《种榆仙馆印谱》、赵之琛《补罗迦室印谱》、钱松《钱叔盖印谱》等，后人又集有《西泠四家印谱》《西泠六家印谱》《西泠八家印谱》等等。皖派有邓石如《完白

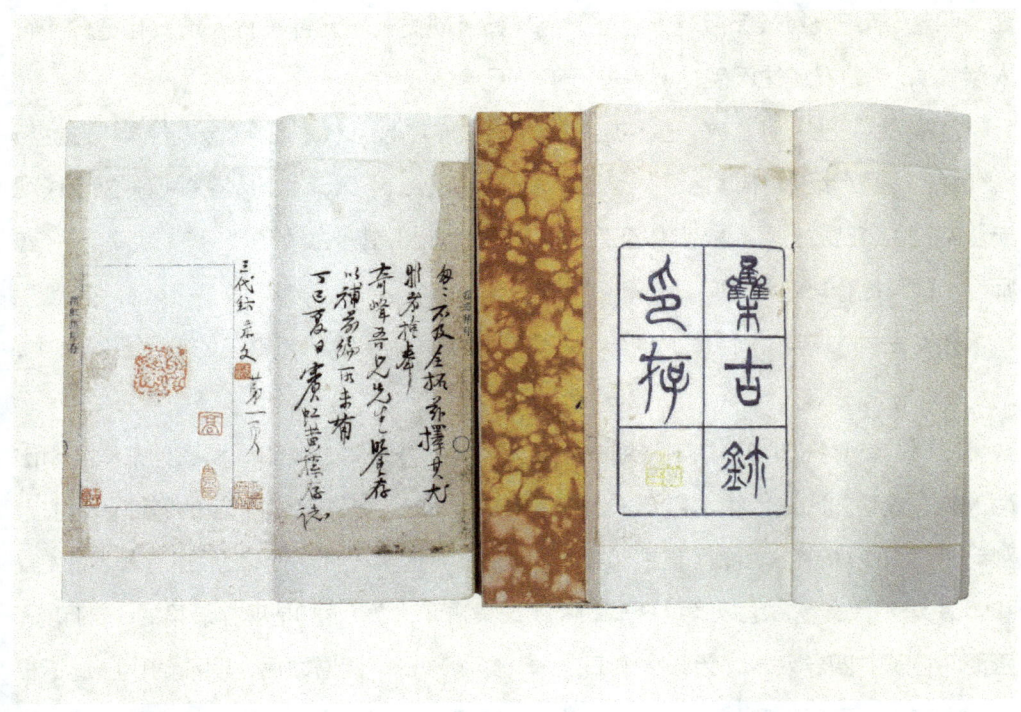

图四　黄宾虹赠高奇峰《集古玺印存》手批本两种四册

山人印谱》等。这些名家的印谱，多数还是后世所辑。之后又有吴让之《吴让之印存》《吴让之自评印稿》、赵之谦《二金蝶堂印谱》、吴让之与赵之谦合集《吴赵印谱》、吴昌硕《削觚庐印存》《缶庐印存》、齐白石《白石印草》（图五）等等，还有丁仁等集成的《丁丑劫余印存》，为后人留下了众多不朽的文化遗产，也为致力于篆刻艺术的学子提供了学习范本。在笔者看来，这些都是文房应备书籍。只是，上好的版本并不那么容易寻得，需要财力与缘分。

　　文房藏书，重要在于读书，故以自己所学、所好为主，也不囿于"乾隆六十年前之善本"所限。读书乃人生一大快事！故当求其质，更不以量胜。上佳的"善本"藏书，除了自己读，还可以分享给来游的同好，其时功用，犹如文房把件、古董珍玩。

　　碑帖，是指将碑文和帖上的内容覆盖上纸张，再通过捶拓而得到的拓片。为了学习、珍藏方便，而按照书籍的形式，剪裱成拓本。这便是传统意义上的"碑帖"，因其装裱成书的式样，一般将其归为特殊的古籍类。碑帖是古人学习书法所必不可少的范本。古代印刷术尚未有今日之照相电分制版技术，因此图案类书籍，很难完全还原

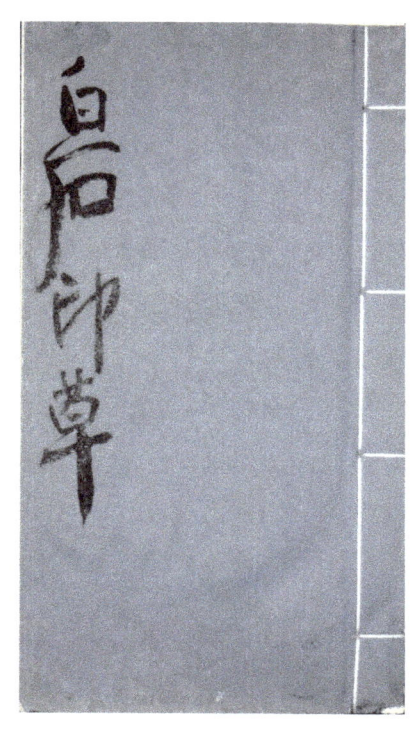

图五　齐白石手拓《白石印草》一册，齐良已序

复制。于是，古人便想出了"拓"的方法。

碑帖，是"碑"和"帖"组成的，往往不易区分。事实上，历代对碑与帖的定义也不尽相同。有学者以为"碑"便是专指"北碑"，则不包括篆隶书乃至唐碑在内，也有的指北碑加部分唐碑，比如沙孟海在《近三百年的书学》"颜字"一节里说，"就碑帖二字本义说，那么《家庙碑》《麻姑仙坛记》等等是碑，《裴将军》《争座位》等等是帖"，凡此等等，不一而足。今就广义碑帖而论，非专门研究碑帖之别。

先说"碑"，通常来说，自古有立碑的习俗。古人为歌功颂德、立传、纪事，把文章刻到专门准备好的碑石上，或刻到显眼的石壁上，这类文字叫"碑"。碑有多种，有庙碑、造像和摩崖等，还有一种是墓葬所刻的碑，立在墓外面的叫墓表，葬于墓内的叫墓志铭。如此理解，则碑的范围颇广。历朝歌功颂德的碑类皆属，而我们用于学习书法的范本，珍视为宝的，都局限于唐以前，包括唐碑。宋以后的碑刻，很少作为范本用于学习。目前，我们所能见到的最早的文字碑是"石鼓"，考为战国秦代。传世有宋拓本：《天一阁藏北宋本》《先锋本》《中权本》《后劲本》^(图六)等，前一种亡轶，清阮元重模，吴昌硕就是学的此种模本^(图七)。《先锋本》等后三种现藏于日本。秦代有《峄山刻石》《琅玡台刻石》《泰山刻石》等等。汉代就更多了，《祀三公山碑》《石门颂》《乙瑛碑》《礼器碑》《张迁碑》^(图八)《华山碑》《曹全碑》^(图九)等等。秦汉之后，刻碑习俗普及，历代都传世不少碑刻。而墓志，大体始于秦汉，初见出土有秦瓦，记录死者籍贯身份，再后，见有西汉刑徒砖刻有姓名、籍贯、死亡日期等等，较秦瓦详细，是墓志铭的雏形。根据出土情况看，目前所见典型的墓志铭，是东汉永平七年（64）《马姜墓志》。魏晋南北朝以及唐代墓志，出土、传世极多。清中期以后，学习北碑的人越来越多，唐以前的墓志铭特别是北魏墓志铭也越来越受重视。

拓碑之风始于何时，已无从考证，唐代颇为盛行。杜甫《李潮八分小篆歌》云："峄山之碑野火焚，枣木传刻肥失真。"从诗句中可以推想当时翻刻拓本的情况。已知的《峄

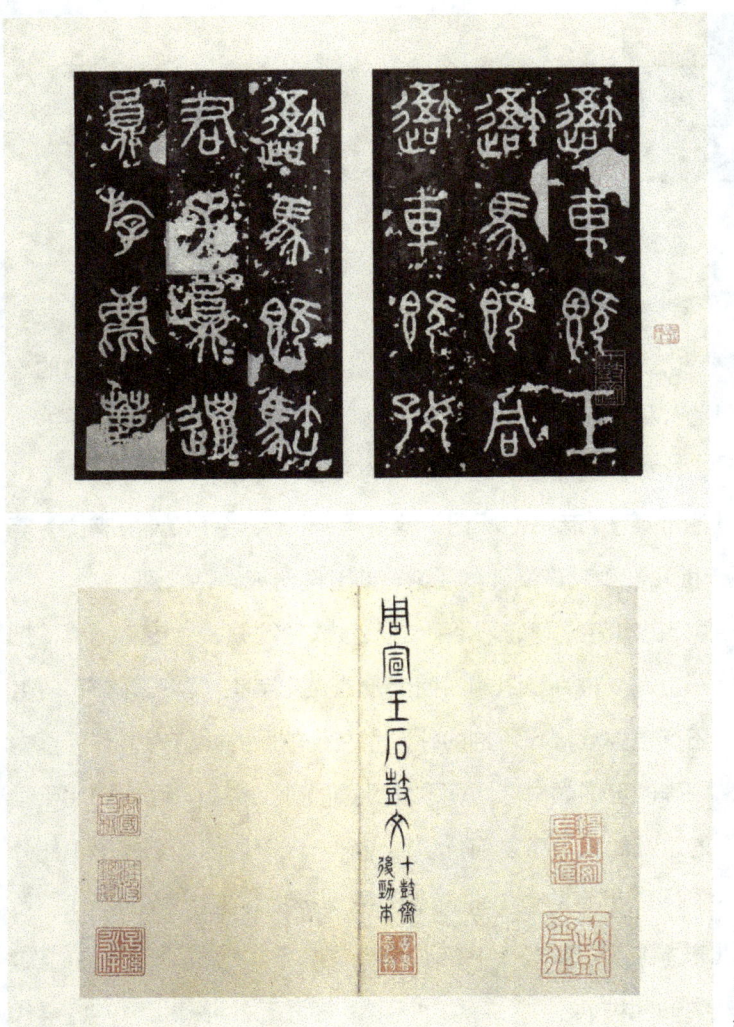

图六　三井纪念美术馆藏《后劲本石鼓文》

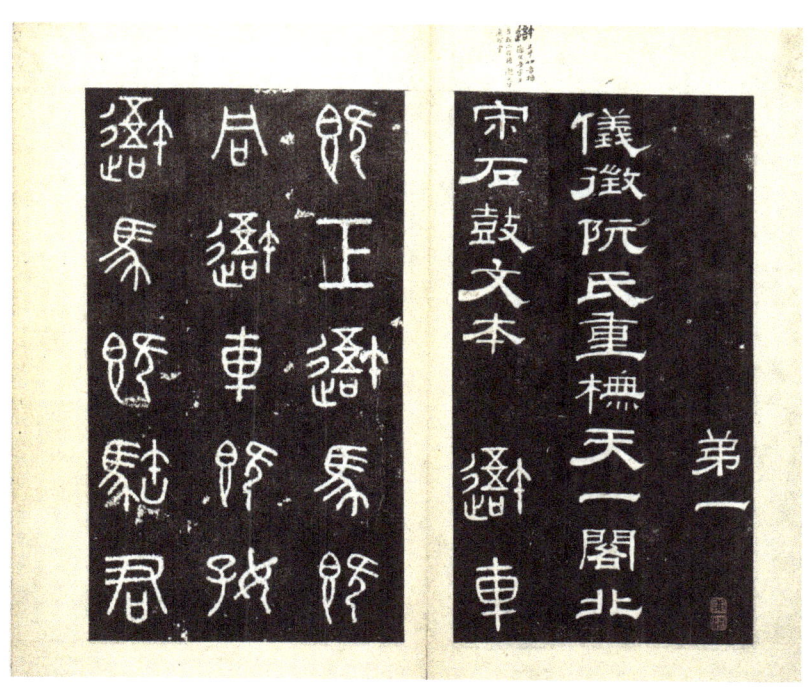

图七　阮刻《天一阁本石鼓文》

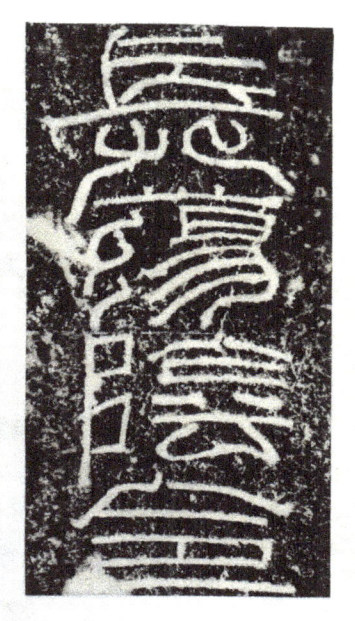
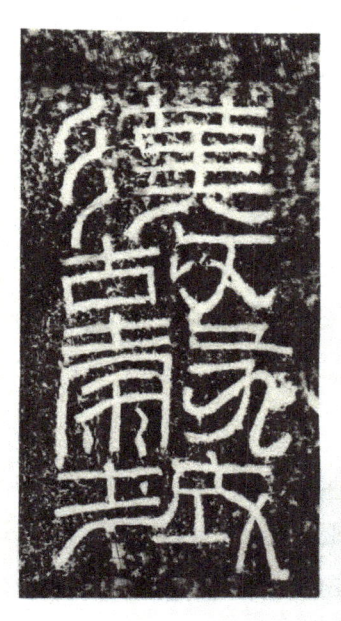

图八　清拓本《张迁碑》

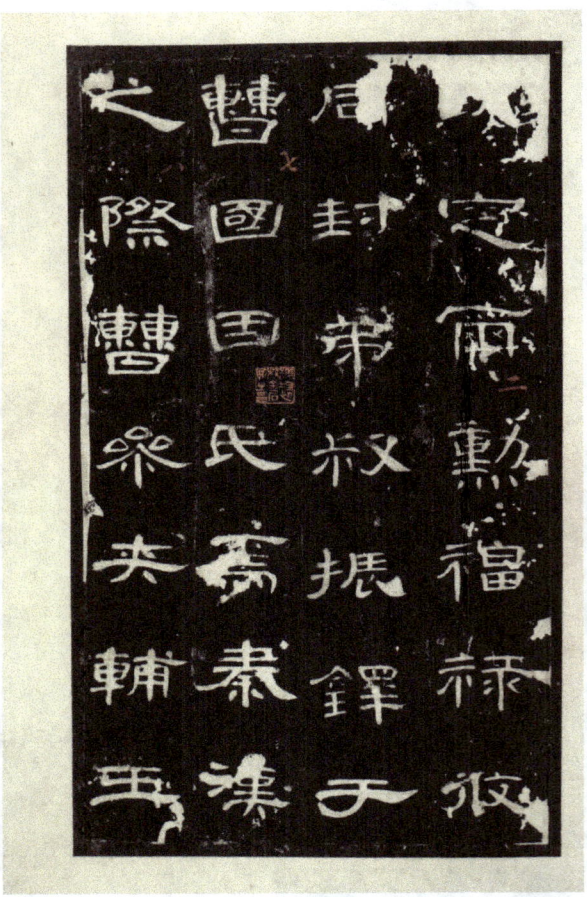

图九　上海博物馆藏明拓本《曹全碑》
（因字未损本）

山碑》拓本，是宋淳化四年（993）郑文宝以南唐徐铉摹本重刻于长安（今存西安碑林），称"长安本"，其后全国据此翻刻者甚多。而唐代杜甫所提到的"枣木"本，未见有传世。

　　再说"帖"，"帖"原是指书法家的墨迹真迹，比如王羲之的《兰亭序》以及唐摹本，颜真卿的《祭侄文稿》等等。宋代以后出现的将历代书法名家的墨迹真迹，经勾勒上石或上枣木板，经镌刻捶拓而成的拓本，这样的刻本，也称为"帖"或者称"法帖""阁帖"，而且拓本是法帖的重要组成部分。众所周知，历代名家真迹传世的数量极少，而刻帖拓本类似于现在的复制、印刷，可以有一定的量，易于书法的普及而成为历代最佳范本。最早的阁帖，是宋徽宗时期刻的《淳化阁帖》。据载，北宋淳化三年（992），太宗赵光义令出内府所藏自汉章帝至唐高宗，包括帝王、臣子和著名书法家等一百零三人的四百二十篇历代墨迹，共十卷，命翰林侍书王著编次摹勒于枣木板上，精刻后，用"澄心堂纸""李廷珪墨"拓出，这是刻帖之始，故称之为"法帖之祖"。宋仁宗庆历年间，宫中意外失火，拓印《淳化阁帖》的枣木原版不幸全部焚毁，因此祖本传世极希。2003年，上海博物馆斥巨资收购美国安思远所藏的宋拓《淳化阁帖》（图十），被学界认定为唯一传世的初拓本。宋以后，历代摹刻、翻刻无以计数，成为中国书法传承过程中最重要的一种书法范本。赵孟頫曾说："书法之不丧，此帖之泽也。"可以说，自它之后，历代书法刻帖基本上是在其基础上增删而成，即便无关内容，其形式也是受之影响。宋以后的书法家，除了极个别的名家能观赏到古人名迹实物外，基本上是以《淳化阁帖》等刻帖作为学习书法的范本的。阁帖自然也就成为书法学习的基础和标准。明末清初最负盛名的书法家王铎，有"一日临帖，一日应请索"之说，所临帖，基本就是《淳化阁帖》，从其大量的传世作品中可以看出，大约一半正是临的《淳化阁帖》。

碑、帖从书法学习的角度看，具有一定的共通性，都可以作为学书的范本。法帖不必说，其刻帖的目的，就是制作范本，且都是历代名家的名迹。而碑刻的写手虽多未留名，但因立碑者多数是帝王将相，有钱有势有地位的人，所以书者水平自然不低。不过，两者也有一些不同之处：

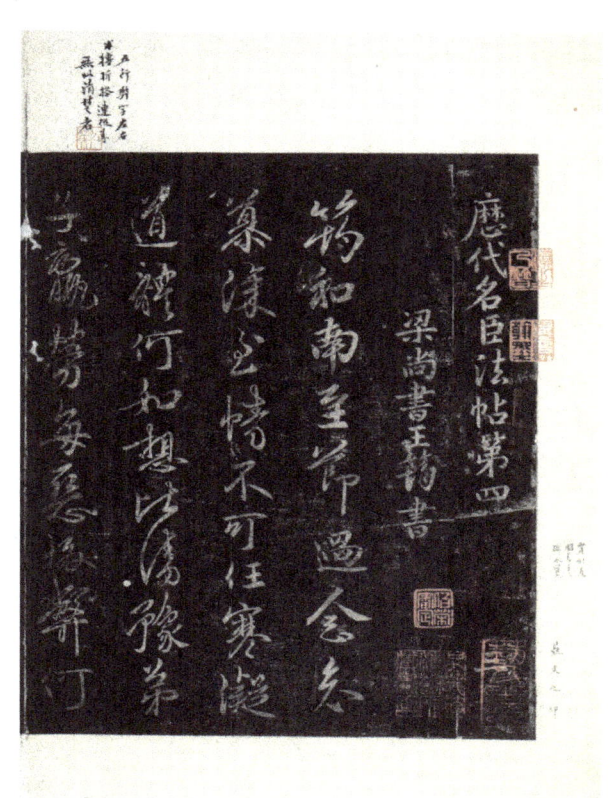

图十　上海博物馆藏初拓本《淳化阁帖》

其一，通常所谓"碑"，指唐以前的篆隶楷书各种碑刻，有一定的时代性，其书体基本上是篆隶楷，行书较少，草书极少。内容主要是记述历史上某人某事物的身系、生平乃至对某事某物的歌功颂德等等，往往也是历史记录本身的一部分。法帖的时代性并不明显，书体范围广，真草隶篆，凡是名家所书，皆有人刻，以名家为前提，内容涉及历代书法名家的名迹，除了晋唐名贤之外，随着历史的变迁，宋、元、明、清的名迹也被后人刻入，目的明确，制作复制品，传播书法艺术。

其二，刻制的角度观察，刻碑，通常是由写手书丹上石，然后由刻手镌刻。刻碑者可能会有一定的自由度，根据情况使刀如笔。龙门造像记上的刀锋凌厉，可以推想，与书丹之间有一定的差异。有的碑刻甚至未经书丹而直接奏刀，也有单刀刻制的，这通过对大量的唐代墓志铭（包括书丹未刻者）进行考察，便可得出一些判断。相当多的碑刻融入了刻工的情趣。而刻帖都是摹勒上石，工序复杂，且要求完全忠实于原作，所以精刻本，与原迹几无差别。

晋以来，特别是唐以来，直至清代的金石学兴起为止，历史上一直是重视帖学而不重视碑刻，尽管唐碑极受重视，且宋代有复古之风，也没有改变帖学主导的命运。某种意义上讲，从前把唐代欧阳询、颜真卿等名家的碑拓，归类于帖学，以至于碑帖概念不清。清代金石学兴起，碑刻，特别是北碑被强调到与法帖相同的地位，甚至有的人观念极端，重碑而轻帖。

清以后，碑帖并重已为学书者普遍接受，而且把碑与帖合称为"碑帖"而视为一类。从学习书法作为范本的意义上看，确实可以归为一类。

纵观中国书法的学习，历史上基本是通过师承关系和学习碑帖两种途径完成的。老师教学生，学生首先学的是老师的书法，这是入门第一步，之后，老师会给学生指明学习的方向，在老师的基础上学习碑帖。拓本就是老师给学生学习历史名迹的范本。唐以前，刻帖尚未出现，因此，很多人为了学习名迹，多以摹本为主。相传，唐太宗贞观十三年（639），内府出《乐毅论》真迹令冯承素摹写，赐长孙无忌、房玄龄、高士廉、侯君集、魏徵、杨师道等六人。冯又与赵模、诸葛贞、韩道政、汤普澈等人奉旨勾摹王羲之《兰亭序》数本（图十一），太宗以赐皇太子、诸王。王羲之的名迹唐摹本最多，但毕竟一个书法家的摹本是有局限的，不能普及众书生。于是，把名家的或著名的碑刻拓下来学习，在唐时也很盛行。传世虞世南《孔子庙堂碑》立碑之后，拓出数本赐予大臣，不久便毁了，之后武则天时重刻，而此石再毁。宋王彦超重刻于西安，

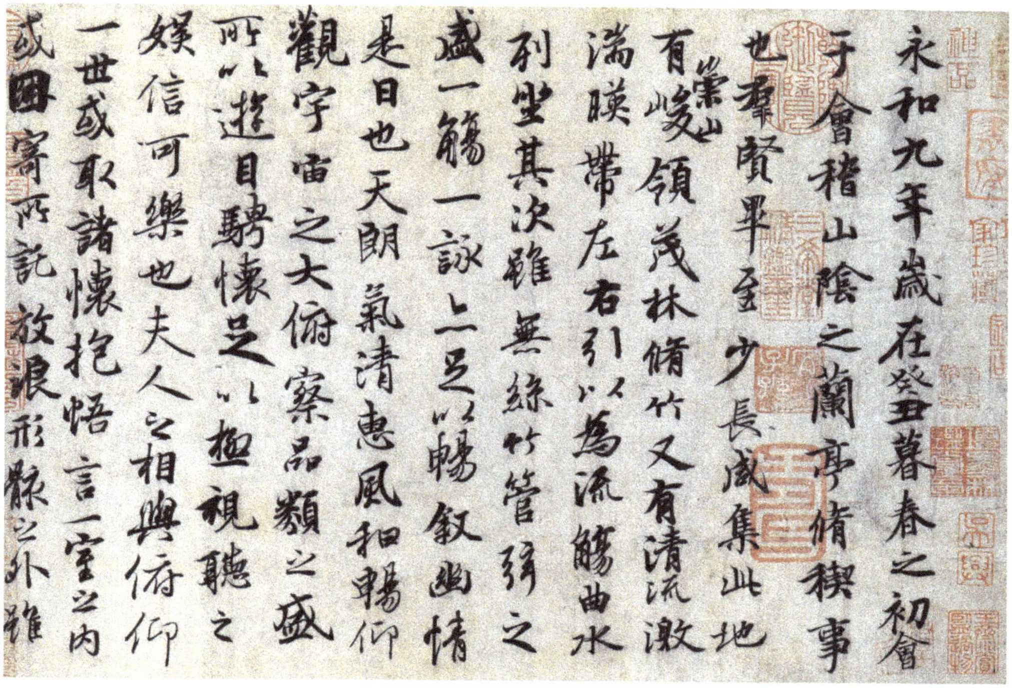

图十一　故宫博物院藏唐冯承素摹《兰亭序》

世称"西庙堂碑"，元人又重刻于山东，称"东庙堂碑"。日本藏有元康里巎巎旧藏本，是唐拓本。（图十二）从拓本情况看，许多文字已经漫漶，可知此拓之前已经经过无数次的锥拓，从一个侧面也可知唐人拓碑的普及。

拓本在历代都极受重视，商贾也因此看到其中的商机，特别是宋以后，阁帖的普及，于是翻刻版本泛滥。这就涉及版本的优劣、刻手、拓制的技术好坏等等问题。这是个专门的学问，过去称这些墨拓本为"黑老虎"，形容其不容易判断真伪，无法考辨优劣，畏之如"虎"。这个问题，其实在我们当今的信息社会，已经不那么复杂而难考了。这主要是因为我们现在已经可以找到各种优秀的版本，而且印刷精良，以之为标准件，逐字比对所见拓本，很容易判断真伪、优劣。当然，经过比对，发现有问题的，也存在什么时期的版本，是重刻本、翻刻本还是伪刻本等等，也一样值得细细研究。

作为文房常识，要了解碑帖的基本知识，以便收集到善本碑帖。拓本与古籍相类，首先是唐宋拓本，其珍稀程度可能超过宋版书籍。其次是元明拓本，再次是清中期以前拓本。通常来说是这样，但也有例外。碑拓有发现早晚的问题，比如北碑总体发现

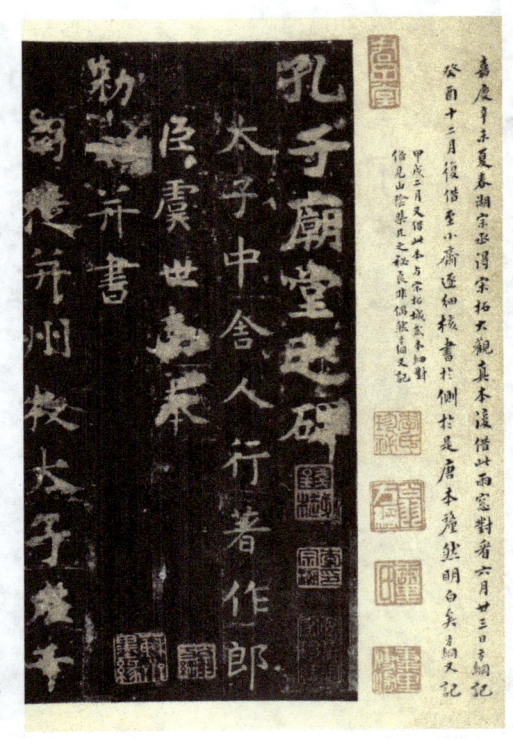

图十二　日本三井纪念美术馆藏唐拓本虞世南《孔子庙堂碑》

多在清中期以后，因此北碑拓本普遍属于清代拓本。龙门石刻的《始平公造像记》发现于乾隆年间，而道光时曾为人铲去底子，因此有铲前本与铲后本之别。铲前本传世较少，年代虽晚，但很有价值，这种情况类似于前面讲到的印谱。法帖类有刻本的区别，谁刻的，精细程度如何，拓本效果怎么样等等，往往决定法帖的优劣。如果是名家题跋本、名人藏本，则更具文化意义，定是文房首选（图十三、十四）。笔者以为，文人雅士之于碑帖，应优先于古籍善本，选珍稀且喜欢的碑帖置于书架之上备览。

除了上述碑帖外，还有一种特殊情况，就是双钩本。

有时，限于时间、地点、费用乃至求不到拓本，只能短时间借观等等因素，不能前往拓制或得不到拓本时，很多人为了复制古人墨迹而采用"双钩"技术，这类双钩的特殊"拓本"，因技术水平乃至双钩者之不同，其珍贵程度也不尽相同。赵之谦于35岁时在北京双钩成《二金蝶堂双钩汉碑十种》，刻印《会稽赵氏双钩本印记》记事云："不能响拓能双钩，但愿文字为我留。千年后人来相求。"赵之谦的这个双钩本，便格外珍贵。

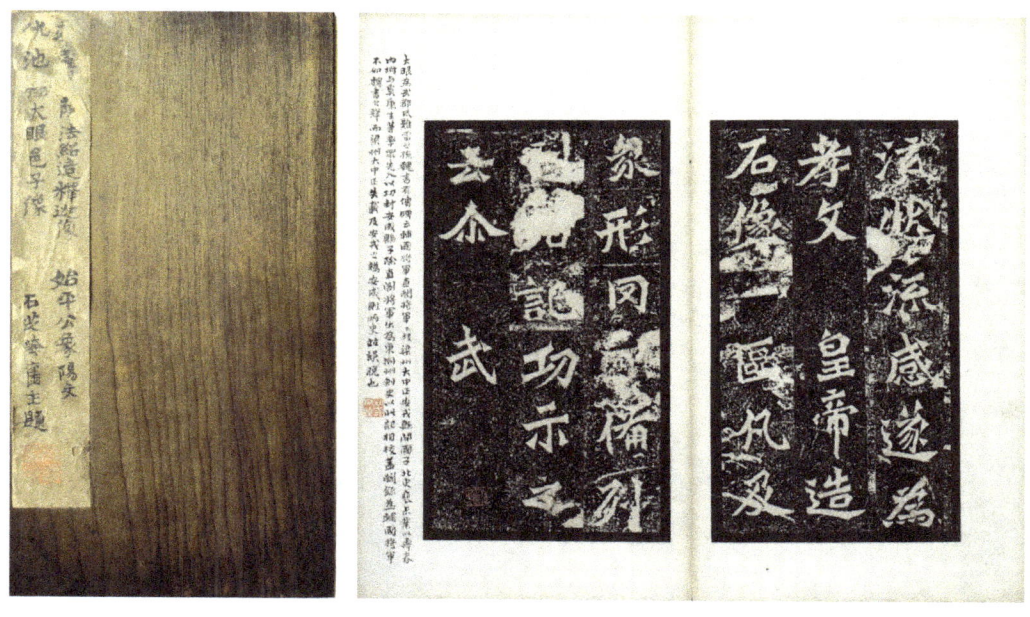

图十三　郑文焯旧藏清拓本《龙门三品》

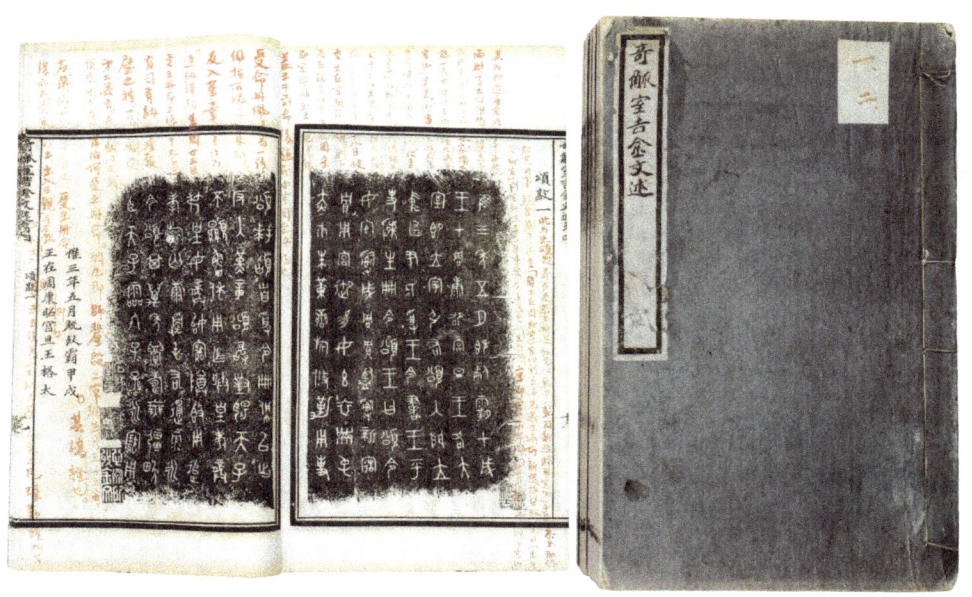

图十四　西川宁旧藏眉批《奇觚室吉金文述》

金铜造像

　　常见有文房供养佛像的，尤其是唐以前的鎏金铜佛，俗称"板凳佛"。这些鎏金铜佛，绝大多数都比较小型，小至五六厘米高，大者也有二三十厘米的，极少有巨型者。其中以十六国的为稀罕，以北魏、北齐、隋唐金铜佛为精美。供养石佛、木质佛像以及其他材料的佛像相对较少。供养藏传佛像，或者明清佛像的，近些年渐渐增加。

　　由于多年来的无神论教育，真正意义上信奉佛教或者其他宗教的人其实并不多。但即便如此，很多人还是在内心隐约有着某种信仰。其中，信佛的居多。即便不真信佛，也大多喜欢佛教文化。

　　佛教起源于印度，传至我国，大约在东汉时期。至今约两千年。刚进入我国时，大体与本土的神仙方术并没什么实质性区别。在汉代，文化的基础以及精神支柱，是儒家。董仲舒（前197—前104）的"罢黜百家，独尊儒术"。从那以后，儒家思想为统治者所用，其影响远远超出道教以及其他本土教派、学说，成为中国官方文化的思想核心。由于这个原因，佛教在初期，很难被文化层面所接受。大约在两晋时期，佛教出现了比较大的转机。很多文学作品中可以考察到，佛教对文人的人生观、自然观有一定影响，佛法逐渐深入中国主流文化。儒家、道家之外，具有强烈思辨色彩的般若思想开始融入进来，也出现了研究佛教般若学的文人，即所谓的"义学沙门"。在这以后，佛教超越玄学，开始对整个文人的思想和中国文化产生深远的影响。南北朝时期，社会动荡，朝代更替加速，北方有五胡十六国，南方东晋之后又有宋、齐、梁、陈。其中，北方有不少少数民族统治的王朝，匈奴、鲜卑、羌族等等，彼此混战。佛教在尊佛与灭佛间发展。兴佛与灭佛在那个时期都极尽疯狂。隋唐统一中国后，继续兴佛教，佛教在不断发展的同时，还将佛教与本土文化的儒教、道教相融合，逐渐走向"三教合一"，而儒道释，也成了中华传统文化的核心精神。

宋以后佛教有所变化，宋、明禅宗兴盛，元、清的藏传佛教，都是当时政治、思想、文化的重要内容。

从历史上的文人情况看，白居易、苏东坡、赵孟頫、董其昌等等，都与佛教有不解之缘，其思想、文学、艺术都受到佛教的影响。也是基于这个原因，历来文人喜好搜集佛像，供养于文房之中。

美国旧金山亚洲美术馆藏有一尊如来坐佛，台座的背面刻有（后赵）建武四年（338）的纪年铭文，总高39.7厘米，堪称巨大。据传，此佛出土于河北石家庄，是目前所知最早的一件有明确纪年的金铜佛。哈佛大学福格艺术博物馆藏有一尊鎏金如来佛像，高23.7厘米，留有八字胡，脸型也近胡人，相传也出土于石家庄。日本有邻馆藏菩萨立像[图一]，高33.6厘米，据传出土于陕西省三原县，脸型也近于胡人。这两尊金铜佛，虽没有纪年款，但可看出早期的金铜佛式样。

传世的南朝金铜佛造像发现较少，日本永青文库藏的元嘉十四年（437）铭文如来坐像[图二]，通肩衣，禅定印，举身舟形背光等，仍固守较早的传统手法。光背饰火焰纹，四足方座上加一层束腰须弥座，衣纹规范，脸相较北方金铜佛像更为汉化。

北朝金铜佛出土较多。比较早期的有太平真君四年（443）铭文如来立像，高达53.5厘米，这是北魏太武帝灭佛之前的佛像，颇为珍贵。文成帝后重新兴佛，和平、皇兴、延兴、太和、延昌、神龟、正光等等年款的佛像也都有所见。现存美国大都会美术馆的正光五年（524）铭文弥勒像，通高77厘米，包括一立佛、二立菩萨、二思惟菩萨、四供养菩萨、二力士、十一飞天、二博山炉、二狮子。该像铸造繁杂，造型精美，保存完整，是现存北朝金铜佛造像中的精品。日本有邻馆藏的正光三年（522）铭文三尊佛立像也极为复杂精美[图三]。

东魏继承北魏造像的某些样式，同时又影响了北齐。日本东京国立博物馆藏的兴

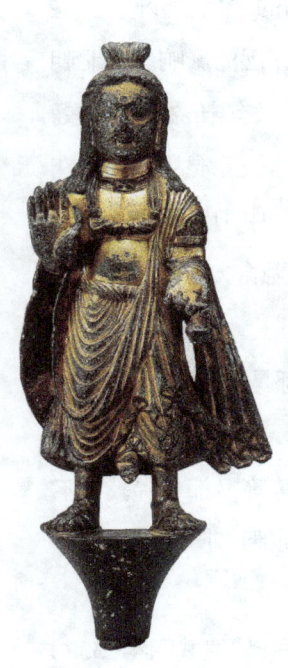 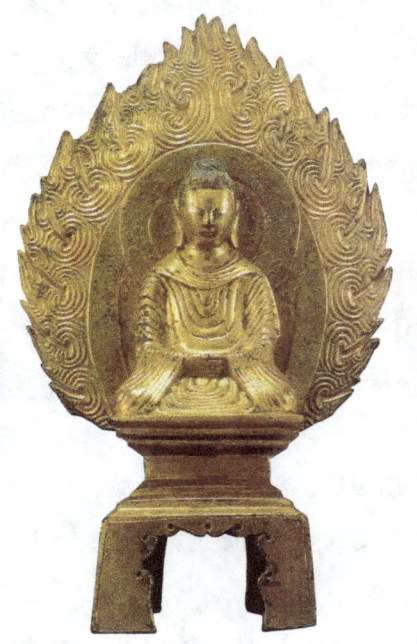 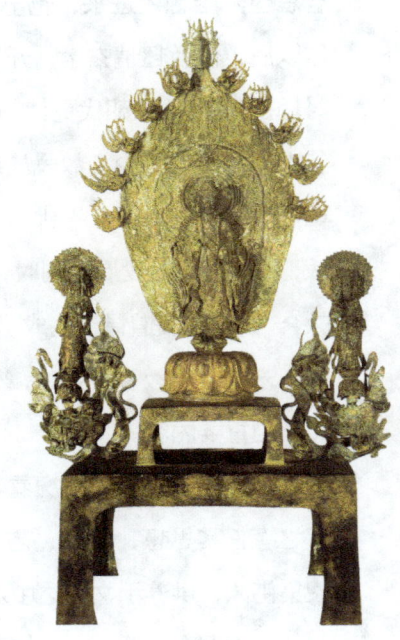

图一　日本有邻馆藏西晋至五胡十六国时期菩萨立像　　　图二　日本永清文库藏元嘉十四年（437）铭如来坐像　　　图三　日本有邻馆藏正光三年（522）三尊佛立像

和四年（542）铭文鎏金菩萨立像（图四），高15.8厘米，光背近似于北魏，豪华绚丽，而菩萨的头部相对较小。西魏的金铜佛极少见，芝加哥美术馆藏有一尊大统五年（539）铭文鎏金菩萨三尊像，高26.3厘米，脸相比较圆。北齐金铜佛造像比较多，大都身体丰满，宽肩鼓胸，有厚重感。山东省博物馆藏的天保七年（556）铭文释迦三尊像（图五），释迦圆脸微笑，两侧胁侍菩萨，光背有三体化佛，覆莲座四周饰小像数尊。另见有天保八年（557）铭文鎏金菩萨并立像，高16.3厘米，菩萨天衣下垂自然，两角尖长（图六）。

北周的灭佛，以至于见不到有北周年款的金铜佛像。

隋朝恢复兴佛，将破坏掉的佛像修复起来，也制作了不少新的佛像，上承北魏、北齐佛像之精美，下开唐人风气。山东省博物馆藏开皇十二年（592）鎏金弥勒三尊像（图七），高24.5厘米，弥勒佛和胁侍菩萨，以及光背，配以八瓣二重花瓣和飞天，整体铸造，制作精细入微，装饰性强。

出土、传世最多的金铜佛像是唐代，堪称金铜佛像之集大成。端庄厚重的如来佛，

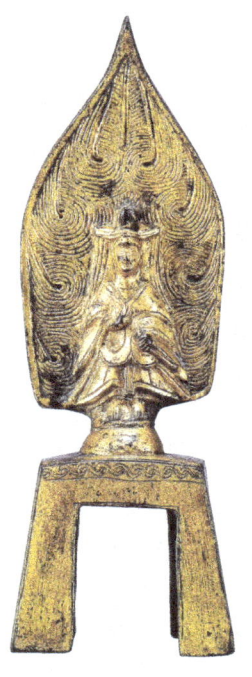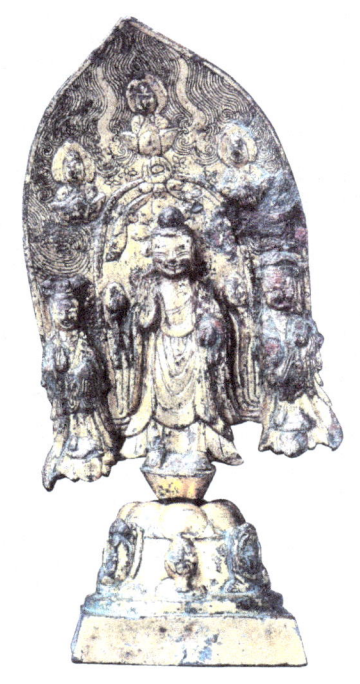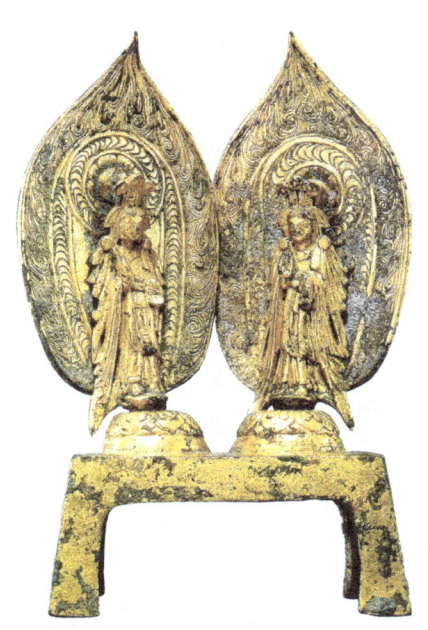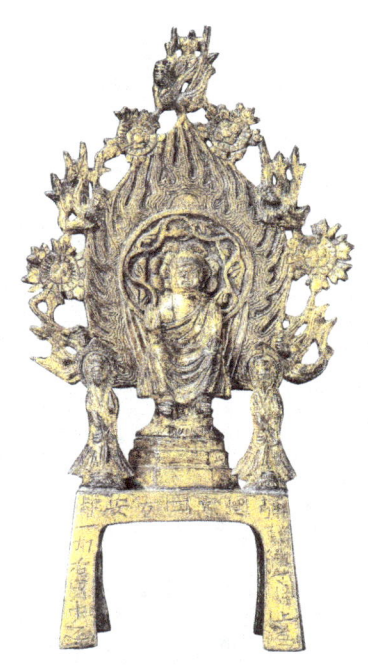

图四 日本东京国立博物馆藏兴和四年（542）铭鎏金菩萨立像　　图五 山东省博物馆藏天保七年（556）铭文释迦三尊像（背）

图六 天保八年（557）铭菩萨并立像　　图七 山东省博物馆藏开皇十二年（592）弥勒三尊像

婀娜多姿的菩萨像，精美豪华的十一面观音立像、菩提树形七连佛、地藏菩萨、四大明王五钴岭等等，形式多样，或大或小，或复杂或简约，应有尽有。除了有年款的以外，通常所能见到的金铜佛像，绝大多数都是唐代佛像。（图八、图九、图十、图十一）

晚唐至五代时的造像，技法逐渐退步，盛唐时的那种气势恢宏，自由发挥的作风逐渐消失，较为拘谨，略显生硬。

宋代佛像，渐渐世俗化、人间化、大型化，且在铜之外，多木质、铁质等等。所造佛像五官端正，体型饱满，形式规范，但大多略乏生动。不过，罗汉的造型有新的发展，多为深目突鼻，目光如炬，须发拳卷，以印度梵僧为原型的所谓"胡貌梵像"，别具风格。（图十二）

元以后藏传佛教流行，加之宫廷制作，工艺精湛，表情端庄而华丽，与上述金铜佛属不同概念。

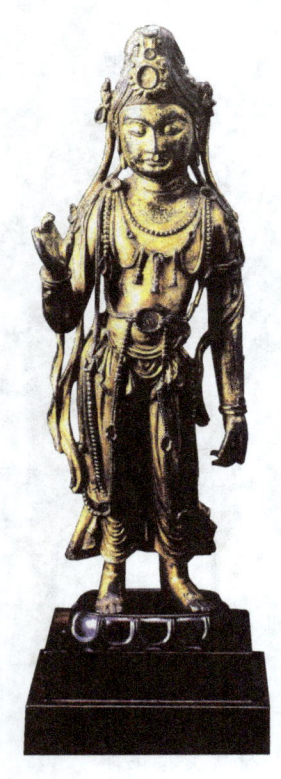

图八　上海博物馆藏唐鎏金菩萨立像

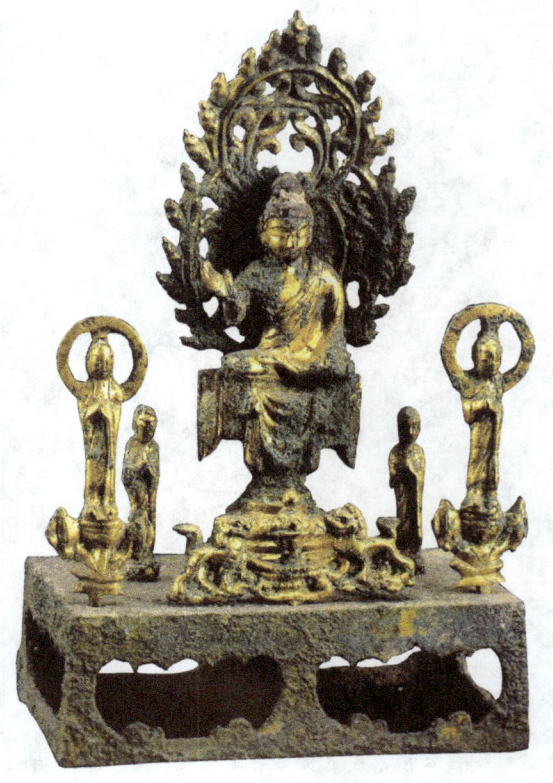

图九　上海博物馆藏唐鎏金佛

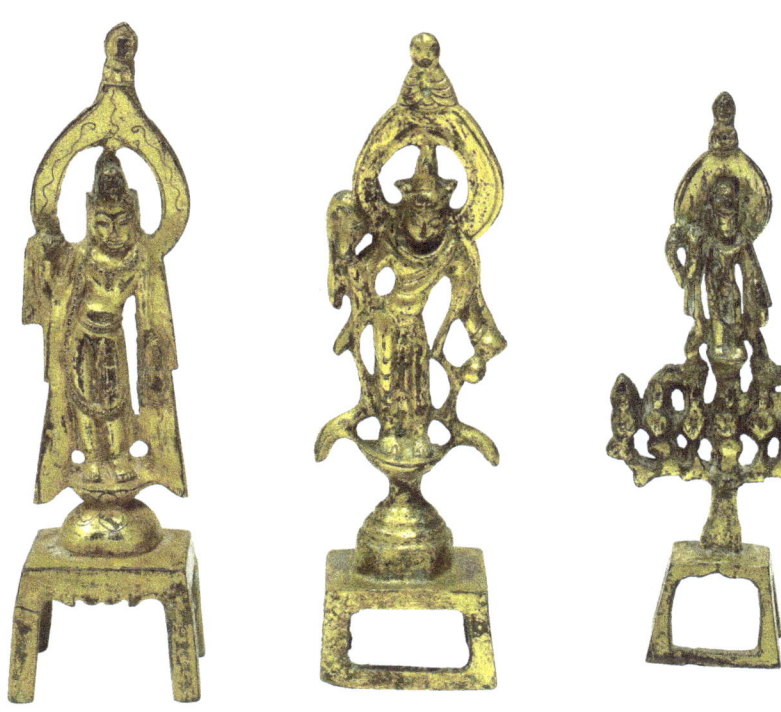

图十　隋唐金铜佛三尊

青海博物馆藏有一尊"大明永乐年施"款铜鎏金观音菩萨立像，高146.5厘米。（图十三）此造像本为一对，另一尊现藏法国塞尔努奇亚洲博物馆。原系明代宫廷赐给青海瞿昙寺的，现瞿昙寺内尚存一对基石。造像非常雍容华贵，富丽堂皇，是明代宫廷造像的典范之作。

清宫造办处制作的佛像数量颇多，尤其以乾隆一朝最盛。乾隆帝对佛学精通，喜探讨理和追究汉梵译名，故此时制作的佛像可称是标准化时代。从整体看，乾隆时的佛像较为工整圆熟，有如同时期的官窑瓷器。（图十四）

佛教的发展历史并不是一帆风顺的，其中也有过灭佛时期。历史上著名的"三武一宗（北魏太武帝、北周武帝、唐武帝、后周世宗）"的灭佛，毁灭过大量的寺院、杀戮僧尼、迫使僧尼还俗、毁损佛经佛像等等，使得很多佛教文化遗产遭到破坏。唐以前的金铜佛，体形较小，数次灭佛，损毁严重，因此实际传世的金铜佛数量有限。近年来虽然有不少出土，偶尔发现有窖藏，但总体来说规模不大。相对元明清官造藏传佛而言，收藏高古金铜佛尚未形成风气，因此，今后还有不少机会能够收集得到品

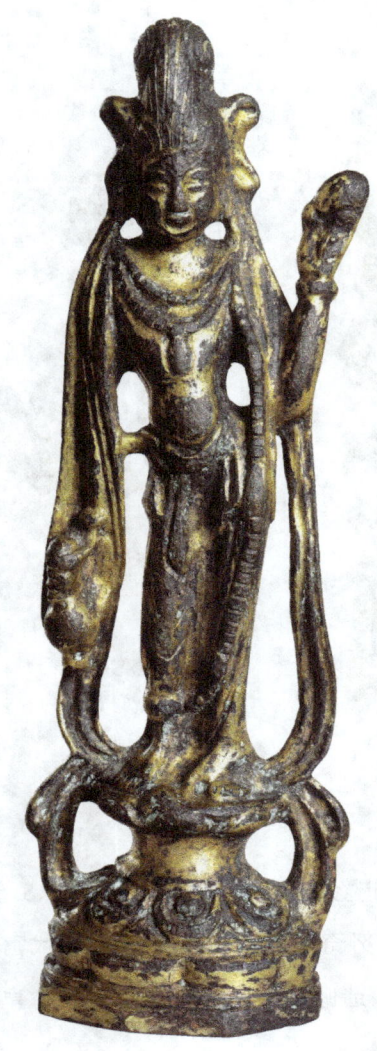

图十一　唐鎏金观音立像

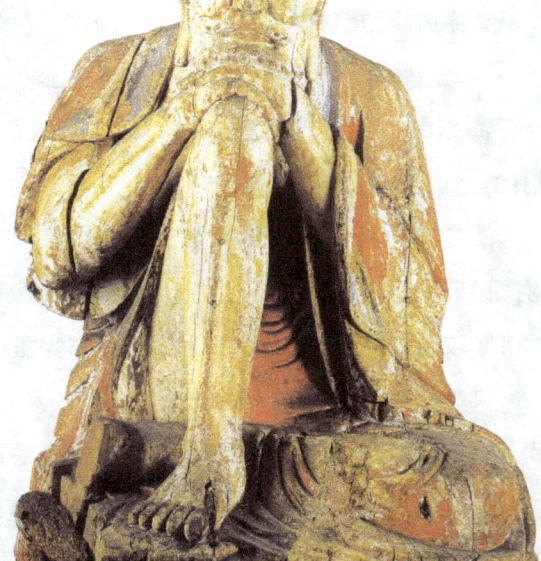

图十二　日本有邻馆藏宋木造罗汉

金铜造像

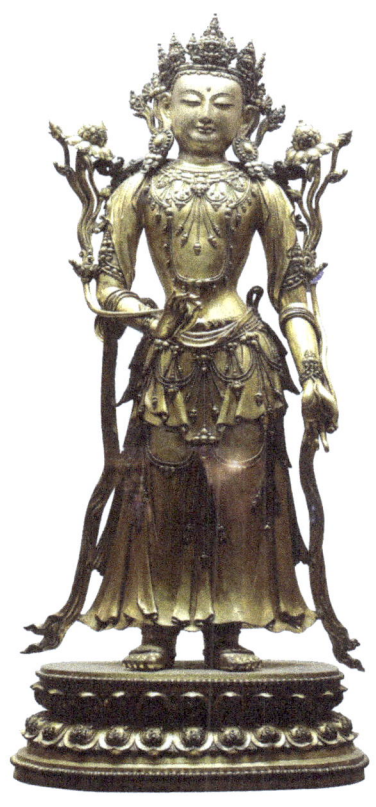

图十三 青海省博物馆藏"大明永乐年施"款观音菩萨立像

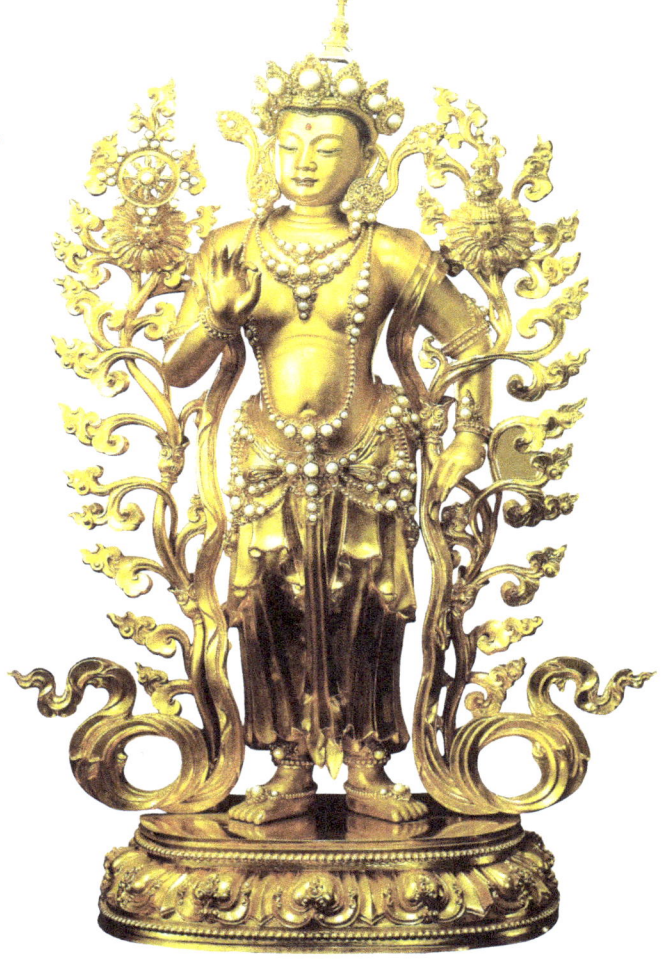

图十四 故宫博物院藏金嵌珠弥勒立像（通高54厘米）

229

相较好、有年款的金铜佛像。另外，也有众多的铜佛造像，并没有鎏金，其美术、工艺价值虽不及同类鎏金佛像，但历史、文化价值仍在，也是可以选择收藏的。

当然，较小型的石佛、木佛、铁佛、陶瓷以及其他材质的佛像，也是文房供奉的选择之一。(图十五、图十六)

曾见有供奉道教造像者，其理或与供奉佛像类同。

道教最初是不供奉神像，仅有神位或壁画。道教供奉神像大约兴起于魏晋南北朝时期。保存至今的魏晋至隋代的早期道教造像约有数十尊，以石刻像为主。从传世、出土的道教造像实物看，技巧和风格均受到佛教造像的很大影响，例如神像背后有舟形背光，双手合十等。甚至有的道教神像和佛像造在一起，左为道像，右为佛像。

相比佛像而言，供奉道教造像者比较少，历史上实际传世、出土的道像也并不多。因此，文房供奉道像，属于别格吧。

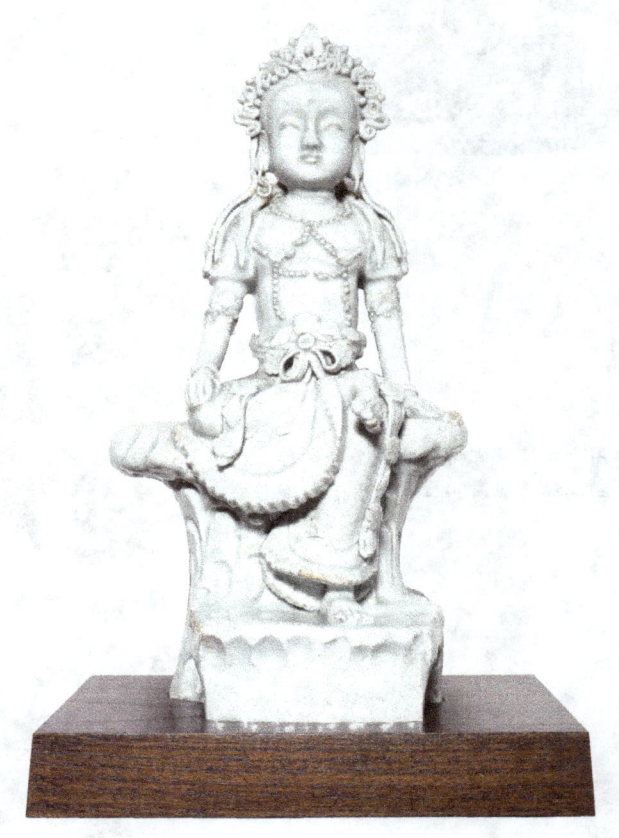

图十五　宋至元间湖田窑菩萨

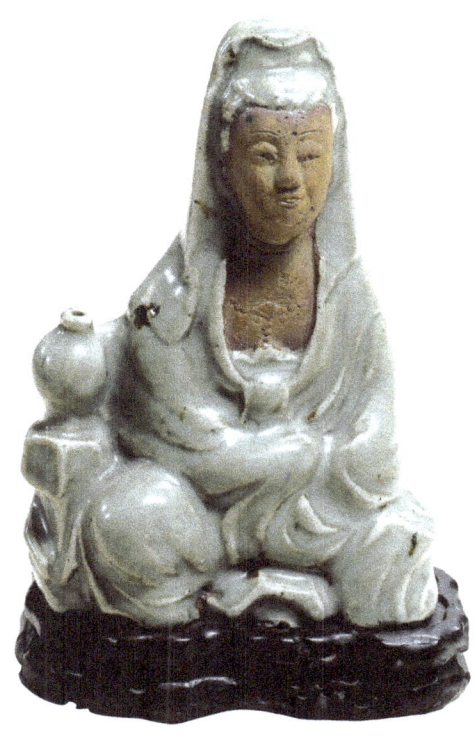

图十六　明龙泉窑青瓷观音像

附　录
九松园提供藏品目录

西晋越窑水丞 / 5
唐至五代间越窑青瓷水注 / 6
唐越窑青瓷水注 / 7
唐三彩水注、水丞（附象牙盖）/ 8
唐黄釉水注 / 8
宋龙泉窑水丞 / 8
元龙泉窑青瓷茶托盖转用水丞 / 9
南宋湖田窑青白瓷鸟钮水注 / 9
明青花水丞 / 10
清玛瑙水丞 / 11
清乾隆料器仿白玉丞 / 12
清竹根雕荷叶水注 / 12
唐鎏金银刻花匜 / 13
五代陶瓷水注 / 14
南宋龙泉窑青瓷双鱼双童举莲洗 / 18
元龙泉窑青瓷渔夫观蟹洗 / 18
南宋龙泉窑粉青双鱼洗 / 19
明龙泉窑青瓷麒麟砚屏（双插）/ 27
明龙泉窑青瓷双鹭砚屏（单插）/ 27
清代象牙雕砚屏 / 28

清中期天然"金包银"玉石砚屏 / 29
清代天然大理石砚屏 / 29
大齐武平元年造像砚屏 / 29
连理竹笔筒 / 33
明沉香木制笔筒 / 34
清周颢作笔筒 / 37
明代石叟作铜镶嵌梅花诗文笔筒 / 41
清紫檀雕刻"喜上眉梢"臂搁 / 45
明剧作家吴德修铭竹刻臂搁 / 46
清元英铭竹刻臂搁 / 48
清白玉仿几式墨床及清赵之谦与胡澍合制墨 / 51
清代白玉仿几式墨床 / 54
翡翠墨床，紫檀底座 / 56
明石叟款镶嵌银书卷式墨床 / 56
清代昌化鸡血石书卷式墨床 / 57
汉代鎏金蚕蛹型笔格 / 59
铜鎏金童子读书笔架 / 63
日本和服上的带留改作笔格 / 64
日本和服上的翡翠带留转作笔格 / 65

汉代鎏金虎镇四只一套 / 68
汉代铜鎏金嵌金丝虎镇（上）/ 68
唐海兽葡萄镜转用作纸镇 / 69
北宋官印转用作纸镇 / 70
鸡血石山型镇 / 72
明金丝水晶雕螭虎镇 / 72
明黄花梨嵌宋白玉镇 / 72
清紫檀螺钿镇尺 / 73
石器时代石斧转用为纸镇 / 74
石质汉印 / 76
明代田黄（徐三庚刻）/ 77
田黄 / 78
明代田黄 / 78
寿山天蓝冻 / 79
寿山黄杜陵对章（钱瘦铁刻）/ 80
寿山新坑红芙蓉 / 80
寿山黄杜陵 / 80
寿山老坑白芙蓉 / 80
寿山新坑黄芙蓉 / 81
新坑封门青 / 82
酱油青田 / 82
笔者临摹、仿刻用各类青田石 / 83
青田石（方介堪刻）/ 83
昌化鸡血石 / 84
巴林红芙蓉 / 86
萧山珍栗红（邵戈雕薄意）/ 88
西安绿 / 88
楚石（清卫铸生刻）/ 88
老挝石 / 88
寿山白芙蓉对章 / 89
清代印泥盒 / 93
日本"炼金印色" / 93

宋湖田窑青白瓷印泥盒 / 94
辽三彩印泥盒 / 95
元代龙泉窑印泥盒 / 95
清青花印泥盒 / 96
棋楠珠十八子串 / 100
沉香木天然如意摆件 / 101
明沉香木雕笔筒 / 101
越南沉香 / 101
汉代绿釉博山奁（大型香炉）/ 105
战国青铜三兽足尊改为香炉附黄花梨盖 / 106
西周青铜小尊改为香炉（紫檀嵌银丝座）/ 106
南宋龙泉窑青瓷鬲式炉（附象牙盖）/ 109
南宋湖田窑青白瓷兽足鸟钮香薰 / 109
元龙泉窑梅子青狮子香薰 / 110
元龙泉窑青瓷鬲式（鸡腿）炉 / 110
明龙泉窑鸭形香薰 / 111
明龙泉窑双龙戏珠香薰 / 112
明代狮子钮盖方形龙泉窑香薰 / 112
明"大明宣德年制"款洒金铜香炉 / 114
明铜嵌银朝天耳香炉（日本秦藏六补盖）/ 114
明晚期"大明宣德年制款"竹节法盏炉（附红木座、盖）/ 115
明万历青花双耳魁星文三足炉 / 115
明青花三闲人背缸式炉 / 115
明五彩双兽耳石榴纹炉（附银盖）/ 116

象牙雕仿青铜器香炉／116
清乾隆御笔雕铜香插／118
清象牙香盒／120
日本中川净益制银香盒／120
明剔红香盒／121
清初堆朱"布袋和尚"（弥勒菩萨）香盒（下）／121
清斑竹香筒／122
清湘妃竹香筒／122
香道具一组／123
清代黄杨木雕香炉台／124
整木雕仿天然藤根盘曲镶瘿木面香炉高台／125
紫檀制小台／125
清湘妃竹制香几／126
清文竹香盒／126
明青花狮子牡丹纹茶罐／128
北宋越窑青瓷盖罐／128
日本金工名家北村静香造一枚打纯银汤沸（银瓶）纯金摘、铁把／128
清"逸公"款紫砂壶／132
日本金工名家名越昌晴仿唐人刻缠枝花卉纹纯金茶壶／132
清葛明昌制紫砂壶／132
南宋龙泉窑青瓷莲瓣纹碗／134
日本真边静良制铜打出瓢型水壶／136
日本德力造一枚打纯银壶／136
日本北村静香制瓢形银壶（一枚打，铁把）／136
唐三彩茶具一套／137
"大明成化年制"款青花"阿弥陀佛"茶杯四客／138
清早期青花花鸟纹茶杯五客／138
明晚期五彩凤凰纹茶杯十客／138
竹影堂荣真造纯金茶壶（急须）一枚打、铁把／141
清"孟臣"钤印楷书款紫砂壶／141
日本"光秋造"款纯银仿宜兴茶壶式急须／141
竹影堂荣真制一枚打纯金翡翠摘汤沸／142
日本一代宗师山田宗美（1871—1916）制铁包银汤沸／142
日本十代中川净益造／143
湘竹茶量／144
日本金工大师北村静香制银莲叶形茶则／144
老红梅树制作的茶量／144
珍竹制茶量／144
锡制茶叶罐／146
日本茶叶罐（茶入）／146
锡制茶叶罐／146
中川净益造纯银盖／146
宫本造纯银象牙手梅兰竹菊四君子刻花茶海／147
日本"玩玩斋造"款藤制壶垫／147
黄花梨茶托／147
茶具箱（红木、湘妃竹手把）／148
黄杨木雕如意／152
紫檀如意／152
龙头形海松（黑珊瑚）如意／152
龙形竹节如意／152
葫芦（附翡翠环、漆杯）／153

葫芦（附翡翠环）/ 153
商晚期四瓣耳纹"戈"尊 / 155
南宋龙泉窑青瓷牡丹纹环耳瓶 / 155
南宋龙泉窑青瓷双肚花觚 / 155
南宋龙泉窑青瓷贯耳瓶 / 155
元龙泉窑青瓷鱼耳方瓶 / 156
清中期黄杨木雕花插 / 156
虚谷刻花卉图花插（玉成窑作品）/ 156
元龙泉窑青瓷刻花纹梅瓶 / 156
日本中川净益造铜镶嵌竹形花插 / 157
花瓶插花（南宋龙泉窑青瓷贯耳瓶）/ 158
灵璧石 / 168
英石 / 170
手形英石 / 171
天然木化石 / 174
石型沉香木 / 174
战国、秦汉带钩一组 / 177
西周青铜爵（铭文不详）/ 178
戈尊（商晚期四瓣目纹尊）/ 178
汉"长宜子孙寿如石金佳且好兮"八连弧云雷纹镜 / 179
汉"铜华连弧"铭带镜 / 179
汉"尚方四神博局"御镜 / 179
隋"光流四瑞兽"铭带镜 / 179
唐"五瑞兽"葡萄镜 / 180
古玺、秦汉私印一组 / 182
六朝官印（中部尉印）/ 183
汉官印一组 / 183
古玺、秦汉玉印一组 / 184

乾隆十四年礼部造鎏金官印 / 184
紫檀雕清宫御玺印盒 / 185
汉五铢钱钱范（砚）/ 188
汉"与华无极"瓦当 / 189
汉绿釉钟 / 190
唐三彩龙耳瓶 / 190
元龙泉窑青瓷缠枝牡丹纹罐 / 195
唐《大宝积经》局部 / 198
齐白石《松树八哥图》/ 201
胡适《书法小品》/ 201
明代轴盆、轴台（唐人写《大宝积经》《大般若波罗蜜多经》）/ 203
文房匾额例（唐人写经和沙孟海书"美意延年"额）/ 205
康有为匾额《花好月圆人健》/ 206
《二百兰亭斋古铜印存》十二卷 / 210
黄宾虹赠高奇峰《集古玺印存》手批本两种四册 / 212
齐白石手拓《白石印草》一册，齐良巳序 / 213
阮刻《天一阁本石鼓文》/ 215
清拓本《张迁碑》/ 215
郑文焯旧藏清拓本《龙门三品》/ 221
西川宁旧藏眉批《奇觚室吉金文述》/ 221
隋唐金铜佛三尊 / 227
唐鎏金观音立像 / 228
宋至元间湖田窑菩萨 / 230
明龙泉窑青瓷观音像 / 231

后 记

2009年,日本书海社理事长谷村隽堂先生约稿,令写一些杂文,以便《书海》杂志连载。其时正致力于文房四宝以及各类雅玩的研究,于是,萌生写一系列文玩文章,也算是对自己学习与研究的一个小结。后来,荣宝斋《艺术品》杂志将创刊,主编杨中良兄邀余撰稿连载,正与《书海》杂志命题一致,于是答应撰写。

本无期数计划,随写随想,随写亦随收雅玩以作图版。而精美宫廷佳制,非一介书生所能购藏,个人收藏图版不能及处只得借用博物馆图版,以便"看图识字"。此实属无奈之举。

每月一期,谈何容易!被逼无奈,硬着头皮往下行文。其中有熟悉,也有并不那么熟悉的内容,现学现卖。读书补课,正所谓"活到老学到老"。内容或有不确定者,少不了臆断,仅供大家作基本知识观,参考而已。

对文玩产生兴趣,并用心于其中,与谷村憙斋先生以及我的恩师韩天衡先生的影响、教导分不开。记得来日之初的1991年底,第一次前往东京西麻布谷村先生府上拜见先生时的情景,拜观了憙斋先生的部分收藏后,到三楼憙斋先生的工作室闲聊。

这是一个充满中国文化氛围的房间，墙上挂着文徵明、张瑞图、王铎、吴昌硕的书法精品，还有一墙的古籍、碑帖，展柜里摆着各种文房雅玩，画桌上放着一只汉代虎镇。至今印象深刻。

与熹斋先生结交于1989年初，在我1991年旅日后，几乎每个月都要见上两次，因为那时谷村先生兼任名古屋的中京大学教授，每月要从东京赶过来上几次课。每次都是我去车站迎接，一起吃中午饭，之后把他送上出租车，每次都有聊不完的话题。谷村先生是全日本书道联盟的副理事长，是标准的中国通，学富五车。在多次交流之后，邀请我去他家做客。

我被熹斋先生家的藏品所震撼。这种感受和我1988年第一次到上海韩天衡先生府上拜见恩师所见到的情形乃至被震撼是完全一样的。他们都是收藏大家，都是收藏历代书画印的同时也大量收藏文房雅玩的综合性收藏大家。不仅数量多，质量也属上乘。

从那以后，我也受到感染，在经济条件允许的范围内，开始慢慢收集。从书画到印章，再到笔墨纸砚、文房雅玩，边学边收藏。记得香港回归前，韩师有一次去香港办展览，在古董市场看到不少秦汉印章，让香港同学通报给我，于是就请老师帮我选购一批，老师不辞辛苦，专门去古董店替我交涉，并让同学替我买好寄来。这对我来说是莫大的鼓励，感激不尽！

我大学的专业是法律，于书画、文玩研究本不精到，只好多读书。从20世纪90年代初至今，奉行"活学活用"之至理，理论与实践相结合，读书工作之暇时闲逛京都、东京、大阪、名古屋古董市场，以有限的资金，选购自己喜爱的雅玩。同好之好友有眠琴山房主人董国强、临江仙馆主人陈大中、鉴印山房主人许雄志等，日本友人高木圣雨、伊藤一翔、谷川雅夫等，多年来相互学习，相互促进。

二十年来，每遇一件心仪之品，便欣欣然，甚至兴奋数日、数月。

一日，在某古玩店见吴昌硕铭文端砚一方，购归九松园。经比对二玄社出版的《沈氏砚林》，确证乃其中之一。《沈氏砚林》共收一百五十六砚，其中有一百二十余砚有吴昌硕砚铭，皆吴门弟子赵古泥手镌，是极为著名的砚谱。这批砚台由沈家公子找钱瘦铁引荐，日本著名画家桥本关雪担保抵押给了日本在上海的银行，后几经周折，全归桥本"白沙村庄"而流往东瀛。桥本留下二十方精品自用外，其他再次抵押给银行，二战后全部散出，现藏日本各地，也有部分已经流回国内，分藏大陆和台湾。余得一方精品，亦三生有幸矣。后拜读相关资料，得知当时还附有吴昌硕致沈石友的二百余页信札，后通过原二玄社总编、书法文化研究家西岛慎一先生查明信札去向，藏家将信札等捐赠给福岛书道美术馆，出版之际应藏家之命为之释文编辑。此信札集透露的信息量巨大，包括《西泠印社记》的代撰以及《吴昌硕壬子岁以字行》印章的缘由等等，我也因此撰写出了若干篇论文。"玩物绝非丧志"也！

  一日，闲逛名古屋中日拍卖预展，突然映入眼帘的是一锭大型墨，这锭大型墨非同小可，在此之前因撰写此连载时选用过图片，此时见实物，不禁惊讶不已。这是方明代著名制墨家罗小华所制的《九锡玄香》墨，一百六十年前从日本的某伯爵家以一百两白银出让，东京艺术大学仅藏有一枚此墨的墨拓，日本文玩专家宇野雪村编辑相关书籍时，好不容易获取图片而未能得观实物，后得半截同型墨，称"一生藏墨无数，此可了矣"。如此重要之墨在名古屋拍卖会出现，只可理解为"冥冥之中"了。次日，经过一番竞拍，终归九松园。王镛先生来游，见而题盒称："天下第一墨。"

  又一日，在好友处见周芷岩刻竹笔筒，好友讲述其中因缘，称四十年前某日本著名书法巨匠讲课时曾将此笔筒作为教具展示过，极为难得。我正要撰写笔筒一节，便与好友协商转让。经过半年多的软磨硬泡，终于归让九松园。不久，见旧藏者的哲嗣谈及此笔筒，告知此笔筒系其父亲与友人结交时赠送的信物。西岛慎一先生曾见证此笔筒的转赠，云余：老一辈皆已仙逝，而今有了好归宿，便是因缘。

  凡此等等，文玩种类万千，品目难以计数，能因缘而得，何其幸哉！欧阳修《集古录·目序》云："物常聚于所好"！《楞严经》有句："无情何必生斯世，有好终须累此身。"袁枚据此写联云："无情何必生斯世，有好都能累此生。"（见《随园诗话》卷十）历来印人传刻后半句，邓石如、吴让之、来楚生名作历历在目，成为我等印人不朽的命题。余易一字，改为"有好都能乐此生"，王镛先生为题一匾，悬于书房，云："邹涛先生何止一好，其乐几何？"余之所好实多，而脱不出"书画篆刻"，归于一"古"字，以求自身艺术之古气、文气、雅气。

  想与我同志向者必定不在少数，此书若能有助于书画艺术家、收藏家们对文房雅玩的理解，进而能避免一些常识性错误的话，则不枉我费数年劳累辑成此十数万言也。

  衷心感谢在"玩物"之路上给予我指导的老师们；感谢给予我诸多帮助的好友们！感谢勉为其难被我强行要求转让的兄弟们，还有那些古董雅玩界的朋友们！更要感谢书海社理事长谷村隽堂、荣宝斋《艺术品》杂志主编杨中良，是他们逼着我每月一期终于凑完这本书。特别感谢西岛慎一先生于百忙之际撰文赐序，多有褒扬，读后不免耳根发痒，权当鼓励后进。还要特别感谢上海书画出版社王立翔社长，早早约了稿，让我好放心写完后有出版的地方；感谢责编朱艳萍女士，一直催促我修改定稿，并提出宝贵意见。谢谢大家，没有大家的帮助，我真不知道什么时候才能写得出这本书来。虽然还有很多需要修改完善的内容，但限于自己目前的学识、能力、眼界，先将此付梓，以期就正于广大读者，容在此一并拜谢。

2015 年 8 月吉日于九松园